W0319710

Die Autorin

Dr. Corona Hepp studierte zunächst in ihrer Geburtsstadt Leipzig, dann an den Universitäten Köln und Bonn Germanistik, Anglistik und Philosophie, wurde Reporterin und Redakteurin bei der ›Süddeutschen Zeitung‹ und später politische Moderatorin beim Zweiten Deutschen Fernsehen und beim Bayerischen Rundfunk. Zu ihren kulturhistorischen und literaturkritischen Veröffentlichungen im Funk, in Zeitungen und Zeitschriften gehören Arbeiten über Luther, Thomas Mann und Franz Werfel, das Generationenproblem, Utopien und Prognostik und über Großstadt- und Gartenarchitektur.

Deutsche Geschichte der neuesten Zeit
vom 19. Jahrhundert bis zur Gegenwart

Herausgegeben von Martin Broszat,
Wolfgang Benz und Hermann Graml,
in Verbindung mit dem Institut für Zeitgeschichte, München

Corona Hepp:

Avantgarde

Moderne Kunst, Kulturkritik und Reformbewegungen nach der Jahrhundertwende

Deutscher
Taschenbuch
Verlag

dtv

Originalausgabe
Januar 1987
2. Auflage September 1992: 11. bis 13. Tausend

Umschlaggestaltung: Celestino Piatti
Vorlage: E. L. Kirchner ›Ins Meer Schreitende‹, 1912
(Dr. Wolfgang Henze, Galleria Henze Sas, Lugano)
Gesamtherstellung: C. H. Beck'sche Buchdruckerei,
Nördlingen
Printed in Germany · ISBN 3-423-04514-0

Inhalt

Das Thema

Um die Jahrhundertwende geriet die junge Generation der deutschen bürgerlichen Gesellschaft in einen neuen Zustand des Fühlens und Denkens. Es entstanden heftige kulturrevolutionäre, zivilisationskritische und lebensreformerische Wirbel und Strömungen: vom Jugendstil bis zum Expressionismus, von der Wandervogel- und Siedlungsbewegung bis zur Reformpädagogik, von der Programmatik des Werkbundes bis zum Modell des Bauhauses. Die Gründe, die, in Deutschland mehr als in den benachbarten und vergleichbaren Industrienationen, zu solchen Protest- und Reformbewegungen führten, entziehen sich einer einfachen Deutung. Zu unterschiedlich waren Motive und Habitus im Spannungsfeld zwischen der revolutionären Linken und der konservativen Rechten. Die ideologische und politische Ambivalenz etwa des Expressionismus oder der Jugendbewegung blieb bis in die Weimarer Zeit erhalten. Sie erschwert noch heute eine schlüssige Bilanz. Eher läßt sich diese »Aufbruchsstimmung« von ihren Negationen her erfassen, ihrer pathetischen Kritik am Epigonentum, an eklektizistischer Kunst und Literatur, an der Überfremdung des Lebens durch die »Segnungen« der technischen Zivilisation, an bürgerlicher Vernunft und Rationalität, an der traditionellen Dominanz einer Kultur der »Erwachsenen«. Die Suche und Sucht nach neuer Einfachheit und Natürlichkeit, nach Kreativität und Originalität bis hin zur Jugendtümelei fast um jeden Preis waren Projektionen des Überdrusses an den Normen der bürgerlichen Bildungsgesellschaft und des wilhelminischen Hurrapatriotismus.

Im Rahmen einer Reihe, die sonst der politischen, der Wirtschafts- und Sozialgeschichte Vorrang einräumt, hat dieses paradigmatische Kapitel deutscher Kulturgeschichte deshalb seinen verdienten Platz. Der im vorliegenden Band gewagte Versuch, diese hinreißend utopische, aber auch partiell gefährliche Sturm- und Drangperiode im Zusammenhang zu betrachten, kann sich auf Vorarbeiten kaum stützen. Der Gegenstand ist bisher fast ausschließlich »spezialistisch«, in seinen einzelnen Erscheinungsformen (Jugendbewegung, Literatur- und Kunstrevolution) untersucht worden. Weder inhaltlich noch wirkungsgeschichtlich kann von einer Einheit gesprochen werden.

Gleichwohl ist unübersehbar, daß die vielfältigen Strömungen im subjektiven Elan ihrer Initiatoren einen archimedischen Punkt hatten. Von daher erklären sich auch manche verwirrenden Brüderlichkeiten: Christian Morgenstern verehrte Paul de Lagarde, Hans Blüher und Gustav Wyneken waren Anhänger und Lobredner derselben Jugendbewegung, Bertolt Brecht und Arnolt Bronnen blieben, trotz entschiedener Trennung ihrer politischen Überzeugungen, der literarisch-expressionistischen Grundgesinnung wegen einander verbunden.

Seit Fritz Sterns Buch über den Kulturpessimismus ist es fast unausweichlich geworden, einen Teil der zivilisationskritischen Bestrebungen in der Nachfolge Nietzsches als Vorläufer völkischer und nationalsozialistischer Ideologie zu betrachten. Eine Sicht auf den Gesamtkontext erlaubt es dagegen eher, die gleiche Grundmotivation mancher programmatisch weit auseinander liegenden Manifestationen und ihren gemeinsamen Zeitbezug gerechter ins Licht zu rücken. Kandinsky und Moeller van den Bruck waren keineswegs so weit voneinander entfernt, wie es nachträglich scheinen mag.

Angesichts ihrer chronischen Tendenz, sich durch Sezessionen fortwuchernd zu vervielfältigen, wurde davon abgesehen, eine auch nur einigermaßen vollständige Organisationsgeschichte der Bewegungen zu rekonstruieren. Wichtiger schien es, die persönlichen Freundschaften, die Kleingruppen und Zirkel herauszuheben, die fast überall konstitutiv und formativ waren: in Zeitschriften-Redaktionen und Verlagshäusern, in Jugendkommunen, Caféhaus-Treffs, in überaus intensiven Begegnungen und Korrespondenzen. Ein Prinzip, ein Bezugspunkt war das »Gemeinschaftserlebnis«. Man braucht sich nur seine Koinzidenz mit dem nationalen Erlebnis des Kriegsausbruchs 1914 bewußt zu machen, um zu erkennen, welche politisch-weltanschaulichen Irrungen sich auch hier in begeisterter Hingabebereitschaft vollzogen.

Mit den später vielfach stilisierten, in Wahrheit recht schlichten Anfängen der Wandervogel-Bewegung beginnt dieses Buch, mit der Diskriminierung des Bauhauses in der Spätphase der Weimarer Zeit endet es. Um der Transparenz willen sind der Darstellung interpretierende Schlüsselworte und Zwischenüberschriften eingefügt, zusammenfassende Urteile jedoch vermieden worden. Der ganz andere, eher pragmatische Grundzug unserer Zeit läßt den Rückschauenden das Bizarre, jugendlich Utopische, subjektivistisch Pathetische des Aufbruchs nach der

Jahrhundertwende verstärkt empfinden. Welche spezifisch deutschen Defizite diese Avantgarde auch motivierten – sicher ist, daß sie in ihrer Vielfalt und Intensität eine weit über Deutschland hinausreichende Bedeutung erlangt hat.

I. Wandervogel

Ein Faustschlag aufs Katheder in einer frühsommerlichen Schulstunde des Jahres 1890 hat die Geburt der deutschen Jugendbewegung eingeleitet. Bekanntgeworden ist der Vorfall erst 65 Jahre später. Da waren die Anfänge jugendbewegten Lebens längst mythologisiert, selbst für Wandervogel-Veteranen »von Nebel umhüllt«. Durch den autobiographischen Bericht eines inzwischen Achtzigjährigen wurde ein Stück Frühgeschichte des Wandervogels freigelegt, wurde im Dickicht der Legendenbildung plötzlich eine Strecke deutlich sichtbar. Dieses erste Wegstück hat seine Prägung noch im 19. Jahrhundert erhalten, ebenso der junge Mann, der es erschlossen hat: Hermann Hoffmann-Fölkersamb (1875–1955).

»Deutschstunde in der Untersekunda der Magdeburger Guerickeschule. Einer von uns las pflichtgemäß aus dem Lesebuch von Hopf und Paulsieck das fällige Lesestück vor. Es hieß ›Reise zu Fuß‹. Wir anderen hörten mit halbem Ohre zu oder lasen heimlich etwas Spannenderes oder machten eine Mathematikarbeit fertig. Plötzlich ein Faustschlag unseres Professors Sträter auf das Pult: ›Jungens! Was seid Ihr für Schlafmützen! Was Ihr da hört, ist Euch wohl ganz egal! Als wir Jungen waren, da sparten wir unsere Groschen zusammen, und zu Pfingsten oder in den großen Ferien, da ging das Wandern los. Aber Ihr? Ihr räkelt Euch lieber in den Ferien in irgend einer Sommerfrische herum!‹ Das packte! Wenigstens einige von uns. In den nächsten Sommerferien wanderte ich mit meinem jüngeren Bruder und einem Klassenkameraden zum Magdeburger Tor hinaus ... Wir wanderten in Tagesmärschen von vierzig Kilometern zum Harz, im Zickzack durch diesen und nach achtzehn Tagen heimwärts durch dasselbe Tor. Wir hatten uns selbst verpflegt, auch gelegentlich in Scheunen übernachtet und sogar probeweise einmal im Freien.«[1]

Die Harzreise im Sommer kostet beide Brüder zusammen 24 Mark, pro Tag also jeden nicht mehr als 66 Pfennig. In den folgenden Ferien treibt es Hermann Hoffmann wieder hinaus,

[1] Hermann Hoffmann-Fölkersamb, Aus der Frühzeit des Wandervogels. In: Das Nachrichtenblatt Nr. 30, Februar 1955; hier zitiert nach Gerhard Ziemer u. Hans Wolf (Hrsg.), Wandervogel und Freideutsche Jugend. Bad Godesberg 1961, S. 41 f.

allein, zu zweit, zu dritt, von der Elbe an den Rhein, vom Thüringer zum Böhmerwald, schließlich vom Fichtelgebirge nach Venedig. Mit Stock und Hut, mit Skizzen- und Fahrtenbuch – ein Franz Sternbald, ein Grüner Heinrich? Mit Sicherheit kein Taugenichts (auch nicht im Sinne der Spätromantik).

Nach dem Abitur studiert Hoffmann-Fölkersamb von 1895 bis 1899 in Berlin Rechtswissenschaften und orientalische Sprachen, um Diplomat zu werden. Nebenbei redigiert er, ein begeisterter Stenograph, die Zeitschrift für vereinfachte deutsche Kurzschrift ›Geflügelte Feder‹, herausgegeben vom Erfinder dieses Systems, Ferdinand Schrey. Gegen Honorar arbeitet Hoffmann auch gelegentlich als amtlicher Stenograph. Unentgeltlich hingegen gibt er Stenographieunterricht, auch in der Berliner Vorstadt Steglitz, wo er wohnt. Mit Erlaubnis des dortigen Gymnasialdirektors Dr. Robert Lück gewinnt er ab Ostern 1896 Gymnasiasten der Mittel- und Oberstufe, später auch Realschüler für seine Kurse. Es bildet sich der Schülerverein »Stenographia«, der es innerhalb eines Jahres auf 47 eingetragene Mitglieder bringt. Erster Vorsitzender ist der Obersekundaner Karl Fischer. Er und andere besuchen Hermann Hoffmann hin und wieder in seiner »Bude«, hören von den Wanderungen, stöbern in den Skizzenbüchern und fangen Feuer: »Das müssen Sie auch mit uns machen!«[2] Wiederum mit Erlaubnis des Direktors, der sogar seinen vierzehnjährigen Sohn teilnehmen läßt, zieht das erste Grüppchen im Sommer 1896 für halbe Tage in den Grunewald. Sie haben Spaß am Wandern, wollen sich »ertüchtigen«, an längere Märsche gewöhnen und auch ganz gern in Natur- und Heimatkunde belehrt werden.

So läßt Hoffmann weitere Halb- und Ganztagesfahrten folgen und im Herbst die erste Zweitagestour in die Mark Brandenburg, mit Übernachten im Gasthof und Abkochen – Kakao zum Frühstück und Knorr-Suppen zum Abendessen waren sehr beliebt – auf einem zusammenlegbaren Spirituskocher, den Hoffmann selbst konstruiert hat. Ab 1897 gibt es dann auch mehrwöchige Fahrten durch Thüringen und den Harz, die Rhön und den Spessart. Nach Hoffmanns Motto »Los vom Wirtshaus!« nächtigen die Wanderer nun schon manchmal in Zelten – Vorhangstoff über einem Strick, der an zwei Bäumen befestigt wird – und decken sich zu mit Laub, Moos oder Stroh.

[2] Ebd., S. 42.

Für die Jüngsten zahlen sie im Gasthaus pro Bett 50 oder 75 Pfennig. Wenn je zwei in einem Bett schlafen und die Älteren umsonst auf dem Heuboden des Gasthofs unterkommen können, wird auch das nicht verschmäht.

Schüler anderer Schulen, auch schulentlassene Jugendliche haben sich Hoffmanns »Horde« inzwischen angeschlossen. Sie sind im Alter zwischen 12 und 16 Jahren, werden als Neulinge »Füchse« genannt und avancieren dann zu »Burschen«. Alle fügen sich den Anordnungen ihres »Oberhäuptlings«, der gegenüber Schule und Eltern die Verantwortung trägt. »Immer zeigte sich auf diesen Fahrten die überlegene Führung des noch so jungen Studenten. Es klappte alles, es gab keine Zwischenfälle und Streitigkeiten, niemand wurde krank, trotz der manchmal großen Strapazen bei Nachtmärschen und harten Zeltnächten und der spartanischen selbstgekochten Kost.«[3] Das Gemeinschaftserlebnis unter »gleichgesinnten Naturburschen« läßt bald das Kennwort »Vita nova« aufkommen und im Rückblick die Feststellung: »Auf diesen Fahrten wurde der deutsche Wandervogel geboren, wenn es auch den Namen noch nicht gab.«[4]

Recht müßig erscheint die unter Insidern vieldiskutierte Frage, ob Hoffmanns Horde ein »wandernder Stenographenverein«, ob das Jugendwandern gar »aus dem Geiste der Stenographie« entstanden war. Heute würde man nüchtern sagen: Hermann Hoffmann hatte zwei Hobbys, und es fanden sich junge Leute, die er für das eine wie das andere zu begeistern wußte. Freilich, es war der »Wandervogel«, der bald zum Höhenflug (auch zum Höhenrausch) ansetzte und eben nicht die ›Geflügelte Feder‹. Die blieb in Bodennähe, spielte aber indirekt dem Kollektivgedächtnis der Wanderjugend doch noch einen Streich.

1898 war die ›Geflügelte Feder‹ in ›Schülerwarte‹ umbenannt worden, nunmehr offizielles Vereinsblatt für die Adepten des Verbundsystems Stolze-Schrey. In den Heften 2 bis 7 erschien in Fortsetzungen ein Text von Hermann Hoffmann-Fölkersamb mit dem Titel ›Hoch das Wandern‹. Darin schildert er wohlgelaunt die Zwänge und Beschwernisse des Reisens mit der Eisenbahn: »das ewige Rütteln und Schütteln«, womöglich ein-

[3] Fritz Hellmuth, Mit Spirituskocher und Regenschirm. In: Ziemer/Wolf, Wandervogel, S. 43.

[4] Ebd., S. 33.

gepfercht in einen »Salon« Vierter Klasse, und dann »das Dutzend Kiepen, Fischkörbe, Bücklingskisten mit all den Wohlgerüchen, die ein reichhaltiger Wochenmarkt zu entwickeln pflegt; und der Bauernknaster, gegen den die berühmte Marke ›Freimaurer‹ (›nur im Freien, nur von Maurern zu rauchen‹) noch feines Kraut« sei. Er folgert: »Weg mit den Kursbüchern, Koffern und wie der Kram sonst noch heißen mag! Den Ranzen von der Wand geholt, deine sieben Sächelchen hineingesteckt, Stock und Hut genommen und dann nicht die übliche Bahnsteig-Abschiedstränenszene, sondern mit einem Händedruck hinaus in die herrliche Ferienzeit! Frei vom Zwang der Schule mit all ihren kleinen Sorgen, frei von der Aufsicht über jeden Schritt, ganz sein eigener Herr ...«[5] Es folgen Erlebnisse, persönliche Prinzipien und nützliche Tips aus der Wandererfahrung seiner Schülerjahre. Unter anderem die Gasthofsuche und Morgenwäsche – zwei Mann und ein Krug – in einem »stocktschechischen Nest« des Böhmerwaldes 1893 oder 1894. Nun gab es aber auch eine Wanderung Hoffmanns mit den Steglitzer Gymnasiasten (Sonnwendfeier inklusive), die als klassische Böhmerwaldfahrt in die Annalen einging. Sie fand im Sommer 1899 statt. In der frühesten Chronik der Wandervogel-Bewegung von Hans Blüher[6] wird Hoffmanns 1898 veröffentlichter Text als literarische Urkunde gewürdigt und jene kleine Szene zitiert, jedoch bezogen auf diese Großfahrt, die infolgedessen um zwei Jahre vorverlegt, auf 1897 datiert ist. Ein »verhängnisvoller Trugschluß«, der sich fortschrieb und erst 1952 aufgeklärt werden konnte. ›Hoch das Wandern‹ war wohl doch nicht so ohne weiteres zu entziffern – eine Urkunde in Kurzschrift.

Der Entdecker des Zusammenhangs, selbst seit 1907 aktiv in der Wandervogel-Bewegung, rügt Hans Blüher und »alle, die der starken Suggestion seiner Darstellung erlegen« sind: »Klio, die Muse der Geschichtsschreibung, hat ihm bei der Abfassung seiner Wandervogelgeschichte nicht die Feder geführt.«[7] Ein Seitenhieb, der wohl weniger dem fahrlässigen Chronisten als

[5] Hermann Hoffmann-Fölkersamb, Hoch das Wandern. In: Werner Kindt (Hrsg.), Die deutsche Jugendbewegung. Quellenschriften, Bd. 2: Wandervogel und Freideutsche Jugend 1896–1919. Düsseldorf, Köln 1968, S. 23 f.

[6] Hans Blüher, Wandervogel. Geschichte einer Jugendbewegung. 1. Teil: Heimat und Aufgang. Berlin-Tempelhof 1912, S. 64. Vgl. auch Kindt, Quellenschriften, Bd. 2, S. 28, Anm. 4.

[7] Walther Gerber in: Ziemer/Wolf, Wandervogel, S. 35 f. Vgl. auch Walther Gerber, Zur Entstehungsgeschichte der deutschen Wandervogelbewegung. Ein kritischer Beitrag. Bielefeld 1957.

vielmehr dem eigenwilligen Interpreten Blüher gilt. Gleichwohl nur ein zahmer Hieb angesichts einer Überlieferung traumatisierter Befangenheit, die den Fall Blüher als einen Fall von »Verrat und Verleumdung« schwer verwinden konnte[8]. Blüher stieß früh zum Wandervogel, war jedoch bei Hoffmanns Hordenfahrten noch nicht dabei. Anfang des Jahres 1900 trat der Rechtsreferendar Hoffmann-Fölkersamb in den Auswärtigen Dienst ein und wurde auf einen Posten an der deutschen Botschaft nach Konstantinopel geschickt[8a]. Das halbe Steglitzer Gymnasium kam zum Abschied an den Anhalter Bahnhof.

Die nun folgende Phase zeigt ein Doppelgesicht. Urwüchsig-klobiger als bisher, manchmal ins Wildromantische gesteigert, erscheinen die Fahrtgenossen. Der Wanderbetrieb insgesamt bekommt indessen einen autoritär-hierarchischen Zuschnitt, und ohne Bürokratie – Schülerlisten, numerierte Ausweiskarten mit Stempel und Unterschrift – geht es bald auch nicht mehr ab. »Der verrückte Fischer!« sagen die Steglitzer Bürger, wenn sie den Oberbachanten mit seinen Bachanten und Scholaren von der Sonntagsfahrt heimwärts stiefeln sehen. Karl Fischer (1881 bis 1941), der ehemalige Stellvertreter des Oberhäuptlings Hoffmann-Fölkersamb, ist jetzt Anführer geworden. In der sogenannten «Fichtenberg-Abrede« (benannt nach einer Anhöhe bei Steglitz) hat Hoffmann ihm am 5. Januar 1900 die Führung anvertraut und ihm als Vermächtnis aufgetragen, das Schülerwandern nach Steglitzer Vorbild über Deutschland auszubreiten. Manchmal mit nur drei Teilnehmern, aber besessen von dieser Idee, veranstaltet Fischer schon im Sommer 1900 vierzehn Tagesfahrten. Ihm schwebt das Bild des fahrenden Scholaren vor; entsprechend mittelalterlich und burschenschaftlich zäumt er die Wandergruppe auf. Bachanten und Vaganten tragen keine Regenschirme, wie Hoffmann es tat, sondern Pelerinen, Bundhosen mit Wollstrümpfen, Schlapphüte oder Stürmer und statt weißen Stehkrägen geknotete Halstücher; sie tragen nun Rucksäcke und natürlich den Wanderstecken, der vom Stochern im Holzfeuer ordentlich angerußt sein muß. Martialische

[8] Vgl. im Anhang Dokumente Nr. 5 u. 6.

[8a] Später wurde Hoffmann-Fölkersamb deutscher Generalkonsul in der Türkei. Er gehörte zu den Diplomaten, die während der blutigen Verfolgung der Armenier durch die türkische Regierung 1914/15 mehrfach in Berlin um Intervention baten. Literarischen Niederschlag fand das humanitäre Engagement des deutschen Pastors Johannes Lepsius in Franz Werfels 1933 veröffentlichtem Roman ›Die vierzig Tage des Musa Dagh‹.

Lieder werden angestimmt, und eine Mischung aus lateinischen Floskeln und Landfahreridiom wird Gruppensprache: »Kunde kenn!« – »Jawoll! Kenn.« Damit man sich von Landstreichern und Hausierern dennoch unterscheidet, sind grün-rot-goldene Schnüre an der Mütze oder im Knopfloch befestigt. »Heil« heißt die Begrüßungsformel, eine Übernahme aus österreichischen Studentenkreisen (ein Stilmittel unter vielen anderen, das später die Hitlerjugend von der bündischen Jugend übernahm). Einen Erkennungspfiff gibt es auch – die Anfangstakte aus Eichendorffs ›Wanderlied der Prager Studenten‹. Hans Blüher hört es singen, als er, vierzehnjährig und schüchtern, die Treppe zu Familie Fischers Wohnung in der Sedanstraße hinaufsteigt.

Ade in die Läng und Breite
O Prag, wir ziehn in die Weite:
Et habeat bonam pacem,
Qui sedet post fornacem!

»In der qualmigen Studentenbude saßen und hockten sie durcheinander, die alten Burschen und Bachanten nebst einigen Füchsen ... Im Hintergrunde saß ein Mann mit einem Spitzbart und der Guitarre auf den Knien: Karl Fischer. Ich sage ›Mann‹, denn so wirkte er auf uns; in Wirklichkeit war er ein Jüngling von einundzwanzig Jahren ... ›Willst du‹, sprach Karl Fischer mit kultischem Ernst, ›nachdem du erfahren hast, wer wir sind und was wir wollen, angehören, als Fuchs zunächst, dem löblichen Stande der Fahrenden Schüler?‹ – ›Ja, das will ich!‹ – Willst du Treue geloben ... und Gehorsam leisten dem Oberbachanten, den Bachanten und Burschen, die über dich gesetzt sind, soweit dein Gewissen es zuläßt ...‹ – ›Ja, das will ich!‹ Darauf Handschlag und Gewährung des brüderlichen ›Du‹. – An diesem Tage begann das Glück meiner Jugend.«[9] Blüher wird Scholar Nr. 33, Anfang des Jahres 1902. Auf seine Person eingeschworen hat Fischer auch Gleichaltrige, seine Klassenkameraden Siegfried Copalle und Bruno Thiede, sowie die etwas jüngeren Hans Breuer, Wolfgang Meyen und Richard Weber, die alle auch schon mit Hermann Hoffmann gewandert waren. Fischers »Monarchie«, erwachsen aus Wanderfreundschaften und gegründet auf das Prinzip Selbsterziehung der Jugend,

[9] Hans Blüher, Karl Fischers Tat und Untergang (1952); zitiert nach Ziemer/Wolf, Wandervogel, S. 55–57.

kann sich zunächst halten, weil einige Eltern und Lehrer in Steglitz sie wohlwollend abstützen. Aber wird das so bleiben? Argwohn regt sich schon da und dort. Der Wunsch nach Legitimität läßt den Plan aufkommen, sich förmlich zu organisieren. Die Schulgesetze verbieten Schülern allerdings jegliche Zugehörigkeit zu außerschulischen Verbänden oder Vereinigungen. Karl Fischer berät sich daher mit aufgeschlossenen Steglitzern aus der Vätergeneration, besonders mit dem Schriftsteller Wolfgang Kirchbach. Als er selbst im Herbst 1901 das Abitur bestanden hat, den Schulgesetzen also nicht mehr unterliegt, geht man an die Gründung eines Vereins. Die »Erziehungsmächte Elternhaus und Schule«, repräsentiert durch etwa ein Dutzend Bürger, die Fischer angeworben hat, bilden den »Ausschuß für Schülerfahrten« (A.f.S.). Auch Fischer und drei bereits schulentlassene Bachanten gehören ihm an. Das Aufsichtsgremium soll die Aktiven gegen die Öffentlichkeit abschirmen und empfängt monatlich deren Rechenschaftsbericht. Die Gründerväter respektieren ein »Eigenrecht der Jugend«. Ein Kartell wollen sie schaffen, das eine ideale »Erziehungsgemeinschaft zwischen Vätern und Söhnen« ermöglicht[10]. Karl Fischer aber sichert sich alle erdenkliche Vollmacht. Er wird, unbefristet, zum Geschäftsführer gewählt, verfügt über die Amtsernennungen, die Kasse und natürlich den Wanderbetrieb. Er ernennt die Bachanten und entscheidet mit ihnen über die Aufnahme von Gymnasiasten ab Quarta in den Scholarenstand. Das Scholarenbuch, worin sie nach dem Treue- und Gehorsamsgelöbnis eingetragen werden, taucht vereinsrechtlich überhaupt nicht auf, de facto spielt es aber eine entscheidende Rolle. Auch in anderen Städten, wo sich bald Wandergruppen bilden, ist auf diese Weise ein Einfluß auf deren Zusammensetzung den Eltern entzogen. Wandervogelführer Hans Breuer urteilt neun Jahre später: »Der Eufrat ist Schild und die Jugend ist Schwert – und Schwert muß sie bleiben, sofern nicht der ganze Elan der Bewegung abstumpfen soll.«[11] Im Hinterzimmer des Steglitzer Ratskellers, wo am 4. November 1901 fünf Ältere und fünf Junge zur Gründungsversammlung zusammensitzen und die Satzung billigen, fehlt nur noch ein Name für das neue Geschöpf. Da hat

[10] Vgl. Kindt, Quellenschriften, Bd. 2, S. 40–42. Zu den Gründervätern gehörten auch die Schriftsteller Heinrich Sohnrey und August Hagedorn.

[11] Hans Breuer, Karl Fischer. Ein Erinnerungsblatt. Aus Wandervogel Deutscher Bund, Heft 4/5, 1910; zitiert nach Ziemer/Wolf, Wandervogel, S. 73f. – A.f.S. wurde 1905 umbenannt in Eltern- und Freundesrat = E.u.F.-Rat.

der Jüngste in der Runde, der meist schweigsame Mechanikerlehrling Wolf Meyen, eine Eingebung. »Wandervogel«, sagt er. Und augenblicklich steht fest: so muß er heißen, der Jugendbund. Meyens Erfindung ist eigentlich eine Erinnerung. Auf einem Ausflug hatten sie einmal den Dahlemer Dorffriedhof besucht und dort auf dem Grabstein einer jung verstorbenen Frau – Kaethe Branco, geb. Helmholtz (1850–1877) – diese Inschrift gelesen:

Wer hat euch Wandervögeln
Die Wissenschaft geschenkt,
Daß ihr auf Land und Meeren
Nie falsch den Flügel lenkt?
Daß ihr die alte Palme
Im Süden wieder wählt,
Daß ihr die alten Linden
Im Norden nicht verfehlt![12]

Später haben die Wandervögel diesen Grabstein in ihre Obhut genommen und gepflegt.

Ohne Idealismus nach Steglitzer Modell hätte aus dem Wandervogel keine Jugendbewegung werden können. Aber wohl auch nicht ohne die Liberalität einiger Väter – ebenfalls nach Steglitzer Modell. Im Herbst 1902 schließt sich Dr. Ludwig Gurlitt (1855–1931) – Gymnasiallehrer am Steglitzer Gymnasium und seit Pfingsten Mitglied im A.f.S. – einer Fahrt mit 30 Teilnehmern in die Lüneburger Heide an. Wanderführer ist der Oberbachant Karl Fischer. Veranlaßt durch das preußische Unterrichtsministerium, veröffentlicht Gurlitt einen Bericht über diese Fahrt; er ist voller Anerkennung und besitzt große Werbekraft für den Wandervogel[13]. Er rühmt die kameradschaftliche Hilfsbereitschaft der Jungen, ihre Sparsamkeit und Ausdauer. Er betont ausführlich, wie der Fahrtenstil den Gefahren der Großstadt – »Müßiggang, Stubenhockerei, Alkohol und Nikotin« – entgegenwirkt. Als er selbst zur Belohnung nach anstrengendem Marsch jedem ein Glas Bier anbietet, bleiben die meisten standhaft bei ihrer kochenden Milch. Er begrüßt die Kontakte der Schüler mit den »niederen Schichten in unserem Volke«, wie sie sich unterwegs ergeben und sieht schließlich dieses

[12] Ziemer/Wolf, Wandervogel, Abbildung S. 49.

[13] Ludwig Gurlitt, Wandervogel. In: Monatsschrift für höhere Schulen, II, 1903, S. 545–548; Wortlaut in Kindt, Quellenschriften, Bd. 2, S. 53–56.

Wandern als willkommene »Vorschule zum Militärdienste« für verwöhnte »Muttersöhnchen« an. »Fasse ich meine gesamten Beobachtungen zusammen, so erkenne ich in diesen Veranstaltungen eine aus unserer Jugend selbst herauswachsende Bewegung, die die lebhafteste Aufmerksamkeit aller um die Gesundung unseres Volkes besorgten Männer verdient. Denn an diesem ›Wandervogel‹ ist alles gesund.«

Das Unterrichtsministerium gewährt aufgrund dieses Berichts dem »Wandervogel« seine »amtliche Anerkennung«. Aus der Sicht des Pädagogen rückt der erzieherische Wert in den Vordergrund. Die Wandervögel ihrerseits schätzen den Erlebniswert höher ein als alles andere. Auch Selbsterziehung wird ihnen zum Erlebnis. 1902 und 1903 sind vielfältige Aktivitäten verzeichnet: Zweigstellengründungen in Großlichterfelde, Posen, München und Lüneburg; Gründung eines Wandervogel-Orchesters (Copalle); Ostern 1902: »Wandervogel-Heerschau« mit den A.f.S.-Vätern in Zehlendorf; Sommerfest und Sonnwendfeier auf den Müggelbergen (Gastgeber ist der Alldeutsche Verband) sowie etliche mehrwöchige Fahrten.

Ins Repertoire gehören mittlerweile auch Kriegsspiele, Klotzmärsche und germanisierende Things, die Fischer, seinen vaterländisch-militärischen Vorstellungen entsprechend, eingeführt hat. Mit der Allüre eines »Generalissimus« tritt er auf und veranstaltet Ostern 1903 eine regelrechte Propagandafahrt nach Brandenburg und Potsdam. Alle Bachanten und 75 Scholaren sind dabei. Dieser Massenaufmarsch, dieses zur Schau gestellte Vagantentum, vor allem aber Fischers Despotismus stoßen einige Teilnehmer ab. Besonders bei dem musisch veranlagten Siegfried Copalle, bei Bruno Thiede und Richard Weber regt sich Widerstand. Sie bevorzugen statt der Großfahrt die kurze, beschauliche Wanderung in kleinen Gruppen. Der Konflikt bricht aus bei einer Westfalen-Rhein-Fahrt Copalles mit zwölf Teilnehmern. Es geht da nicht so »zünftig« zu wie gewohnt. Man versorgt sich aus eigenem Geldbeutel anstelle einer gemeinsamen Reisekasse. Copalle schwärmt, statt Fußmärsche durchzusetzen, für Fontanes Ansicht, vom Reisewagen aus lasse sich die Landschaft am besten genießen. Da wird der fünfzehnjährige Hans Blüher ausfällig, rempelt den Bachanten an und schilt ihn einen Verräter am Wandervogel. Copalle setzt den Jungen in die Eisenbahn und schickt ihn vorzeitig nach Hause. Nach Beendigung der Fahrt verlangt er Blühers Ausschluß aus dem Wandervogel. Oberbachant Fischer lehnt das kategorisch ab.

Ein Ehrenrat des A.f.S. sucht den Streit zu schlichten – vergebens. »WTC«, Weber und Thiede solidarisch mit Copalle, ziehen sich ein halbes Jahr lang vom Fahrtenbetrieb zurück, setzen jedoch 1904 ohne Fischers Genehmigung eine Osterfahrt an. Wiederum im Vorstand keine Einigung. Da legt in der Sitzung vom 21. März 1904 Karl Fischer sein Amt nieder. Sieben Bachanten, darunter Breuer und Meyen schließen sich an und erklären ihr »Verhältnis zur Geschäftsleitung für gelöst«[14].

In der eben erst gegründeten illustrierten Monatsschrift ›Wandervogel‹ teilt Fischer unter der Rubrik »Amtliche Bekanntmachungen« seinen Rücktritt vom *»Amt des regierenden Oberbachanten«* mit:

»Ich scheide mit der Bitte ..., auch meine Nachfolger und ihre Arbeit eifrigst zu unterstützen, insbesondere in der *Erhaltung des bewährten urgesunden Geistes,* der durch unsere Sache weht, und des *treuen Sinnes,* der uns aneinander knüpft ... Alles Ausschußeigentum (Bücher, Karten, Kochapparate u. dgl.) *ist behufs Übergabe an meinen Nachfolger bis zum 31. März an mich abzuliefern.*« Weiter unten rückt er noch eine Notiz ein: »Für die zahlreichen Geburtstagsglückwünsche, welche ich zum 21. März erhielt (Fischer wurde 23 Jahre alt!), und die mir diesmal besonders wohlgetan haben, spreche ich allen Gratulanten meinen herzlichsten Dank aus.«[15]

Auf einem zusätzlichen Mitteilungsblatt erhebt er den Vorwurf »unwürdiger Umtriebe und Konspirationen« und entzieht »den Herren Thiede, Copalle und Weber die Bachantenwürde«[16]. Am 14. Mai veranstaltet er ein Thing und entläßt die Scholaren feierlich aus der ihm geleisteten Gefolgschaft. Wochenlange Auseinandersetzungen mit dem interimistisch gebildeten neuen Vorstand führen schließlich am 29. Juni zur Auflösung des A.f.S. Sie wird mit Zweidrittelmehrheit, auch den Stimmen Fischers und seiner Anhänger, beschlossen. Die Spaltung ist da.

Nunmehr ohne organisatorischen Rahmen, aber im Einvernehmen mit einigen Gründervätern, besonders Kirchbach, wird Karl Fischer schon bald wieder aktiv. Er sammelt seine Getreuen, hält Sprechstunden ab, unternimmt Fahrten, die jetzt Begehungen heißen, und hat für anderthalb Jahre Fortüne genug,

[14] Vgl. Walther Gerber in Kindt, Quellenschriften, Bd. 2, S. 44f.
[15] Wandervogel. Illustrierte Monatsschrift, Nr. 2/3, April 1904, S. 17.
[16] Zitiert nach Ziemer/Wolf, Wandervogel, S. 95.

abermals sein monarchisch-militärisches Regime auszubauen. »Alt-Wandervogel« nennt sich sein Bund im Gegensatz zum »Steglitzer Wandervogel e. V.«, der unmittelbar nach der Auflösung des Ausschusses für Schülerfahrten von der Copalle-Fraktion gegründet wurde. Diese bemüht sich um ein kultiviertes Innenleben der Gruppierung. Karl Fischer expandiert. In acht Regionen, in Brandenburg, Ostmark, Bayern, Niedersachsen-Ostfalen, Nordmark, Rheinland-Westfalen, Oberrhein-Schwaben und Obersachsen, setzt er je einen »Kreishauptmann« ein und verfügt: »Alle ... Bekanntmachungen und Mitteilungen der Kreishauptmänner und anderen Vertrauensmänner, Führer usw. sind an der Spitze mit den Worten ›Im Namen des G.Bt.‹ (Großbachanten) zu versehen.«[17]

Kompetenzstreitigkeiten, Krisen und Ehrenhändel bleiben auch diesmal nicht aus. Ende des Jahres 1905 endet Fischers Herrschaft. Er glaubt, den richtigen Nachfolger gefunden zu haben und tritt zurück. Sein Ausscheiden wird im Januarheft 1906 des ›Wandervogel‹ mitgeteilt. 1906 stirbt Fischers Vater, der in Steglitz städtischer Landvermesser gewesen war. Der Sohn bricht das 1902 in Berlin begonnene und zwischenzeitlich in Halle fortgesetzte Studium ohne Examen ab. Wie Hoffmann-Fölkersamb hat er Jura und eine außereuropäische Sprache studiert (Hoffmann türkisch, Fischer chinesisch). Nun meldet er sich als Freiwilliger zum Seebataillon Tsingtau, bleibt dann in China, wird Redakteur beim ›Ostasiatischen Lloyd‹, gerät nach Ausbruch des Ersten Weltkriegs, wiederum bei der Truppe in Tsingtau, in japanische Kriegsgefangenschaft und kehrt als Leutnant der Reserve 1920 nach Deutschland zurück. Ein begeisterter Empfang bündischer Jugendlicher setzt ihn wohl eher in Verlegenheit. Fischer zieht nach Steglitz und wohnt fortan bei seiner Mutter. Er hat nie geheiratet, hat nie mehr einen Beruf ausgeübt. Die Angebote alter Wandervogelfreunde, ihm bei der Existenzsicherung behilflich zu sein, schlägt er aus. Etwas journalistische Tätigkeit, dann eine Stelle als Herbergsvater in einer Jugendherberge. Im übrigen lebt er, sehr beengt und zuletzt ganz vereinsamt, von einem kleinen staatlichen Ehrensold für seine Verdienste um die Jugendbewegung. Mit 60 Jahren erliegt er einem Schlaganfall.

Wer war Karl Fischer? Ein Sonderling, der aus dem Größenwahn unmittelbar in Resignation verfiel? Ein Idealist, der seine

[17] Vgl. Kindt, Quellenschriften, Bd. 2, S. 106.

enttäuschten Hoffnungen nicht begraben konnte? Ein Abenteurer? Ein Jugendlicher, der so intensiv Jugend verkörperte, daß ihm vom 30. Lebensjahr an nichts weiter übrig blieb als zu altern? »Eisenschädel« haben ihn die Jugendfreunde genannt. Hans Blüher, der ihn heroisiert und als alleinigen Schöpfer des Wandervogel gefeiert hat, gibt einigen Aufschluß: »Denn jeder, der mit Fischer verkehrte und seine Freundschaft genoß, hatte das untrügliche Bewußtsein: Hier steht einer vor dir, der mehr zu wollen imstande ist als du ... Aber wenn man von ihm Rechenschaft verlangte, was er denn eigentlich wolle, wenn er den berühmten Entschuldigungszettel ›Zweck‹ für ein Naturereignis vorzeigen sollte, ... da versagte er ... Einmal saß man bei ihm auf seiner Studentenbude ... Da streifte sich wie von ungefähr sein Hemdsärmel bis an den Ellenbogen auf, und man sah mitten auf dem Unterarm einen groschengroßen brandig-blutigen Knoten. ›Du hast wohl die Bourbonenpest?‹, sagte einer, und die anderen sahen hin. ›Nein‹, antwortete er gelassen, ›ich wollte bloß mal sehen, ob ich's noch aushalten kann; es ist von einer Zigarre.‹«[18] Hermann Hoffmann und Karl Fischer – zwei Lebensläufe, die das Grundproblem der deutschen Jugendbewegung vorweggenommen haben. Einer entwuchs den Wanderstiefeln und wurde erwachsen. Der andere blieb darin stekken und wurde »Gesang«[19].

»Die schöne Erde und die Menschwerdung sind für den Wandervogel alles.«[20] Kein Zweifel, daß der Fußwanderer damals eine schönere Erde vorfand als heute: dünner besiedelt und dichter bewaldet, vor allem aber nicht verbaut und betoniert, da es (noch bis 1930) kein Netz asphaltierter Autostraßen gab (Pioniertaten: Elbtunnel Hamburg 1911, Baubeginn der Berliner Avus 1913). Die Eisenbahn freilich, mit ihrer Schienenlänge von 55000 Kilometern um 1905 in Deutschland, mit ihren neuesten Bahnhofs-, Brücken- und Tunnelbauten (Simplon 1906)

[18] Blüher, Wandervogel, 1. Teil, S. 98–101; zitiert nach Ziemer/Wolf, Wandervogel, S. 71–73.

[19] Gerhard Ziemer bezeichnet Blühers Darstellung als einseitig, heroisierend auf Fischers Wirken festgelegt, und meint: »Sicherlich ist der Wunsch, dem Wandervogel, diesem großen Gesang der deutschen Jugend, für seinen Anfang einen Homer und nicht mehrere Homeriden zu geben, selbst schon ein Ausfluß seines Idealismus, ohne den die Gesamtexistenz des Wandervogel verkümmern würde.« Ziemer/Wolf, Wandervogel, S. 85.

[20] Wandervogelgaublatt Sachsen 1914; zitiert nach Walther Jantzen, Jugendbewegung und Dichtung. In: Ziemer/Wolf, Wandervogel, S. 499.

fuhr weiter auf Expansionskurs. Bahnfahren war, wie wir sahen, nicht »wandervogelmäßig«. Es war der Stolz der Väter, die womöglich selbst Eisenbahnaktien gezeichnet hatten. Dies wiederum ist nicht ohne Zusammenhang mit jenem anderen Prozeß, den die Söhne ihre »Menschwerdung« genannt haben. Wissenschaft und Technik, Sicherheit und Solidität, Vernunft und Hygiene hatten sich über Jahrzehnte nun schon im Alltag bewährt und ein Klima geschaffen, in dem der Einzelne Telegraph und Telephon, Wasserleitung und elektrische Straßenbeleuchtung, Pockenschutzimpfung und Zinsstabilität nicht nur nutzte, sondern als Früchte des allgemeinen Fortschritts geradezu persönlich genoß. »Fortschritt hatte für jenes Zeitalter wahrhaftig die Kraft einer Religion; man glaubte an diesen Fortschritt schon mehr als an die Bibel ...«[21] Stefan Zweig (1881–1942) schildert die Zeit, in der er aufwuchs, als eine »windstille Epoche«, in der man gemächlich lebte, Hast und Eile als unschicklich galten. »Mein Vater, mein Onkel, meine Lehrer, die Verkäufer in den Geschäften, die Philharmoniker an ihren Pulten waren mit vierzig Jahren alle schon beleibte, würdige Männer. Sie gingen langsam, sie sprachen gemessen und strichen im Gespräch sich die wohlgepflegten, oft schon angegrauten Bärte.«[22]

An seine Wiener Schulzeit erinnert sich Zweig wie an eine »Tretmühle« der Öde und Langeweile. Man duckte sich dreizehn Jahre lang in die Schulbänke einer ungelüfteten »Lernkaserne« – sechs Stunden stillsitzen täglich, zweimal wöchentlich »sinnloses Herumtrappen« in der staubigen Turnhalle: »mens sana in corpore sano«. Die Lehrer, keine Tyrannen zwar, aber andererseits auch keine hilfreichen Kameraden, sondern »arme Teufel, die sklavisch ... ihr Pensum zu erledigen hatten wie wir das unsere ... Sie liebten uns nicht, sie haßten uns nicht, ... sie wußten von uns nichts.«[23] Hier das Katheder, dort die Schulbank, hier der Vorgesetzte, dort der Untergebene – und, in Wien ganz ähnlich wie in Lübeck, bei sensiblen Schülern schon eine Spur hochmütigen Mitleids für den Bildungsvermittlungsbeamten[24].

[21] Stefan Zweig, Die Welt von gestern. Erinnerungen eines Europäers. Frankfurt a.M. 1967 (Fischer Bücherei), S. 15.

[22] Ebd., S. 31.

[23] Ebd., S. 35.

[24] Vgl. Heinrich Mann, Professor Unrat; auch Thomas Mann, Die Buddenbrooks.

Die seelenlose Schulerziehung war, wie Stefan Zweig später klar wurde, keineswegs auf Nachlässigkeit, Versagen oder persönliche Willkür zurückzuführen, sondern sie hatte Methode. »Die Welt vor uns oder über uns, die ihre Gedanken einzig auf den Fetisch der Sicherheit einstellte, liebte die Jugend nicht.«[25] Sie mißtraute ihr, fürchtete instinktiv ihre Veränderungslust. So oblag es der Schule, jugendliche Regsamkeit niederzuhalten. »Wir sollten jede Form des Aufstiegs erst durch geduldiges Warten uns verdienen... Ein achtzehnjähriger Gymnasiast wurde wie ein Kind behandelt, wurde bestraft, wenn er einmal mit einer Zigarette ertappt wurde, hatte gehorsam die Hand zu heben, wenn er die Schulbank wegen eines natürlichen Bedürfnisses verlassen wollte; aber auch ein Mann von dreißig Jahren wurde noch als unflügges Wesen betrachtet, und selbst der Vierzigjährige noch nicht für eine verantwortliche Stellung als reif erachtet.« Jungsein galt als unsolide und daher verdächtig. Mit Hilfe von Bartwuchsmittteln, Brillen, schwarzen Gehröcken und womöglich etwas Bauchansatz versuchten beispielsweise junge Ärzte älter und erfahrener auszusehen als sie waren. »So geschah das heute fast Unbegreifliche, daß Jugend zur Hemmung in jeder Karriere wurde und nur Alter zum Vorzug.«[26]

Jugend in Wien und Berlin, aber auch in Rom, Paris, Brüssel und London war konzipiert als Wartestand; wohlgemerkt – männliche Jugend. (Der weiblichen in viktorianischer bzw. wilhelminischer Zeit war ohnehin das Warten als Lebensaufgabe zugedacht: warten am Familientisch, bis man gefragt wurde, warten mit der Tanzkarte auf Ballkavaliere, warten auf den Heiratsantrag, die Aussteuer, den Wochenendbesuch des Gatten in der Sommerfrische, Kinder erwarten, Gäste erwarten ...) Auf vielerlei Schleichwegen, aber eben auch auf Wanderwegen, suchten damals die Jungen etwas mehr Freiheit zu gewinnen. Nur wenige Erwachsene, unter ihnen der scharfsichtige Pädagoge Gustav Wyneken, entschlüsselten den Zusammenhang. »Die süße Lieblichkeit des kleinen Kindes ist natürlich immer von den Müttern gefühlt worden und wohl nicht nur von ihnen. Aber dem heranwachsenden Kinde, der eigentlichen Jugend steht unsere Gesellschaft heute steif, hölzern und hilflos gegenüber, dem Kinde, das sie in der Schule eingesperrt hat. Sich

[25] Zweig, Die Welt von gestern, S. 36.
[26] Ebd.

seiner zu freuen versteht man weder, noch wagt man es ... Wie der junge Mensch in diesem Alter eigentlich beschaffen ist, wissen wirklich nur wenige, und man muß schon in einer Freien Schulgemeinde oder vielleicht in einer Wandervogelhorde zu Hause sein, um von der Jugend einen Gesamteindruck zu erhalten.«[27] Viele Wandervögel bekunden ähnliches aus ihrer Erfahrung. »Der Junge unserer bürgerlichen Kreise findet zu Hause im allgemeinen, ausgenommen etwa an den Schularbeiten, nicht die gemütliche[28] Teilnahme, die er mit Recht fordert ..., das hängt an den gesellschaftlichen und wirtschaftlichen Verhältnissen unserer Tage; man hatte früher mehr Zeit für seine Kinder. Daß Lehrer an offenen Schulen ihren Schülern Freunde, wirkliche Freunde geworden wären, steht nur in Schulprogrammen und in Gedächtnisreden auf verstorbene Pädagogen. Tatsächlich ist der Lehrer dem Schüler Feind oder gleichgültig oder er weckt bestenfalls Spuren von Achtung und Sympathie ... Nun wird kein Mensch bestreiten, daß kein Alter mehr nach Freundschaft und herzlichem Entgegenkommen verlangt als die Zeit zwischen zwölf und zwanzig ... Der freundschaftliche Verkehr, die Möglichkeit mit einem Älteren umzugehen, der nicht über den ›grünen Jungen‹ ... hinwegsieht, der nicht in Tanzvergnügen, Alkohol und Skat und anderen männischen Genüssen aufgeht, der ein Stück vom älteren Bruder ist – das hat den Wandervogel groß gemacht.«[29] »Es war ein wunderbares Geschenk, das uns damals zuteil wurde ... eine Gemeinschaft des Strebens nach einer neuen Lebensform ... und so war man ... selig, weil man vor all den Mißverständnissen und Hindernissen in Elternhaus und Schule Trost und Ermutigung finden konnte in der neuen Welt, die in Ortsgruppe, Kreis und Bund lebendig geworden war.«[30]

Unter sich sein, frei und doch aufgehoben im Freundschaftsverband des Wandervogel – das beglückte diese Jungen offenbar so sehr, daß sie es ihre »Menschwerdung« nannten. Als ferienhafte Loslösung aus dem häuslichen und schulischen Milieu hatte es begonnen, als Protestbewegung setzte es sich später fort. Dies übrigens nicht nur gegen verständnislose Väter, sondern auch gegen mancherlei Umarmungsversuche von seiten

[27] Gustav Wyneken, Schule und Jugendkultur. Jena 1913, S. 38.

[28] Im Sinne von: aufs Gemüt gerichtet.

[29] Hjalmar Kutzleb in: Jung-Wandervogel, 1910/1911, Heft 1; zitiert nach Ziemer/Wolf, Wandervogel, S. 268 f.

[30] Otto Piper in Kindt, Quellenschriften, Bd. 2, S. 215.

der Erwachsenen. »Eine Jugend, die man wirklich jung sein läßt«, wollten sie wohl sein, fühlten sich jedoch programmatisch vereinnahmt, wenn sie um eines Zweckes willen, etwa als »Heilmittel der Gesellschaft gegen Konventionalismus, Philisterei und Ängstlichkeit«[31], jung sein sollten. Eine dritte, für die Wandervögel vielleicht schwierigste, für den Betrachter freilich weithin unergiebige Auseinandersetzung fand in den eigenen Reihen statt, mit häufig wechselnden Fronten. Die Kreise und Bünde waren nach 1906 kräftig angewachsen und wurden nun immer wieder zwischen Schwerkraft und Fliehkraft hin- und hergerissen. Ein Wirbel von Sezessionsversuchen und Einigungsbemühungen hielt vor allem die Führer, Leiter und Vorstände nahezu sieben Jahre lang in Atem[32]. So hat sich nach der ersten Spaltung 1904, aus dem Alt-Wandervogel 1907 und 1910 je eine Gruppe gelöst und eigene Bünde gebildet. Karl Fischers Nachfolger im Alt-Wandervogel war der Rittergutsbesitzer Willie Jansen (1866–1943). Anders als die Elternräte üblicherweise, engagierte sich der damals Vierzigjährige aktiv werbend für den AWV, nahm auch am Fahrtenleben Anteil und war auf seinem Gut Friemen bei Kassel gesucht und beliebt als großzügiger Gastgeber, Ratgeber und Freund. Nach zwei Jahren Amtszeit trat er 1908 aufgrund öffentlicher Angriffe, die ihn der Homosexualität bezichtigten, zurück. 1910 führte der Streit um Jansen in die Vertrauenskrise gegenüber seinem Nachfolger Dr. Ernst Kolbe und in die Spaltung. Im November d. J. gelang es, das Schisma zu beseitigen. Eine Gruppe unzufriedener Wanderführer scharte sich dennoch wieder um Jansen, und mit dessen finanzieller Unterstützung kam in Hamburg die Neugründung des Jung-Wandervogel (JWV) zustande. Dieser am Freundschaftsideal elitär ausgerichtete Bund war der langlebigste von allen. Willie Jansen hat ihn zusammen mit Willie Jahn[33] bis 1933 angeführt.

»Wir wollen zu Land ausfahren über die Heiden breit, aufwärts zu den klaren Gipfeln der Einsamkeit.«[34] Das sind Verse mit

[31] Wyneken, Schule und Jugendkultur, S. 39.

[32] Vgl. Kindt Quellenschriften, Bd. 2, Zeittafeln zu AWV, Steglitzer EV, WVDB und JWV.

[33] Willie Jahn (1889–1973), Deutscher Hochschulmeister über 1500 Meter und Olympiasieger in Stockholm 1912. Seine Bronzestatue, geformt von Paul Peterich, wurde 1913 zur Einweihung des Deutschen Stadions in Berlin aufgestellt.

[34] Melodie von Kurt von Burkersroda (1893–1917), Text von Hjalmar Kutzleb

Signalwirkung in einer Gruppenjugend, die, vom Chorgebrüll und Kommerslied allmählich abrückend, ihre Lieder selbst zu dichten, aber auch alte Volkslieder zu singen und zu sammeln begonnen hat. Außer den Steglitzern (WTC), die 1906 das erste Wandervogel-Liederbuch herausgeben, wird hierin der Medizinstudent Hans Breuer (1883–1918) zum Initiator. Breuer war zusammen mit Wolf Meyen einer von Fischers Parteigängern und ein besonders wilder Kunde gewesen. (»Sie schliefen zur Nacht in alten Ruinen zwischen Ringelwürmern und Kellerasseln in einem Haufen fauligen Laubes und machten die Wälder unheimlich mit ihrem Gebrüll ...«[35] Laut Blüher sandte Breuer eine Postkarte »von unserer letzten Harzfahrt, die in eine Schekserei ohnegleichen ausartete, aber *eine* Erkenntnis gebracht hat: Los von der Schekserei!«[36] Inzwischen über Marburg nach Heidelberg gezogen, findet Breuer dort einen musisch orientierten Kreis und wandelt sich sowie den Wandervogelstil deutlich ins Feinsinnige. Sie wohnen (nomen est omen) im Haus am Klingenteich, entdecken den Volkstanz, musizieren mit Flöte und Fiedel, Trompete und Gitarre. »Auch weibliche Stimmen brauchten wir nicht zu entbehren, denn Steinrocks Paula war zur Hand und eines anderen Waldwärters beide Töchterlein ...«, und dann wurde »ausprobiert, was Sangbares von einst auch heute noch wahrklingt«[37]. Hier, in der sogenannten Heidelberger Pachantey, stellen die sechs Freunde (Breuer, Jahnke, Lißner, Ewald, Riegler, Starek) das Liederbuch ›Der Zupfgeigenhansl‹ zusammen. Hans Breuer gibt es Weihnachten 1908 heraus. »Das Erbe ist groß und herrlich, aber die Erben können nichts mehr und wissen nicht, was sie besitzen ... So soll das Büchlein endlich dazu dienen, Sangeskunst und Sinn für die schlichte, schöne Art des Volkes zu fördern, mit hinwirken nach dem Brennpunkte unserer heutigen Kulturbestrebungen: Liebe zum Volk und Ehrfurcht vor seinen unvergänglichen Werten.«[38]

(1885–1959) – beide aus dem Jung-Wandervogel. Kutzleb verfaßte auch das ›Landfahrerbuch‹ (1921) und Romane (›Hochwächter‹, ›Die Söhne der Weißgerberin‹).

[35] Blüher, Wandervogel, 1. Teil, S. 115–118; zitiert nach Ziemer/Wolf, Wandervogel, S. 68.

[36] Ebd., S. 69.

[37] Hans Lißner in einem Brief an Otto Ewald vom 29. 12. 1959; zitiert nach Ziemer/Wolf, Wandervogel, S. 204.

[38] Der Zupfgeigenhansl. Hrsg. von Hans Breuer unter Mitwirkung vieler Wandervögel. 10. Aufl. Leipzig 1913. Aus dem Vorwort zur 1. Auflage.

In den Kapiteln: Minnedienst, Liebesklage, Balladen, Geistliche Lieder, Soldatenlieder, Auf der Landstraße, Auf Schiffen und Rollwägen[39], Spinnstube, Tanz und Schnurren sind Texte und Melodien aus vier Jahrhunderten gesammelt. ›Der Zupfgeigenhansl‹ verbreitet sich rasch, wird bearbeitet und erweitert und erlebt 1913 schon die 10. Auflage (insgesamt über 1 Million). Dabei verschiebt sich der Akzent vom »liebenswürdigen« zum »nationalen« Erbe. 1910 heißt es noch am Schluß des Vorworts: »Gesundheit – Freiheit – Freude!«, 1912: »Möge es (das Volkslied) uns heben im bewußten Empfinden dessen, was deutsch ist, möge es an seinem kleinen Teile mitwirken an dem inneren Streben der Nation, an der Vollendung des Deutschtums.« Und 1913: »Neue Kriegsnöte, neue nationale Sturmfluten werden auch wieder neue Volkslieder emportreiben ... Schaut doch die Neutöner an, was sie fertigbringen! Ist das volkstümlich?«[40]

Weibliche Stimmen haben sich nicht nur gesanglich in den Wandervogel eingemischt. Die Schwestern fangen an, ihre Brüder zu beneiden und wagen die ersten Schritte. Breuers Freund Riegler hatte zwei Schwestern. (Die jüngere, Lies, wird 1913 Breuers Frau; sie ziehen nach Thüringen, wo er sich als Landarzt niederläßt; 1917 stirbt die junge Frau und Mutter eines Sohnes, 1918 ist Hans Breuer als Regimentsarzt vor Verdun gefallen.) Auch die Rieglers gehören zu einem Elevinnen-Kreis des Heidelberger Lehrerinnenseminars, der einen »streng geheimen Plan« gefaßt hat: Mädchenwandern. Wie seinerzeit bei den Jungen in Berlin-Steglitz wäre das ohne reformerisch gesinnte Eltern unmöglich gewesen. Auch die Heidelberger Mädchen tragen (1907) fußlange Röcke, sogar in der Turnstunde, und schlotternd weite Flanellanzüge beim Schwimmen in der Frauenbadeanstalt am Neckar. Sonstiger Sport ist ihnen nicht erlaubt. Sie lesen »bereinigte« Klassikerausgaben. ›Kabale und Liebe‹ gilt gleichwohl als unpassende Lektüre. »Als Mädchen ... nie auffallen, das war oberstes Gesetz!«[41] Und nun eine

[39] Das Rollwagenbüchlein von Jörg Wickram (1555) war ein Kultbuch der Wandervogelbewegung.

[40] Der Zupfgeigenhansl. Aus den Vorworten zur 4., 9. und 10. Auflage. Auf die Zupfgeigenhansl-Vorworte als Indikatoren zunehmend völkischer Gesinnung hat auch Walter Z. Laqueur in: Die deutsche Jugendbewegung. Eine historische Studie. Köln 1962, S. 18, hingewiesen.

[41] Hier und im folgenden zitiert nach Hede Riegger-Leder, Aus der Frühzeit der Heidelberger Mädchengruppe (1960). In: Ziemer/Wolf, Wandervogel, S. 352–357.

Horde höherer Schülerinnen sonntags allein in den Wäldern! Mit Rucksack, Klampfe und Kochtopf für den Griesbrei unter dem Regencape. »... die überdimensionalen Ausbuchtungen sahen besorgniserregend aus. Wir taten, als störte uns das gar nicht, aber es war doch ein gut Teil Trotz an dieser Unbekümmertheit.« Sie wählen sich eine Führerin und genießen das Laufen und Klettern, Zeichnen und Photographieren, Singen, Tanzen und Abkochen als ihre große Freiheit. »Wir tippelten immer ohne die Jungens, aber anscheinend wurden bei Rieglers unsere Mädchenfahrten so geplant, daß die Jungensgruppe ›zufällig‹ auftauchen konnte, um das Drum und Dran mit den Neulingen einzuüben.« Auf einer Neckarfahrt nach Wimpfen hat die Bubengruppe den Mädchen ein Nachtlager in der Scheune besorgt, ihnen das Heu geglättet und ihre nassen Umhänge und Stiefel fürsorglich zum Trocknen an den Balken aufgehängt, ehe sie sich ins eigene Quartier zurückzieht. Irgendein Lehrer muß die Ankunft in der Scheune beobachtet, »das vorschriftsmäßige Ärgernis genommen und Anzeige bei der Direktion der Schule erstattet« haben. Peinliches Verhör und drohende Entfernung von der Anstalt. Sie müssen dem Rektor in die Hand versprechen, angesichts der sittlichen Gefahren, fortan den »Wandervogel zu meiden«. Sie tun es heulend und erleben die Szene »als Begräbnis unserer Jugendfreude«.

Das Mädchenwandern, meist unter Führung von Lehrerinnen, kommt trotz solcher Rückschläge nach und nach in Gang. Zuverlässige Statistiken über die Entwicklung gibt es kaum. Gesichert sind folgende Zahlen: Um die Jahreswende 1911/1912 haben die im »Verband Deutscher Wandervögel« zusammengeschlossenen Bünde 17800 eingetragene Scholaren. Davon sind 15500 männlich und 2300 weiblich. Gegenüber dem Vorjahr 1910 hat sich der Anteil der Jungen knapp verdoppelt, der der Mädchen mehr als vervierfacht[42].

Bedeutender als die Quantität war die Qualität des Problems. In den Wandervogelhorden kümmerte man sich wenig darum, wieviele Mädchen mit dem Rucksack auf Fahrt gingen. Die Frage war: Durften sie es überhaupt, und wenn ja, getrennt oder womöglich gemeinsam mit den Jungen? Sollten sie »Distanzmärsche« ableisten oder doch lieber nur Reigen und ums

[42] Vgl. die Statistiken in: Wandervogel, Monatsschrift für Deutsches Jugendwandern 8, 1913, S. 24. Zur Problematik statistischer Daten aus der Jugendbewegung vgl. auch Jakob Müller, Die Jugendbewegung als deutsche Hauptrichtung neukonservativer Reform. S. 164ff., 389f.

Sonnwendfeuer tanzen? Sollten sie zelten dürfen oder doch lieber im Landheim übernachten, dessen Räume sie dafür mit Zinn- und Töpferwaren, mit Rupfen und Bildern wohnlich auszuschmücken hätten? Dies alles hat die jungen Männerbündler nachhaltig und kontrovers beschäftigt, hat eine ihrer Sezessionen (Abspaltung des WVDB vom AWV 1907) mitverursacht und (1912) beider Wiedervereinigung mitverhindert. Hans Breuer, der im Wandervogel Deutscher Bund (WVDB) zur prägenden Führerfigur heranwuchs, war für das Mädchenwandern, aber gegen das »Mischwandern«. »Die Buben verweichlichen, der ganze Schneid und Elan ... geht verloren, und was ein rechter Bub ist, fühlt sich in fortwährender Mädchengesellschaft bedrückt und eingeengt. Die Mädchen dagegen verbengeln und verwildern ...«[43] Zeitbedingte Anstandsbegriffe, weit mehr jedoch die Sorge, durch Paarbeziehungen könnte die männliche Gruppenfreundschaft (sie hatte Wertpriorität) gesprengt werden, führten dazu, daß die Gemeinsamkeit mit den Mädchen im allgemeinen auf Feste und Versammlungen beschränkt blieb. Alt-WV und Jung-WV waren in dieser Frage betont konservativ, die anderen Bünde und vor allem einzelne Ortsgruppen zwischen 1907 und 1914 in Maßen kompromißbereit.

Ähnliches gilt für ein anderes Problem, die Frage nämlich, ob Volksschüler in die Wanderbünde aufgenommen werden sollten. Auch hieran scheiterte die geplante Wiedervereinigung 1912, von seiten des Alt-WV mit der Begründung: »Volksschüler, die mit dem vollendeten 14. Lebensjahre die Schule verlassen, gehören nicht in den Wandervogel sondern in Jugendpflegeorganisationen anderer Art.«[44] Die Wandervogel-Jugend rekrutierte sich ganz überwiegend aus Gymnasiastenkreisen und somit aus der bürgerlichen Schicht. Das Schuljahr mit Wochenenden und Ferien bot ja Freizeit, die Lehrlingen und Jungarbeitern gar nicht zur Verfügung stand. In der Wandervogel-Literatur finden sich »Volksverbundenheit« und »soziale Gesinnung« häufig unter den Kardinaltugenden vermerkt. »Sozialer Zuschnitt und Reichtum des Elternhauses galten nichts. Es war gleichgültig, ob der Vater eines Wandervogels Briefträger oder Kommerzienrat war. Gewertet wurde nur die Persönlichkeit des einzelnen.«[45] Als Kronzeuge der Gründergeneration gilt

[43] Hans Breuer, Das Teegespräch. In: Wandervogel Deutscher Bund, Heft 2, 1911; zitiert nach Kindt, Quellenschriften, Bd. 2, S. 159–166.

[44] Vgl. Kindt, Quellenschriften, Bd. 2, S. 113.

[45] Gerhard Ziemer, Der Wandervogel. Bild und Deutung. In: Ziemer/Wolf, Wandervogel, S. 18.

Wolfgang Meyen (1884–1940), der das Steglitzer Gymnasium vor der Mittleren Reife verließ (sein Vater war tödlich verunglückt) und als Mechanikerlehrling Erfahrungen aus dem Arbeitsleben in den Wandervogel einbrachte. (Später wurde Meyen Ingenieur bei Siemens.) Zweifellos war das Fahrtenleben einfach und oft sogar spartanisch. Sicherlich hat es im Binnenverhältnis Klassengegensätze eingeebnet und beigetragen zum emotionalen Konsens, das Kasten- und Karrieredenken der Väter zu verpönen. Wenig beweiskräftig sind dagegen die Bekenntnisse, man habe sich Land und Leuten gewidmet, mit Bauern und Handwerkern freundschaftlich verkehrt, sich gar bewährt in einem »Sozialismus der Tat«[46]. »Die Jugendbewegung achtete den Bauern und lernte an seinem Formenschatz, ... sie machte sich eigene Kleider und baute sich eigene Häuser, siedelte und brachte das Handwerk wieder zu Ehren.«[47] Selbst dieses, im Umfeld (nationalsozialistischer) »Volksgemeinschaft« geformte Urteil über die spätere Jugendbewegung akzentuiert deren »eigene« Fasson. Den Bauern jedenfalls ist klar gewesen: Die Milchholer vor ihrer Tür – »das sind die Herren Studenten«.

Von der Milch muß noch einmal die Rede sein. In den Wandervogel-Gremien löst das Abstinenzproblem hartnäckigen Prinzipienstreit aus. Er übertrifft um einiges die Probleme des »Mischwanderns« mit den Mädchen und den Volksschülern. Wandervogels Devise: »Wasser statt Wein!« war zu Anfang nicht sklavisch befolgt worden. Es gab durchaus auch Umtrunk und Festgelage. Bei der Jahresversammlung des »Altwandervogel« 1907 stellt die Ortsgruppe Jena den Antrag, die Fahrten absolut alkoholfrei zu gestalten. Mit der Begründung, den AWV nicht zu einer Unterabteilung der Abstinenzbewegung machen zu wollen, wird der Antrag abgelehnt. Der Jenaer Sprecher, Diplomingenieur und cand. phil. Ferdinand Vetter, tritt daraufhin mit 42 Gefolgsleuten aus dem AWV aus und gründet den »Wandervogel Deutscher Bund« (WVDB).

Zu Pfingsten 1910 wird auf der Sachsenburg an der Unstrut ein »Allgemeiner Deutscher Kundenkonvent« veranstaltet. 500 Wandervögel aus allen Bünden, besonders dem unter Hans Breuer erstarkten WVDB, finden sich ein. Sie sondieren die Chancen eines großen Zusammenschlusses teils enthusiastisch,

[46] Ebd., S. 25.
[47] Luise Fick, Die deutsche Jugendbewegung. Jena 1939, S. 14.

teils skeptisch. »Einigungsrummel« sagen andere dazu. Im Jahr darauf will der Alt-WV mit einer Satzungsänderung und einer Kompromißformel der Einigung weiter zuarbeiten: »Es gilt als selbstverständliche gute Sitte, den Alkohol auf Fahrten im Interesse der wandernden Jugend zu meiden.« Aber der WVDB verlangt nun ein vollständiges Alkohol- und Nikotinverbot auf allen Fahrten und Veranstaltungen. 1912 treffen und trennen sie sich wieder – ohne Ergebnis. 1913 schließlich kommt eine Neugründung zustande. »Steglitzer e. V.«, »Wandervogel Deutscher Bund« und zwei Drittel des »Altwandervogel« bilden den neuen »Wandervogel-Einigungsbund« (WVeV). Das restliche Drittel des »Altwandervogel« bleibt, wegen unannehmbarer »Kapitulationsbedingungen«, unter seinem bisherigen Bundesleiter Professor Henkel selbständig.

Hans Breuer hatte schon drei Jahre zuvor erkannt: »Die ganze Jugend-Wanderbewegung kommt einem vor, wie ein Freischärler- und Guerillakrieg, wo jeder wie die Buren auf eigene Faust vom Leder zieht und womöglich mit dem eigenen Bruder, wenn er nicht genau so will, verquer wird ... Wer je mit angesehen hat, wie die Buben die Zettel der anderen WV von den Brettern rissen, wie förmliche Verrufserklärungen und Straßenprügeleien zustande kamen, wie die Zwietracht bis in die Familien hineinfraß, der wird den Sachsenburger Tag mit stiller Freude begrüßt haben. Der Einigungsgedanke wächst ja auch gerade aus den Städten heraus, wo das Durcheinandergreifen der Verbände zu fühlbaren Mißständen führte.« In Breuers WVDB ist man antialkoholisch, hat aber inzwischen Mühe (wie der AWV), sich gegen die Abstinenzbewegung abzugrenzen, »weil diese aus anderen sozialen Motiven herausgewachsen ist, und lebenslängliche Abstinenz erheischt.« Ihrem Alkoholkampf will der Wandervogel Breuers keine »Vorspännerdienste« leisten. Unbedingt vertritt er jedoch den »erhebenden Wandergenuß«, die »reinen Reisefreuden« und »den feinen Takt« der »inneren Führung«, die auf Fahrt nur ohne Wein und Bier möglich seien. »Fischers Karl, der glaubte noch an eine doppelte Moral; am Tage wurde Alkohol gemieden, aber abends, sobald man das Kleinzeug ins Heu gesteckt hatte, begann die Tagung der Bachantenschnäpse« ... »Fort mit dem Kram ... es ist, kurzgesagt, nicht ›wandervogelmäßig‹ ... Werbt und kämpft! Wir müssen weiter und höher! Heil!«[48]

[48] Hans Breuer, Vom gemiedenen Alkohol und von der Einigkeit. In: Wan-

11. Oktober 1913 – Naßkaltes Wetter, Nebelschwaden. Über sumpfige Wiesen und schotterige Pfade klettern sie frühmorgens bergan. Hier ein Trupp, dort eine zerdehnte Kolonne. Sie tragen wie immer ihre Klampfen und Kochgeschirre geschultert, die Fahnen und Wimpel sind noch eingerollt. Vor einer Stunde haben sie den letzten Wegweiser gesehen und am Waldrand schemenhaft einige Gestalten. Ihre Rufe und Pfiffe hat der Nebel geschluckt. Wo ist die Kasseler Kuppe? Wo sind die anderen? Stolpernd über Geröll und Wurzelwerk, mißmutig, daß sie nun wohl jede Orientierung verloren haben, sich im Kreise drehen wie gestern abend im Saal die Debatten, packt sie der Groll an dieser ganzen Unternehmung, die sich »Freideutscher Jugendtag« nennt. Plötzlich trifft sie ein Sonnenstrahl, der Nebel lichtet sich »... und wahrhaftig, durch die Bäume schimmert das Zelt, wir sehen Menschen wimmeln: es ist der Festplatz! ... Von allen Seiten strömen die Horden und die einzelnen herbei, Fahnen flattern, Lagerstätten werden gerüstet. Heil! Jugend ist Leben und Bewegung. Doch da ruft's zur Versammlungsstätte: es soll weiter über die ›einigende Formel‹ beraten werden ... 26 Redner wollen noch ihr Sprüchlein sagen.« Einer fragt schließlich, ob es Sinn hat, so viele Worte zu machen, ob dies nun ein »Kongreß für Jugendkultur« oder, wie es auf der Einladung steht, eine »Jahrhundertfeier der Jugend« werden soll? Das gefällt dem Jungen, dem, wie vielen seines Alters, der »theoretische Sums« zuwider ist. »Und wenn sich die Redner das nicht merken sollten, so wird es geschehen, wie es diesmal schon anfing, daß die Jugend singt, springt und tanzt, die Reden aber in den Wind gesprochen werden.«[49]

Ein Doppelgipfel ist an diesem Wochenende zu erklimmen. Freitag die Burgruine Hanstein, jenseits der Werra bei Werleshausen (heute DDR) und Samstag/Sonntag der 754 m hohe Basaltgipfel Hoher Meißner im hessischen Bergland, südöstlich von Kassel. 2000 Jugendliche und junge Erwachsene sind gekommen, in Sonderzügen aus allen Gegenden Deutschlands, auch Österreichs und der Schweiz. Dazu rund ein Dutzend »wahlverwandter« Ehrengäste. 14 Vereinigungen haben den Aufruf zu diesem Oktober-Fest unterzeichnet: die »Deutsche

dervogel Deutscher Bund, Heft 8, 1910; Wortlaut in Kindt, Quellenschriften, Bd. 2, S. 156–158.

[49] Obst-Reichenbach in: Jungwandervogel, Heft 11/12, 1913. Zitiert nach Ziemer/Wolf, Wandervogel, S. 475 f.

Akademische Freischar«, der »Bund abstinenter Studenten«, der »Vortruppbund«, der »Bund deutscher Wanderer«, der »Bund abstinenter Schüler: Germania«, der »Bund für freie Schulgemeinden«, die »Freie Schulgemeinde Wickersdorf«, das »Landschulheim am Solling«, die »Akademischen Vereinigungen Marburg und Jena«, der »Serakreis Jena«, die »Burschenschaft Vandalia Jena«, der »Wandervogel e. V.«, der »Jungwandervogel« und der »Österreichische Wandervogel«. (WV e. V. zog sich allerdings noch vor dem Fest von der offiziellen Mitwirkung zurück.)

Die Jugendbewegung sucht ihre erste Begegnung mit anderen kulturellen Gruppen, will eine öffentliche Erklärung ihrer Mündigkeit abgeben. Schon der Plan zu dieser Heerschau reformwilliger Gesinnungsgemeinschaften war eine Art Demonstration. »Man rüstete sich im offiziellen Deutschland zur Jahrhundertfeier der Leipziger Völkerschlacht 1813. – Mit Aufmärschen braver deutscher Bürgervereine, Turner- und Sängerschaften und trinkfrohen Kommersen sollte dieses Fest in aufrichtiger Rückwärtsbegeisterung begangen werden. Man kannte diese patriotischen Selbstbeweihräucherungen, diese peinlichen Aufblähungen satter Bürgerlichkeit, deren höchstes Ergötzen immer wieder der Suff, Tabaksqualm, das Kartenspiel und das Gegröl abgegriffener, unsinniger Lieder war. Dem galt es, aus den Erlebnis- und Gestaltungskräften der neuen Jugend heraus, ... wuchtig«[50] entgegenzutreten. Knud Ahlborn und Bruno Lemke vom Programmausschuß zählen zu ihren »weitgesteckten Aufgaben« nicht mehr und nicht weniger als »die Aufstellung kulturpolitischer Zielpunkte für die Arbeit an der inneren Erneuerung des deutschen Volkes«. Knud Ahlborn (1888 bis 1977), der blonde Hüne aus Hamburg, ist schon zweimal durch Gründungsaktivitäten[51] hervorgetreten. 1905, als Primaner, mit dem Hamburger Wanderverein, einer sportlich-geselligen Schülerverbindung, die sich – anders als der Wandervogel – auch naturwissenschaftlich betätigt, in Ansätzen sogar um Natur- und Denkmalschutz (Lüneburger Heide) bemüht hat. Der HWV wurde Urzelle des 1906 entstehenden und rasch sich

[50] Knud Ahlborn, Wie es zum Jugendtag auf dem Hohen Meißner kam. In: Will Vesper (Hrsg.), Deutsche Jugend. 30 Jahre Geschichte einer Bewegung. Berlin 1934; zitiert nach Ziemer/Wolf, Wandervogel, S. 441–447.

[51] Ahlborns dritte und dauerhafteste Gründung: Klappholttal auf Sylt (1920), Kinderdorf und Kriegswaisenheim, Volkshochschule und Engagement für Natur- und Artenschutz.

ausbreitenden »Bundes Deutscher Wanderer« (BDW). Ahlborn hatte ferner als Medizinstudent in Göttingen 1907 die »Akademische Freischar« gegründet, die sich alsbald im »Bund Akademischer Freischaren« auch an anderen Universitäten etablierte; besonders ersprießlich in Marburg und Jena und ähnlich ausgerichtet wie die dortigen »Akademischen Vereinigungen«[52]. Die AV-Freischarler verstehen sich als weltanschaulich neutrale Studentenverbindung (Vegetarier, Abstinenzler, Sozialisten und Pazifisten sind unter ihnen), jedoch in Opposition zum Kommers- und Mensurbetrieb der traditionellen Korporationen. Ihre Erziehungsgemeinschaft ist straff im Sittlichen, freiheitlich im Geistigen. Sie orientiert sich mit dem Ziel der »Persönlichkeitsbildung« an Humboldts »universitas litterarum« und will damit die Isolation überwinden, die das akademische Fachspezialistentum mit sich bringt. Mit den Namen Rudolf Bultmann, Martin Heidegger, Nicolai Hartmann und Paul Natorp liest sich die Teilnehmer- und Gästeliste der Marburger AV von 1912 wie ein hochkarätiges Stück Kulturgeschichte[53]. Es sind also an der Planung der Jahrhundertfeier vor allem ältere und geistig anspruchsvollere Gruppen als die des Schüler-Wandervogel beteiligt.

In Jena finden die Vorbesprechungen statt[54]. WV-Bachant Friedrich Wilhelm Fulda kommt auf die Idee, das Fest unter dem Namen »Freideutscher Jugendtag« anzukündigen. Verleger Eugen Diederichs schlägt als Symbolfarben für die Banner rot und gold vor. Wie aber soll das Fest ablaufen und wo soll es stattfinden? Die Marburger denken an ein »Kulturfest« in Weimar. Bildungsstaub und Klassikerpose? Da könnte man ja ebensogut »nach Leipzig zur Weihe des Völkerschlachtdenkmals« fahren und dort den »Hurra-Patriotismus mit in Kauf« nehmen. Nein, Wald und Wiese müssen sein, wenn man die Wandervögel nicht von vornherein vergraulen will. Also ein Freigelände, hoch gelegen, wie es zu den hochgespannten Erwartungen paßt! Der Meißner wäre ideal, zentrale Lage in Deutschland, dabei einsam und geräumig mit seinen vielen Mulden und Senken auf dem Plateau. Eine Vierergruppe wird beauftragt, das Gelände zu erforschen und mit dem »zuständigen Oberförster

[52] Vgl. Wolfgang Kroug, Die Akademische Vereinigung Marburg. In: Kindt, Quellenschriften, Bd. 2, S. 394ff.

[53] Vgl. Laqueur, Die deutsche Jugendbewegung, S. 252.

[54] Vgl. Georg Müller, Rund um den Hohen Meißner. In: Will Vesper (Hrsg.), Deutsche Jugend; Wortlaut in Kindt, Quellenschriften, Bd. 2, S. 505–509.

Fühlung zu nehmen. Dieser, der augenscheinlich arg nervöse Herr von Eschwege, machte uns eine gewaltige Szene: die Sterblichkeitsziffer im Forstberuf sei in den letzten Jahren ungeheuer gestiegen, die (Heil)Bäder wimmelten von erschöpften Forstbeamten, er selbst sei auch am Rande ...« Man werde die paar Hirsche da oben vergrämen, »sein letztes bißchen Lebensfreude« ... »und an allem sei die verrückte Wandervogelei schuld!« Willie Jansen (JWV), dessen »gutsitzender heller Sportanzug«, dessen »vornehme Art« des Umgangs und dessen Auto (1913!) nicht nur die drei Studenten sondern auch den Oberförster beeindrucken, bekommt schließlich doch die Zusage.

Auf Burg Hanstein ist am Abend des 10. Oktober die sogenannte »Rundsprache« angesetzt, ein Meinungsaustausch der beteiligten Organisationen über ihr gemeinsames Ziel. Kurt von Burkersroda (JWV) schildert die Ankunft der Teilnehmer: »Zwanzig Pfennig Eintrittsgeld (der Idealismus bekommt einen Stoß vor den Magen) ... in der Halle unten ein phantastisches, buntes Gewimmel ... dann an der kleinen, engen Wendeltreppe, die nach oben führt, ein wüstes Gedränge ... oben Wachposten, die eigentlich überhaupt keinen und uneigentlich nur *einen* von jedem Bunde hineinlassen wollen! Nachdem man sich mit Mühe und Not durchgekämpft hat, wird man in einem polizeiwidrig vollen Saale zusammengequetscht ... Eine Zeitlang ist nur Getümmel und Gesumme! Währenddessen macht man Studien. Weiße und blaue Pludermützen, darunter teilweise rein mongolische Züge, dann wieder ausgesprochene Zwiebacknasen, fanatisch-hagere Abstinenzler- und Rohköstlergesichter mit tief in den Höhlen liegenden Augen ... und ich höre, wie vor mir einer erklärt: Dort sitzen die Volkserzieher, die massive Erscheinung da ist Popert, dahinten sitzen die Himbeersaftstudenten, und die Fahne mit dem Rad, das ist das Banner des Serakreises![55] In verschiedenen Ecken feiert die Kleiderreform wilde Orgien mit Kitteln in allen Regenbogenfarben ... Und über all dem Mischmasch von Loden, Manchester, Bunttuch, Reformhemden, Umhängen und Touristenanzügen ein Meer von erwartungsvollen Augen ...«[56]

Die Rundsprache nimmt einen turbulenten Verlauf. In der

[55] Der Serakreis war eine literarisch-gesellige Vereinigung in Jena um die Figur ihres Gründers, des Verlegers Eugen Diederichs.

[56] Kurt von Burkersroda, Die Hanstein-Tagung. In: Jungwandervogel, Heft 11/12, 1913. Zitiert nach Ziemer/Wolf, Wandervogel, S. 473–475.

Selbstdarstellung und Werbung für ihre jeweiligen Programme versuchen die Sprecher der Bünde einander zu überbieten. Für deutschvölkische Erziehung, Volkswohlfahrt, sozialen Hilfsdienst und Rassenhygiene im Sinne einer Reinigung des Deutschtums von Profitstreben, Genußgiften, Laster und Libertinage, wollen sie das Auditorium gewinnen. Kapitänleutnant a.D. Hans Paasche und Hermann Popert vom »Vortrupp« rufen besonders die jungen Zuhörer angesichts der Nöte der Zeit zu Zucht und Wachsamkeit auf. Beide sind, in der literarisch bemerkenswert anspruchslosen frühen Jugendbewegung, seit etwa zwei Jahren gefeierte Schriftsteller. Paasche hat mit ›Lukanga Mukara‹ – fiktiven Briefen eines Afrikaners, der im Tone komischer Entrüstung seinen Landsleuten deutsche Trinksitten und Lebensgewohnheiten schildert – geradezu legendären Erfolg[57]. Hermann Poperts Romanheld ›Helmut Harringa‹ ein Repräsentant »reinen Germanentums«, der dem Großstadtsumpf mit seinen Versuchungen und Verderbnissen kühn und keusch widersteht, (ein geradezu peinlich-schwülstiges Buch) wirkt leitbildhaft auf die Wandervogel-Jugend ein[58].

Den Vortrupp-Rednern auf dem Hanstein entgegnet Gustav Wyneken (Freie Schulgemeinde Wickersdorf), es müsse nun endlich von den spezifisch jugendlichen Problemen gesprochen werden. Man sei hier dabei, die bildsamen jungen Teilnehmer für kulturpolitische Sonderzwecke einzuspannen, die zwar förderungswürdig, aber nicht jugendgemäß seien. Er sei hergekommen in der Hoffnung auf eine sich selbst findende junge Generation und sehe diese nun durch erwachsene Programmatiker überfahren. Die Diskussion endet ohne Resultat, mit dem Unbehagen vieler Teilnehmer, eine Chance vertan zu haben. Unter den Jugendlichen breitet sich an diesem Abend zwischen Hanstein und Meißner Ratlosigkeit aus, auch Enttäuschung und Trotz. Ist etwa tatsächlich über ihre Köpfe hinweg verhandelt worden? Hat Wyneken, der sich so energisch für sie einsetzte, vielleicht die »Reformphilister«[59] abgewehrt, um seinen eigenen Autoritätsanspruch gegen den ihrigen einzutauschen? Haben sie sich einschüchtern lassen, gar ihr Selbstvertrauen ver-

[57] Hans Paasche, Die Forschungsreise des Afrikaners Lukanga Mukara ins innerste Deutschland. Bremen 1988.

[58] Hermann Popert, Helmut Harringa. Eine Geschichte aus unserer Zeit. Dresden 1911. Vgl. Laqueur, Jugendbewegung, S. 57f.

[59] Ausdruck, gebraucht von Eugen Diederichs in der Festschrift: Freideutsche Jugend, 1913.

loren oder ganz schlicht nichts Gültiges zu sagen gewußt? Und wie hätten sie ihre Ideale benennen sollen: Freundschaft, Gemeinschaft, Heimat, Vaterland, Reinheit, Innerlichkeit? Von Jugendkultur und Erlebniskultur war fortgesetzt die Rede. Das ist schließlich ihr Element. Sie erleben es doch jedesmal am Lagerfeuer oder im »Nest«[60]. Sie fühlen es doch, wenn sie wandernd und singend zusammen sind und möchten doch ihre Wertvorstellungen weitergeben, in »sozialer Tat«. Man müßte das deutlicher artikulieren. Andererseits, wo Begriffe sind, sind auch »Verkrustung« und »Verflachung« und am Ende jene hierarchisch-bürokratischen Zustände, denen sie ja eben entkommen wollen. »Die Jugendbewegung sprach in Bekenntnissen, nie in selbstkritischer Reflexion«, urteilt später einer ihrer Kenner und kritischen Interpreten[61].

Schwer meßbare Schwingungen sind es jedenfalls, die am Samstagvormittag (11. Oktober) auf dem Hohen Meißner die Jungen in federnd-fordernde Bereitschaft versetzen, sich vom »tua res agitur« nichts abhandeln zu lassen, und die Älteren auf eine gemeinsame Willenserklärung einstimmen. Die »Formel« wird von den Versammelten ausnahmslos angenommen und löst in der Höhenluft der Kasseler Kuppe brausende Freude aus. Die Einigungsformel lautet: »Die Freideutsche Jugend will aus eigener Bestimmung, vor eigener Verantwortung, mit innerer Wahrhaftigkeit ihr Leben gestalten. Für diese innere Freiheit tritt sie unter allen Umständen geschlossen ein. – Zur gegenseitigen Verständigung werden Freideutsche Jugendtage abgehalten.« Und im Nachsatz: »Alle gemeinsamen Veranstaltungen der Freideutschen Jugend sind alkohol- und nikotinfrei.« Dieser Nachsatz soll »handgreiflich-positiv« die Abstinenzverbände zufriedenstellen. Im übrigen hat die Meißner-Jugend die Sonderziele der Zweckgemeinschaften fürs erste abgewehrt. Knud Ahlborn spricht denn auch ausdrücklich von einer »Abwehrformel«. Bald wird man der Autonomieerklärung »bindungslose Beliebigkeit« ankreiden. Er weist diesen Vorwurf als »Anmaßung der älteren Generation« mit dem Hinweis zurück, daß die Freideutsche Jugend ja längst ihren Kanon »innerer Bindungen« hatte.

Der Nachmittag auf dem Hohen Meißner bringt Sonnen-

[60] Bezeichnung für Zimmer oder Stadtquartier als Treffpunkt.

[61] Hermann Mau, Die deutsche Jugendbewegung. Rückblick und Ausblick. In: Zeitschrift für Religions- und Geistesgeschichte 1, 1948, S. 1.

schein und Festfreude. Wettkämpfe werden ausgetragen (Speerwerfen, Staffellauf), Volkstänze aufgeführt – »Rundinellarulla – tanzt das Volk im Kreise« – und all die vielgeliebten Lieder gesungen. Sänger und Lautenspieler lagern im Windschatten der Gehölze. Viele Frauen tragen Dirndlgewand, manche haben sich Blumenkränze ins Haar gesteckt. Dazwischen imposante Gestalten: Ferdinand Avenarius[62], füllig, mit Schlapphut, den Photoapparat umgehängt, eilt ausgreifenden Schritts von Gruppe zu Gruppe. Eugen Diederichs, in einer Art Renaissance-Phantasiekostüm mit Kniehosen und Barett, genießt als Herausgeber der Festschrift – Beiträge von Paul Natorp und Alfred Weber, Grußworte von Ludwig Thoma und Herbert Eulenberg sind enthalten – besondere Sympathie. Wie Wyneken, wie auch Paasche und Popert, sind diese beiden Älteren hier Mitwirkende und Ehrengäste zugleich. Die öffentliche Reputation und die von der Jugend empfundene Wahlverwandtschaft waren Ansporn, sich um ihre Teilnahme zu bemühen.

Bei Sonnenuntergang sammeln sich alle um Pfarrer Traub, der eine geistliche Besinnung hält und zur »Kriegerschaft im Heere des Lichts« auffordert[63]. »Brüder, reicht die Hand zum Bunde ...« singen sie und ziehen dann im Fackelschein zu einer Anhöhe, wo der Holzstoß angezündet wird und Knud Ahlborns ›Feuerrede‹ (auf den zwei Druckseiten findet sich zehnmal das Adjektiv »innere« bzw. »innerlich«) eine begeistert-ergriffene Runde packt. Das Sonntagsprogramm (12. Oktober) bringt im Festzelt eine Aufführung der Marburger Studenten von Goethes ›Iphigenie‹, bietet wieder Muße zu Spiel und Tanz und zum »Lagern um glimmende Glut« am Abend. Zu Ereignissen dieses Tages werden jedoch die Reden von Wyneken und Avenarius. Gustav Wyneken[64] spricht über Vaterlandsliebe, bekundet sein Befremden, in welch ausgefahrenen Gleisen sich »Gedanken und Gefühle vieler« offenbar bewegen. »Soll es dahin kommen, daß man euch nur gewisse Worte zuzurufen

[62] Ferdinand Avenarius, Gründer des »Dürerbunds« (1903) und Herausgeber der Zeitschrift ›Der Kunstwart‹ (1887–1932).

[63] Vgl. Gustav Mittelstraß in: Freideutscher Jugendtag 1913. Hamburg 1919. Zitiert nach Kindt, Quellenschriften, Bd. 2, S. 494–497.

[64] Gustav Wyneken, Rede auf dem Hohen Meißner. In: Redenheft zum Freideutschen Jugendtag 1913. Hamburg 1919; Wortlaut in Kindt, Quellenschriften, Bd. 2, S. 501–505. Laqueur berichtet, Wyneken habe ihm im April 1960 gesagt: »Die deutsche Jugend hätte zwei große Chancen gehabt: die Bildung einer Jugendbewegung und die Tatsache, daß diese Bewegung mich traf.« Die deutsche Jugendbewegung, S. 112.

braucht: Deutschtum, national, um euren Beifall und Heilruf zu vernehmen? Soll von euch jeder zudringliche Schwätzer den Zoll der Begeisterung eintreiben dürfen, weil er sich die richtige Phrasenuniform angezogen hat? Und wollt ihr, die ihr durch das bunte Bild dieses Festes beweist, wie abhold ihr im Äußeren aller Uniform seid, euch nun eure Seelen uniformieren lassen?« Wyneken rügt, daß sie dem Ruf eines Österreichers: »Die Waffen hoch!« (angesichts der »Gefahren des Panslawismus«) zugejubelt und beim nächsten Atemzug »Seid umschlungen, Millionen« gesungen haben. Er erinnert an die Helden von 1813, würdigt Gneisenau, Stein, dann Fichte und mahnt: »Vergessen wir nicht, daß die Größten jener Zeit Weltbürger waren, in dem Sinne, daß sie das Heil der ganzen Menschheit dem eines einzelnen Volkes, auch ihres eigenen, überordneten ... Unsere Vaterlandsliebe geben wir so billig her, weil wir sie so billig erworben haben ...« Er fordert Denkarbeit und Abstand ... »Rettet euch Deutschland, denn die *Welt* hat Deutschland nötig (!); rettet es als die blänkste und schärfste Waffe des Weltgeistes. Es gab eine Zeit, da sagte man von Deutschland, es sei nur ein geographischer Begriff. Aber, Freunde, ist schon alles dadurch gewonnen, daß dieser Begriff aus der physikalischen Geographie in die politische hinübergerückt ist? Wir erfreuen uns der politischen Einheit ... Aber ist wirklich die Einheit, nicht des Landes, sondern des Volkes schon errungen? Geht nicht durch unser Volk ein tiefer Querriß, und ist wirklich die Freiheit des deutschen Volkes schon zur vollen Wirklichkeit geworden?« Einheit und Freiheit wie einst die Wartburg-Jugend sie forderte, bleiben der Freideutschen Jugend als Aufgabe gestellt. Wyneken warnt vor »Schwertgerassel«, mahnt zur Gewissensschärfe, gerade in dieser weder guten noch schönen Übergangszeit. Ein Bekenntnis zu Nietzsche, zum »heroischen Lebenslauf«, verbindet er mit dem Hinweis, daß in dieser noch jungen Welt sich gerade die Jugend jetzt »auf das richtige Weltgefühl versteht«, sie, »die durch den Trubel der Parteien und den Staub der Kämpfe des Tages hindurch, unentwegt ihren Blick auf das Höchste richtet«. Keine »voreiligen Bindungen« soll sie eingehen, auf keine »Sonderbestrebungen« sich festlegen lassen, auch nicht auf voreiligen Patriotismus[65]. Prüfstein eines Krieges wäre: »Ob euer Krieg zugleich ein Krieg ist für den Geist, ob er

[65] Zum Thema Bindung und Parteinahme vgl. auch Paul Natorp in: Der Kunstwart, 27, 1913, Heft 2; Wortlaut in Kindt, Quellenschriften, Bd. 2, S. 491 bis 494.

zugleich die ganze Menschheit weiterführt aus dem Dunkeln ins Helle.« Jugend hat das Recht und die Pflicht zur Freiheit, soll über »die Grenzen des Staatsinteresses und des völkischen Selbsterhaltungstriebes hinausdenken«, soll lernend, gehorchend, sich bewährend würdig werden, »Krieger des Lichts« zu sein. Wynekens Ansprache endet mit dem Zuruf: »Freiheit, Deutschheit, Jugendlichkeit!«

Im Gegensatz zum feierlichen Ernst Wynekens tritt Ferdinand Avenarius (1856–1923)[66] väterlich-jovial auf. Er versteht sich als Vermittler zwischen den Generationen und ruft, gewissermaßen zu historischer Zeugenschaft, seinen Onkel Richard Wagner, dessen Widerpart Friedrich Nietzsche, Gottfried Keller, Wilhelm Raabe, Ludwig Richter und Julius Langbehn in diesen Kreis. Auch er ermuntert die Jungen, ihre Entwicklung geduldig ausreifen zu lassen, sich nicht frühzeitig zu binden und festzulegen, vor allem nicht »großmäulig« ernten zu wollen, wo erst gesät werden muß. Avenarius freut sich der unausgesprochenen, selbstverständlichen Gemeinsamkeit, die auch auf dem Hanstein, über alle Kontroversen hinaus, spürbar gewesen sei. »Ich meine die Lebensreform aufs *Einfache*, aufs *Echte* hin, mit der sind wir in dieser Zeit fortwährender Luxussteigerung ja noch ›unter uns‹. Diese Lebensreform, die ... euch und uns alle miteinander als einen munteren Sauerteig ins deutsche Volk setzt. Stecken wir uns an mit Gesundheit!

Unser *Fühlen*, um das steht's ja gut ...«

Sogar der Urvater völkischer Kunsterziehung, mit 57 Jahren für die Jugendbewegung wahrhaftig ein Senior, beruft sich aufs Fühlen. Da ist tatsächlich nicht zu übersehen, daß die Zeugnisse der Zeitgenossenschaft und die Zeugnisse der Rückschau in großer Zahl darin übereinstimmen, wie stark man gefühlt hat. »Die Jugendbewegung ist aus wilder Wurzel gewachsen ... ›Allzeit bereit!‹ und nichts folgte ... Es bleibt alles Gefühl, was Gedanke hätte werden müssen, um geschichtswirksam zu werden.«[67] So erklärt sich wohl die Furcht, Differenzierung und Konkretisierung der Ziele könnten »Verflachung« zur Folge haben. Entsprechend heftig werden darum auch Definitionsversuche abgewehrt: da seien zu Beginn des Jahrhunderts Wander- und Sängerbünde unterwegs gewesen oder – schnöde Ignoranz – gar wandernde Gesangvereine; da hätten sich junge Schüler

[66] Ferdinand Avenarius, Schlußwort zum Freideutschen Jugendtag 1913 auf dem Hohen Meißner; zitiert nach Ziemer/Wolf, Wandervogel, S. 467f.

[67] Mau, Jugendbewegung, S. 11.

und Studenten zur Volkstums-, Brauchtums- oder Heimatpflege zusammengeschlossen! Nein, »Selbstsein und Selbstleben«[68] waren die Antriebskräfte und – Zusammensein in prägender Gemeinschaft, heilsam gegen Entfremdung.

Bis in die Physiognomien hat sich das ausgeprägt, eine Art verklärten Blicks hervorgebracht, den man sogar auf den Photos betagter Wandervögel noch wahrnehmen kann. Auch als nach dem Ersten Weltkrieg die Jugendbünde, hochgradig politisiert, nach rechts und links auseinanderdrifteten, war das Porträt des einzelnen Jugendbewegten dann am besten getroffen, wenn das gewisse Amalgam aus Edelsinn und Burschikosität nur ein Urteil zuließ: wirklich ein feiner Kerl!

Nach dem Abstieg vom Hohen Meißner fand die dort erlebte Hochstimmung starken Nachhall, erlangte die Meißner-Formel zentralen Symbolwert in der Jugendbewegung. Dazu trug das bald folgende Kriegserlebnis ganz wesentlich bei. (Etwa 7000 Wandervögel sind gefallen.) Durch die Qualen der Frontkämpfe und die Desillusionierung und Verelendung nach 1918, nahm das Meißner-Treffen in der Erinnerung rauschhaft-hymnischen Charakter an: das letzte Fest vor der Katastrophe.

[68] Natorp, Kunstwart 27, 1913, Heft 2.

II. Kritiker, Künstler, Reformer

1. Jahrhundertwende

Dezember 1899. Bis zur Jahrhundertwende bleibt noch eine Frist, die nach Tagen zählt. Aufwendige Silvestervorbereitungen sind im Gang. Henriette Davidis' berühmtes ›Kochbuch für die gewöhnliche und feinere Küche‹ empfiehlt für ein festliches Abendessen im Dezember folgendes Menü: Austern – Bouillon – Gebratener Zander mit Anchovissauce – Rindslende braisiert, mit Gemüsen garniert – Salmi von Enten – Wildschweinskopf in Gelee und Remouladensauce – Fasan gebraten; Brunnenkresse – Artischocken – Russische Creme – Apfelsineneis – Mandeltorte.

Verglichen mit solchem Speiseplan mutet uns der Theaterspielplan vom Dezember 1899 heute geradezu vertraut an. In München beispielsweise inszeniert das Theater am Gärtnerplatz ›Die Fledermaus‹ von Johann Strauß und den ›Opernball‹ von Richard Heuberger. Im Hoftheater spielt man Grillparzers ›Ein treuer Diener seines Herrn‹, im Residenztheater ein neueres Stück, ›Jugend‹ (1893) von Max Halbe. Auch das Städtische Schauspielhaus bietet zeitgenössische Dramatik: ›Die Wildente‹ (1884) von Henrik Ibsen und ›Der Vater‹ (1887) von August Strindberg. Am Berliner Lessingtheater gibt man Hermann Bahrs Napoleon-Lustspiel ›Joséfine‹. Außerdem wurde hier am 10. Dezember 1899 Wedekinds Einakter ›Der Kammersänger‹ uraufgeführt.

Frank Wedekind selbst saß, als die Glocken das 20. Jahrhundert einläuteten, auf Burg Königstein im sächsischen Elbsandsteingebirge und verbüßte ein halbes Jahr Festungshaft wegen Majestätsbeleidigung. Der Zeichner Thomas Theodor Heine (1867–1948) war schon im November 1898 verurteilt worden. Beide hatten sich im ›Simplicissimus‹ über die Palästina-Reise Kaiser Wilhelms II. lustig gemacht. Heine mit einer Karikatur: zwei geharnischte Ritter vor der Silhouette Jerusalems. In der Bildunterschrift sagt Gottfried von Bouillon zum Staufer-Kaiser Friedrich I.: »Lach nicht so dreckig, Barbarossa! *Unsere* Kreuzzüge hatten doch eigentlich auch keinen Zweck.« Daneben ein Gedicht von Wedekind. Unter dem Pseudonym Hieronymus psalmodiert er sechsstrophig zum kaiserlichen Besuch. Die beiden letzten Strophen lauten[1]:

So sei uns denn noch einmal hoch willkommen
Und laß dir unsere tiefste Ehrfurcht weihn,
Der du die Schmach vom Heil'gen Land genommen,
Von dir bisher noch nicht besucht zu sein.
Mit Stolz erfüllst du Millionen Christen;
Wie wird von nun an Golgatha sich brüsten,
Das einst vernahm das letzte Wort vom Kreuz
Und heute nun das erste deinerseits.

Der Menschheit Durst nach Taten läßt sich stillen,
Doch nach Bewundrung ist ihr Durst enorm.
Der Du ihr beide Durste zu erfüllen
Vermagst, sei's in der Tropenuniform,
Sei es in Seemannstracht, im Purpurkleide,
Im Rokokokostüm aus starrer Seide,
Sei es im Jagdrock oder Sportgewand,
Willkommen, teurer Fürst, im Heil'gen Land!

›Simplicissimus‹-Verleger Albert Langen hatte Wedekind schon seit einiger Zeit dazu ermuntert, politische Gedichte in satirischer Schärfe zu verfassen. Prozesse, Schuldsprüche, Haftstrafen und immer wieder Konfiskationen des Blattes, besonders auf den preußischen Bahnhöfen, war die muntere Redaktionsmannschaft denn auch gewöhnt. Verfolgung durch Minister und Staatsanwälte, Polizeipräsidenten und Kleriker wirkte sich deutlich auflagensteigernd für das damals beste und frechste satirische Wochenblatt in Deutschland aus, nicht zuletzt zur Freude des Verlegers. (Vom Gründungsjahr 1896 bis 1914 bestätigten u. a. folgende Berühmtheiten dem ›Simplicissimus‹ hohe Qualität: Björnstjerne Björnson, Henrik Ibsen, Fridtjof Nansen, Edvard Grieg, Lew Tolstoi, Emile Zola, Auguste Rodin, Max Klinger, Wilhelm Leibl, Max Liebermann, Gerhart Hauptmann und Maximilian Harden[2].)

Th.Th. Heine nahm seine Verurteilung gelassen hin, ohne von seiner Abneigung gegen Wilhelm II. und seiner antiobrig-

[1] Simplicissimus 3, 1898, Oktober; zitiert nach der Faksimile-Ausgabe, Berlin 1972, S. 54f.

[2] Faltblatt ebd.

keitlichen Einstellung abzurücken. Wedekind hingegen versuchte, dem Verleger die Schuld zu geben, der ihn aufgefordert habe, »die Person des Kaisers zu begeifern«[3]. Er beteuerte, im Grunde kein politischer, sondern ein moralischer Autor zu sein und ganz gewiß kein Sozialist, Anarchist oder persönlicher Feind des Kaisers. Das Gedicht habe er 14 Tage vor der Premiere seines ›Erdgeist‹ in einem Zustand unkontrollierbarer Erregung geschrieben. Albert Langen, der sich schon vor der Drucklegung durch Flucht in die Schweiz einer Verhaftung entzogen hatte, empfing den in letzter Minute geflüchteten Frank Wedekind in Zürich mit den Worten: »Sie mußten doch selber wissen, was Sie taten.« Wedekind, finanziell von Langen abhängig, sah sich genötigt, die Zusage weiterer Mitarbeit am ›Simplicissimus‹ zu geben, wobei er andererseits seine Honorarforderungen heraufschrauben konnte. Erst als Wedekind wußte, daß Th.Th. Heine nicht zu einer Gefängnisstrafe, sondern »nur« zu einer Festungshaft verurteilt worden war, kehrte er im Sommer 1899 aus dem Ausland (zuletzt Paris) nach Deutschland zurück und stellte sich den Gerichten. Ihn verurteilte man in Leipzig, dem Druckort des ›Simplicissimus‹, zu Gefängnis. Seinem Verteidiger gelang es jedoch, eine Begnadigung zu erreichen. Die Gefängnisstrafe wurde in Festungshaft umgewandelt[4].

Jahre später (1908) fanden die Ereignisse ein doppeltes literarisches Nachspiel in einer Fehde, deren treffsichere Boshaftigkeit beide Beteiligten als Satiriker von Geblüt ausweist. Ludwig Thoma (1867–1921) brachte unter seinem ›Simplicissimus‹-Pseudonym Peter Schlemihl einen Sketch mit dem Titel ›Der Satanist‹. Franz Wedelgrind alias Frank Wedekind steht da kläglich schlotternd vor seinen Richtern, die sich auf einen Dämon der Freigeisterei gefaßt gemacht hatten. Der Angeklagte beteuert, heimlich schon immer Royalist gewesen zu sein. »Warum heimlich?«, will das Gericht wissen. Darauf Wedelgrind: »Wenn ich mich jemals zu Thron und Altar bekannt hätte, dann hätte mich mein Verleger kaltblütig verhungern lassen.« Warum dann dieser Verleger? Es gebe doch andere, die gut royalistisch gesinnte Verse auch gut bezahlten, beispielsweise zu Kaisers Geburtstag. – Wedelgrind: »Seien wir uns darüber klar, daß Seine Majestät nur einen Tag mit dieser Auszeichnung

[3] Vgl. Artur Kutscher, Wedekind. Leben und Werk. München 1964, S. 146 bis 151.

[4] Ebd., S. 150.

bedacht hat, und daß 364 Tage ohne poetischen Stoff verbleiben.« – Richter: »Es gibt so viele Fürsten in Deutschland!«[5]

Wedekind seinerseits nahm mit der Steckbriefposse ›Oaha‹ nun private Rache an Albert Langen und am Simplicissimus-Kreis. Die Heine, Thöny, Thoma und Tichatschek-Reznicek werden da als die »Vier Winde« karikiert, der Verleger wird als Hochstapler und Ausbeuter dargestellt. Alfred Kerr notiert (1909) über das »Haßwerk Oaha«: »Es kann mir den ernsten Kämpferwert der Simplicissimusleute nicht herabsetzen. Mir nicht! ... Aber ... Ich dulde, daß er seine Privatrache mit Komik stillt. ... Lang verstohlene Wasser brechen wie eine Sturzflut heraus. ...«[6] Wedekinds Widerpart in dieser Fehde, sonst aber Kampfgefährte und Artgenosse des satirisch-dramatischen Prankenhiebs, Ludwig Thoma, hatte soeben die Komödie ›Moral‹ veröffentlicht. Und Kerr schreibt dem Trio Thoma-Wedekind-Shaw die Laudatio: »Mögen sie einander zerfleischen. ... Ich umfasse sie alle drei ...«[7]

Kerrs Text trägt den Titel ›Rinnsteinkunst‹. Er entstand unter dem Eindruck der Verfassungskrise im Spätherbst 1908. Kaiser Wilhelms provozierender Alleingang im Spannungsfeld britisch-deutscher Beziehungen, sein Interview mit dem ›Daily Telegraph‹, hatte das erste Rücktrittsgesuch des Reichskanzlers Bernhard von Bülow zur Folge gehabt und im Reichstag Empörung ausgelöst (Debatte vom 10./11. November). Kerr imaginiert nun in der ihm eigentümlichen assoziativen Dreipunktemanier einen Winterspaziergang an der Havel. Da begegnet er einem Herrn, »Schnurrbart aufwärts. Spessartmütze. Fünfzig«, dem Kaiser. »Er murmelte: ›Mein glorreicher Herr Großvater ...‹ Und so. Ich rezitierte: ›Ein ganzer Sittlichkeitsverein bildet die Kundschaft einer Schnepfe, dies der Grundriß des Schwanks ›Moral‹ ... Ludwig Thoma, der Bauernzeichner, schafft für alle; Thoma, der Satiriker, (schrie ich) für die Heutigen ...‹ ... Der Andere sprach: ›Unser Alliierter von Roßbach ... liegt auf dem Wasser[8] ... Mein Bernhard[9], ihn soll –!‹ Seine bejahrte Leutnantsstimme schnarrte ...«

[5] Simplicissimus 13, 1908/09; Faksimile-Ausgabe, S. 213–218.

[6] Alfred Kerr, Gesammelte Schriften. Die Welt im Drama II. Berlin 1917, S. 342f.

[7] Ebd., S. 341–348.

[8] Anspielung auf das Wort Wilhelms II.: »Deutschlands Zukunft liegt auf dem Wasser.«

[9] Gemeint ist der Reichskanzler Bernhard von Bülow.

Die Gespräche oder besser Gesprächsfetzen der beiden Spaziergänger ergeben ein groteskes Duett, ein Miniaturmodell totaler Kommunikationslosigkeit. Die desolate Lage, in die sich Wilhelm II. damals manövriert hatte, traf die Öffentlichkeit nicht unvorbereitet. Das Stichwort von Kaiser Wilhelms »persönlichem Regiment« kursierte seit vielen Jahren, und in kulturell engagierten Kreisen war noch manch andere Sottise unvergessen: »Eure Modernen machen Rinnsteinkunst« oder »Schiller- und Verdunpreis: Mahlzeit, wenn das Zeug MIR nicht gefällt.« »So schwadronierte Seine Majestät dreißig Jahre lang«, bemerkt »Censor Germaniae« Maximilian Harden (1861–1927), der seit 1892 in seiner Ein-Mann-Zeitschrift ›Die Zukunft‹ unerschrocken und unerbittlich – in der Affäre Eulenburg (1906–1908) geradezu besessen von der Rolle des »J'accuse« – gegen den Kaiser und seine »Hofkamarilla« polemisiert hat. In einer Porträtskizze des Kaisers von Maximilian Harden heißt es: »In vielfach wechselnden, doch immer bunten oder glitzernden Gewändern stand er vor dem Auge. Er schrieb Verse und komponierte selbst die Musik dazu, zeichnete, malte, modellierte Statuen ... löste souverän erzieherische, religionsgeschichtliche, theologische, soziale, kulturelle Probleme aller Art, war Feldherr und Theaterregisseur, Prediger und Marinetechniker, Musterbauer und Ästhetiker, Kirchenhaupt und Militärschneider in einer Person.«[10]

Als am 18. Dezember 1901 in Berlin die Siegesallee mit den zuletzt gefertigten Standbildern der Hohenzollernfürsten eingeweiht wurde, wandte sich Wilhelm II. mit folgenden Worten an die Adresse der Kunst- und Kulturschaffenden: »Wenn nun die Kunst, wie es jetzt viel geschieht, weiter nichts tut als das Elend noch scheußlicher hinzustellen, wie es schon ist, dann versündigt sie sich damit am deutschen Volke. Die Pflege der Ideale ist zugleich die größte Kulturarbeit, und wenn wir hierin den anderen Völkern ein Muster sein und bleiben wollen, so muß das ganze Volk daran mitarbeiten, und soll die Kultur ihre Aufgaben voll erfüllen, dann muß sie bis in die untersten Schichten des Volkes hindurchgedrungen sein. Das kann sie nur, wenn die Kunst die Hand dazu bietet, wenn sie erhebt, statt daß sie in den Rinnstein niedersteigt.«[11]

[10] Zitiert nach H.J. Fröhlich, Maximilian Harden. In: Journalisten über Journalisten. München 1980, S. 108.

[11] Reden des Kaisers. Ansprachen, Predigten und Trinksprüche Wilhelms II. Hrsg. von Ernst Johann. München 1966, S. 102.

Die Grundgesinnung, die hier zum Ausdruck kommt, wird uns noch beschäftigen. Zuvor jedoch die Frage nach dem Ereignishorizont. Was konnte konkret gemeint sein? Kultur um 1900 – Was ist neu? Die Theater spielen, wie an einigen Beispielen angeführt, Ibsen und Hauptmann, Strindberg und, soweit es nicht von der Zensur verboten wird, Wedekind. Der Naturalismus, dem das Schmähwort Wilhelms II. vor allem gegolten hat, flaut wohl etwas ab, wirkt aber immer noch stark genug, um nahezu jedes Jahr mit einer Hauptmann-Premiere aufzuwarten: 1900 ›Schluck und Jau‹ und ›Michael Kramer‹, 1901 ›Der rote Hahn‹, 1903 ›Rose Bernd‹, 1905 ›Und Pippa tanzt‹. Der Mäzenatenauftrag Großherzog Ernst Ludwigs von Hessen an die Architekten Josef Olbrich und Peter Behrens wird in Darmstadt auf der Mathildenhöhe realisiert. Mit Paula Modersohn-Becker und Fritz Overbeck entsteht die Malerkolonie Worpswede. Henry van de Velde gründet 1901 in Weimar die Kunstgewerbeschule, Karl Ernst Osthaus 1902 in Hagen das Folkwangmuseum. Edvard Munch und Alfred Kubin stellen aus und 1901, zum ersten Mal auch Wassily Kandinsky mit der Künstlergruppe »Phalanx«. Max Liebermann hat 1899 mit Max Slevogt die Berliner Sezession gegründet. Durch den Einfluß Toulouse-Lautrecs verbreitet sich die Plakatkunst in Deutschland und wird neuerdings auch wirtschaftlich genutzt (PERSIL). In Frankreich, England, Deutschland und den USA entstehen die ersten Filme (›Salome‹, von Oskar Messter, 1902). In Berlin gründet Ernst von Wolzogen 1901 das Kabarett »Überbrettl«, und in München treten zur gleichen Zeit die »Elf Scharfrichter« (mit Wedekind) auf. Von vier Veröffentlichungen zur Jahrhundertwende – Ernst Haeckels ›Welträtsel‹ (1899), Karl Kraus' ›Fackel‹-Gründung (1899), Sigmund Freuds ›Traumdeutung‹ (1900), Max Plancks Vortrag über die Quantentheorie im Dezember 1900 – sind drei zu Jahrhundertereignissen geworden. Sieben literarische Neuerscheinungen haben ihren Rang und ihre Geltung bald erwiesen und bis heute nicht verloren: Rainer Maria Rilkes ›Cornet‹ (1899), Arthur Schnitzlers ›Reigen‹ (Privatdruck 1899), Hugo von Hofmannsthals ›Der Tor und der Tod‹ (1899), August Strindbergs ›Advent‹ (1899), Heinrich Manns ›Im Schlaraffenland‹ (1900), Stefan Georges ›Teppich des Lebens‹ (1900) und Frank Wedekinds ›Marquis von Keith‹ (1901). Ellen Key erregt Aufsehen mit ihrem Buch ›Das Jahrhundert des Kindes‹, wozu auch die magische Wirkung des Erscheinungsjahres (1900) beiträgt. Es ist eine

Blütezeit der Kultur- und Literaturzeitschriften[12]. Mit Auflagen zwischen 2000 und 4000 erfreuen sich einige einer ausgeprägten Binnenkommunikation (›Deutsche Literaturzeitung‹: wissenschaftliche Rezensionen), ›Neue Deutsche Rundschau‹ (Otto Brahm und S. Fischer), ›Die Gegenwart‹ (Paul Lindau), ›Die Gesellschaft‹ (Michael Georg Conrad), ›Die Grenzboten‹ (seit 1842 u.a. Gustav Freytag) ›Hochland‹ (Carl Muth), ›Die Zukunft‹ (M. Harden), ›Die Hilfe‹ und ›Die Zeit‹ (Friedrich Naumann) und ab 1905 Siegfried Jacobsohns ›Die Schaubühne‹ (später ›Die Weltbühne‹). Es gibt ein großes Publikum für die etablierte Literatur. Wie aber auch allerneueste Gedichte und Novellen (Dehmel, Rilke, Hofmannsthal, Schnitzler) – zumeist in Zeitschriften veröffentlicht – druckfrisch verschlungen werden, das ist wiederum in Stefan Zweigs Jugenderinnerungen eindrucksvoll geschildert[13].

Auch der volkspädagogische Zug ist ein Zug der Zeit. Paul Natorps ›Sozialpädagogik‹, 1899 erschienen, hat eine neue Disziplin theoretisch begründet, und sie trägt in Kunst-, Musik- und Brauchtumspflege, in Arbeiterbildungsvereinen, Land- und Heimvolkshochschulen, vor allem aber in Zeitschriften – vom ›Kunstwart‹ (Avenarius) über die ›Musikpädagogischen Blätter‹ (1903) bis zum ›Zentralblatt für Volksbildungswesen‹ (1901) – zugleich praktische Früchte.

Im Jahr 1900 schließlich brechen auch die ersten Vegetarier barfuß in Sandalen nach Süden auf. Und die Seßhaften in der Obstbaukolonie »Eden« bei Oranienburg, geben sich Namen und Satzung. Was da pädagogisch und reformerisch vermittelt, welche Kenntnisse und Wertvorstellungen ausgebreitet werden – das geht ein in die große Kontroverse jener Jahre: Kultur contra Zivilisation.

Zurück zu Kaiser Wilhelm.

[12] Vgl. Rüdiger vom Bruch, Gelehrtenpolitik, Regierung und öffentliche Meinung im Wilhelminischen Deutschland (1890–1914). Husum 1979, S. 55 f.

[13] Stefan Zweig, Die Welt von gestern. Frankfurt a.M. 1967, S. 42–54.

Nietzsche und der Historismus

»Pflege der Ideale – bis in die untersten Schichten des Volkes« hatte Wilhelm II. gefordert. Eine kaiserliche Marotte oder ein Kulturprogramm? Drei Fragen knüpfen sich hier an. Wenn es ein Programm war, wie kam es zu seiner Entstehung und Entwicklung? Welchen Anspruch stellte es, für wen und gegen wen? Welche Bedingungen, diesen Anspruch zu erfüllen oder zu verfehlen, gab es theoretisch, welche praktisch?

»Als 1888 der Kaiser der hundert Tage, Friedrich III., … stirbt, ist Nietzsche bewegt und niedergeschlagen wie der ganze deutsche Liberalismus[1]: ›Zuletzt war er ein kleines Schimmerlicht von freiem Gedanken, die letzte Hoffnung für Deutschland. Jetzt beginnt das Regiment Stoecker[2]: – ich ziehe die Konsequenz und weiß bereits, daß nunmehr mein ›Wille zur Macht‹ zuerst in Deutschland konfisziert werden wird…‹« Nachdem Thomas Mann diese Äußerung Nietzsches seinem Publikum in die Erinnerung gerufen hat, fährt er fort: »Nun, es wird nichts konfisziert. Der Geist der liberalen Epoche ist noch zu stark, es darf in Deutschland alles gesagt werden.« Um 1900 ist der Geist der liberalen Epoche bereits so weit geschwächt, daß sich Gegenbewegungen, konservative und avantgardistische, hervordrängen können. Geht man davon aus, daß kulturelles Leben durch Osmose zwischen produktiven und rezeptiven Kräften, zwischen Hervorbringung und Resonanz gedeiht, dann sind nunmehr die osmotischen Druckverhältnisse offenbar gestört. In überkompensatorischer Erwartung wird der Kunst all das zu leisten abverlangt, was man Religion und Ethik, Politik und Soziallehre nicht mehr zutraut. »Die Politik ist in unseren Tagen ein entartetes Gewerbe; die Besten haben ihr längst den Rücken gekehrt; allgemein breitet sich das Gefühl aus, daß das Politisieren fürs leibhaftige Geschehen nahezu belanglos sei.«[3] Nietzsche selbst, der am 25. August 1900 gestorben ist, kommt

[1] Thomas Mann, Nietzsches Philosophie im Lichte unserer Erfahrung. Vortrag, gehalten im PEN-Club, Zürich 1947. In: Schriften und Reden zur Literatur, Kunst und Philosophie 3. Frankfurt a. M. 1968, S. 46.

[2] Orthodoxer Theologe und Hofprediger, ultrakonservativer Politiker.

[3] Werner Sombart, zitiert nach: Kulturtagebuch, 1900 bis heute. Braunschweig 1984, S. 11.

– wie auch immer mißverstanden – nun auf eine schwer faßbare, jedenfalls aber kaum zu überschätzende Weise zur Wirkung. »... nie hat er sich die geringste Sorge darum gemacht, wie seine Lehren sich in praktischer, politischer Wirklichkeit ausnehmen würden. Das haben auch die zehntausend Dozenten des Irrationalen nicht getan, die in seinem Schatten, über ganz Deutschland hin, wie Pilze aus dem Boden wuchsen. Kein Wunder! Denn nichts konnte im Grunde der deutschen Anlage genehmer sein als sein ästhetischer Theoretizismus.«[4] Nietzsches Beschwörung des ästhetischen Menschen und des Lebens als eines ästhetischen Phänomens kann gerade jetzt in das gesellschaftlich-politische Vakuum eindringen. Als Nietzsche seine ›Unzeitgemäßen Betrachtungen‹ schrieb (1873–1876), war es nahezu umgekehrt gewesen. Im Ersten Stück hatte er die »Exstirpation des deutschen Geistes zugunsten des deutschen Reiches« vorausgesagt, hatte angeprangert, daß man »Gebildetheit« und »Tat nach außen« so fatal verknüpfte, als habe die deutsche Bildung »über Frankreich den Sieg errungen«.

Auch den »Bildungsphilister« hatte er da schon ins Visier genommen und so alle kritikwürdigen Eigentümlichkeiten des fortschrittsgläubigen, materialistischen, positivistischen und pedantischen Zeitgeistes höhnisch auf den Begriff gebracht. Der »Bildungsphilister« zählte und zählt noch immer zum Dutzend der berühmtesten Wortschöpfungen seines Autors. Hydraköpfig war der »Bildungsphilister« wohl geartet, aber so viele Köpfe wuchsen selbst ihm nicht nach, wie man später in Reformzirkeln jeder Couleur diesem Popanz abschlagen wollte.

Im Zweiten Stück, ›Vom Nutzen und Nachteil der Historie für das Leben‹, entwickelt Nietzsche seine These von der Herrschaft des Lebens über das Wissen[5]. Daß weidenden Herden die Gunst des Vergessens gemäß ist, Menschen jedoch den geschichtlichen Sinn haben und brauchen, räumt er ein und unterscheidet dann drei Arten der Historie, die dem Leben dienlich sein können: die »monumentalische«, die »antiquarische« und die »kritische«. Mit monumentalischer Geschichtsauffassung sucht der Mensch, in der Kontinuität ruhmreicher Vergangenheit, sich selbst zu erhöhen. Als »Effekt an sich« steigt die Erinnerung an große Werke, Taten, Erleuchtungen alter Zeiten

[4] Thomas Mann, Nietzsches Philosophie, S. 47.

[5] Vgl. Friedrich Nietzsche, Werke in drei Bänden. Hrsg. von Karl Schlechta. München 1954. Bd. 1, S. 209–285: Vom Nutzen und Nachteil der Historie für das Leben.

inselartig ins Bewußtsein, und man feiert im festlichen Gedenken an die Helden von gestern und vorgestern zugleich die eigenen Antriebe. Zwischen »monumentalischer Vergangenheit« und »mythischer Fiktion« wird dann kaum mehr unterschieden. Begeisterung, ja Fanatismus kann so sehr zur Nachahmung historischer Situationen anreizen, daß man, nur die Höhepunkte wahrnehmend, Geschichte und Gegenwart simplifiziert und fehldeutet.

Diese Gefahren sieht Nietzsche auch im Umgang mit der Kunst. »Nehmen wir das einfachste und häufigste Beispiel. Man denke sich die unkünstlerischen und schwachkünstlerischen Naturen durch die monumentalische Künstlerhistorie geharnischt und bewehrt: gegen wen werden sie jetzt ihre Waffen richten? Gegen ihre Erbfeinde, die starken Kunstgeister also... Denen wird der Weg verlegt; denen wird die Luft verfinstert, wenn man ein halb begriffenes Monument irgendeiner großen Vergangenheit götzendienerisch und mit rechter Beflissenheit umtanzt, als ob man sagen wollte: ›Seht, das ist die wahre und wirkliche Kunst: was gehen euch die Werdenden und Wollenden an!‹«[6] Wie die Probe aufs Exempel nimmt sich aus, was Wilhelm II. in der Siegesallee-Ansprache als höchstes Lob für künstlerische Leistung bereithält: »Das ist beinahe so gut, wie es vor 1900 Jahren gemacht worden ist.«[7] Des Kaisers konservatives Credo fand natürlich viele Nachbeter, aber auch Kritiker. Ferdinand Avenarius reagierte rasch und bemerkenswert scharf: »Soweit unsre Maler und Bildhauer zu Künstlern im eigentlichen Sinne gerechnet werden wollen, werden sie in höherem Maße, als es im Zeitalter der Titel, Orden, Medaillen und lukrativen Dekorationsaufträge geschieht, ihre Unabhängigkeit wahren müssen, wie schwer und bitter es auch sein mag.«[8] Den Kubisten, Futuristen, Expressionisten, Zwölftönern und Dadaisten hat das »Alte Wahre« ja dann auch schwer genug zu schaffen gemacht. »... als ob ihr Wahlspruch wäre: Laßt die Toten die Lebendigen begraben«[9], hatte Nietzsche die »monumentalisch« und »antiquarisch« orientierten Zeitgenossen ge-

[6] Ebd., S. 223.

[7] Reden des Kaisers, Ansprachen, Predigten und Trinksprüche Wilhelms II. Hrsg. von Ernst Johann. München 1966, S. 101.

[8] In: Der Kunstwart, November 1901; zitiert nach: Reden des Kaisers, S. 144f.

[9] Nietzsche, Vom Nutzen und Nachteil der Historie, a. a. O., S. 225; dort auch die folgenden Nietzsche-Zitate, S. 230–284.

kennzeichnet. Gefährlich und gefährdet fand er aber auch jene »kritischen« Verwerter der Historie, die über die Vergangenheit zu Gericht sitzen und daraus Lebenskräfte für die Gegenwart zu ziehen pflegen. Aus einer Geschlechterfolge, mit der sie doch verkettet sind, ausscherend, wollen sie sich »gleichsam a posteriori eine bessere Vergangenheit geben«, indem sie einer besseren Zukunft dienen; sie werden aber ihrer »schwächlichen Natur« zufolge doch nichts daran ändern können, daß »leben und ungerecht sein eins ist.«

Die drei Dienste, »welche die Historie dem Leben zu leisten vermag«, sieht Nietzsche im Blick auf die eigene Zeit vollends dadurch verschmäht, »daß die Historie Wissenschaft sein soll«. Unter lauter Bildungsgedanken und Bildungsgefühlen vermißt er den »Bildungsentschluß«. Zugleich attackiert er die modische Gleichsetzung der Begriffe »gebildet« und »historisch gebildet«. »... denn aus uns haben wir Modernen gar nichts; nur dadurch, daß wir uns mit fremden Zeiten, Sitten, Künsten, Philosophien, Religionen, Erkenntnissen anfüllen und überfüllen, werden wir zu etwas Beachtenswertem, nämlich zu wandelnden Enzyklopädien ...« Immerzu die Geschichte befragend, wie sie denken und empfinden sollen, sind die Deutschen nach Nietzsches Meinung deformiert, sind im Stolz auf ihre berühmte Innerlichkeit äußerlich ins Barbarische entgleist. »Ausgehöhlte Abstrakta« schilt er sie, ein »Geschlecht von Eunuchen«. In der Diagnose prophetisch, sagt er – ein Vierteljahrhundert vor Picasso, Klee und Kandinsky –, durch »abzeichnen, abkonterfeien, abphotographieren« sei das Wesen der Dinge in Wahrheit nicht zu erfassen, und so sei die vielgepriesene Objektivität nichts anderes als eine »Illusion der Subjektlosen«.

Ganz besonders schädlich wirke das Anhäufen von Bildungsballast auf jugendliche Seelen. »Der junge Mensch wird durch alle Jahrtausende gepeitscht.« Was dabei herauskomme, sei allenfalls frühreifer Stumpfsinn und blasierte Mittelmäßigkeit. »Die stärksten Instinkte der Jugend: Feuer, Trotz, Selbstvergessen und Liebe« zu unterdrücken – dies lastet Nietzsche dem Zeitalter an. Er fordert Erlösung aus einer Welt frühreifer Greise. »Denn dann käme das Reich der Jugend.«[10] Als 1913 auf dem Hohen Meißner die »Wahlverwandten« Avenarius, Diederichs, Natorp und Wyneken so inständig ihre jungen Zuhörer vor verfrühter Bindung und Parteinahme warnten, haben sie

[10] Als Reich der Jugend definierten sich Wandervogel und sein Gefolge.

Nietzsche gelehrt: daß eine »Kultur nur aus dem Leben herauswachsen und herausblühen kann, während sie bei den Deutschen wie eine papierne Blume aufgesteckt ... wird«. Vielen Nachrednern Natorps und Wynekens dürfte freilich Nietzsches Anklage gegen den Historismus entfallen sein wie die papierne Blume auch. Was dann übrigblieb, war trotziges, feuriges Wollen um seiner selbst willen, war stolz zur Schau getragene Begriffsarmut, war das »Programm der Programmlosigkeit«. Kein Zweifel, daß dies zuletzt die Jugendbewegung und nicht nur diese anfällig gemacht hat für Radikale und Demagogen.

»Erkenne dich selbst«, lautet Nietzsches Fazit der zweiten ›Unzeitgemäßen Betrachtung‹, keineswegs: Fühle nur recht heftig irgendwelche unbestimmten Ideale in deiner Brust. In diesen Zuruf des »delphischen Gottes« mündet ein, was Nietzsche gegen den Historismus und dessen »Götzendienst des Tatsächlichen«, was er im Sinne einer elitär-individualistischen »Genialen-Republik« gegen die Gelehrten, was er gegen den »Endpunkt des Weltprozesses« in Hegel und schließlich gegen die »Dekoration des Lebens« anstelle wahrer Kultur vorgebracht hat.

Verstellung, Verhüllung, Dekoration – dieser Vorwurf des Philosophen mußte besonders Künstler treffen. (Im Gegensatz zum Ersten Stück, der Auseinandersetzung mit David Friedrich Strauß, fand allerdings der ›Unzeitgemäßen Betrachtungen‹ Zweites Stück zunächst wenig öffentliches Echo.) Konkret gemeint war z.B. der Eklektizismus in der Baukunst und in der Literatur. Einander ablösend und auch überlagernd waren die Bauformen der Antike, des Mittelalters, der Renaissance und des Barock übernommen, mit entliehenen Strukturen die eigenen Repräsentationswünsche und Ordnungsvorstellungen historisierend befriedigt worden. »Die Tradition aller toten Geschlechter lastet wie ein Alp auf dem Gehirn der Lebenden. Und wenn sie eben damit beschäftigt scheinen, noch nicht Dagewesenes zu schaffen, ... beschwören sie ängstlich die Geister der Vergangenheit zu ihren Diensten herauf, ... um in dieser altehrwürdigen Verkleidung die neue Weltgeschichte aufzuführen.«[11] Marx und Nietzsche – der Klassen-Denker und der Anwalt des Individualismus, in Sachen Historismus-Kritik Seite an Seite! Was Karl Marx hier über Republik und Kaiserreich der

[11] Karl Marx, Der 18. Brumaire des Louis Bonaparte. Frankfurt a.M. 1965, S. 9.

Franzosen anmerkt, war ein allgemeines Phänomen. Der Rom-Sucht Frankreichs entsprach der angelsächsische – auch politisch motivierte – Enthusiasmus für griechische Tempel. Der Kolonialstil in Nordamerika – kein Rathaus, kein Farmhaus ohne Säulenvorhalle – macht bis heute dem US-Touristen jenen Trend von damals anschaulich. In Deutschland war es Mitte des 19. Jahrhunderts für Bauherren und Architekten das Gebot nationalen Ehrgeizes, zum antiken Repertoire auch eigene Tradition hinzuzufügen. Für den preußisch-deutschen Staat ergab sich daraus folgende Mischlage: »Da seine klassischen, klassizistischen Ausdrucksmittel von anderen ebenfalls benutzt werden, gerät der Staat bei seiner Selbstdarstellung in einige Verlegenheit. Daraus rettet nur zeitweise eine gleichsam kanonische Zuweisung der verschiedenen verfügbaren Stilarten zu bestimmten Aufgaben: Kirchen und Rathäuser (immer mit Turm!) im gotischen, seltener auch im romanischen Stil, Bahnhöfe à la Renaissance, Staats- und Verwaltungsbauten in Klassizismus-Abarten – prächtig für Residenzen, karg für Schulen und Kasernen: Opern, Theater und andere Feststätten in barocker Manier.«[12] »Wenn die Könige baun, haben die Kärrner zu tun«, meinte Schiller. Nietzsche stellt fest, daß nun das Genie überflüssig geworden ist, weil »jeder Kärrner zum Genie umgestempelt wird: wahrscheinlich wird es eine spätere Zeit ihren Bauten ansehen, daß sie zusammengekarrt, nicht zusammengebaut sind.«[13] Zusammengekarrt und historisch drapiert wird auch Literarisches in der zweiten Hälfte des 19. Jahrhunderts; hier vielfach nicht einmal mit der technisch-handwerklichen Solidität, welche die zeitgenössischen Bauten immerhin auszeichnete.

Historienromane (von Willibald Alexis, Hermann Kurz, Felix Dahn, Gustav Freytag, Paul Heyse) und Historienschauspiele (von Martin Greif, Ernst von Wildenbruch) waren literarischer Ausdruck des monumentalisch-antiquarischen Selbstverständnisses des nationalgesinnten deutschen Bildungsbürgertums in der zweiten Hälfte des 19. Jahrhunderts. Detailbesessen in Kulisse und Kostüm, wurden Szenen aus deutscher Vergangenheit nachgestellt – ledern die Lektüre, museal die Bühnendarbietung (Meininger Schule). Goten, Karolinger,

[12] Michael Kraus, Hier baut der Staat. In: L'80. Zeitschrift für Politik und Literatur, Heft 19, August 1981, S. 30.

[13] Vom Nutzen und Nachteil der Historie, a. a. O., S. 256.

Staufer und Hohenzollern gaben den Stoff für Genrebildchen und für Kolossalgemälde ab, den historischen Figuren wurden, je nach Autorentemperament pathetisch oder pedantisch, die Tugenden und Tendenzen der wilhelminischen Bürgerlichkeit spruchbandartig unterlegt. Hebbels Kunst, aus historischem Stoff den Funken tragischen Konflikts zu schlagen, verkommt in dieser armseligen Epigonenliteratur zum domestizierten Konfliktarrangement. Konnte man Riehl, Dahn und Freytag immerhin die quellenkundige Handschrift und die »volkserzieherische« Absicht nachrühmen, so befriedigten andere Autoren die patriotisch-sentimentalen Identifikationsbedürfnisse breiter Leserschichten mit flacher Ritter-, Butzenscheiben- und Gartenlaubenromantik. Um mittelalterliche Burgen rankte sich üppigste Trivialliteratur, um die Wartburg zumal. Altertümelnd, auch im Sprachkostüm, schichteten die Erzähler überdimensionale Lutherdenkmäler auf, versetzt mit privater Sentimentalität: Knappe liebt Kastellanstöchterlein, und der Reformator segnet ihren Bund[14]. Aus dem Schwäbischen, wo der andere Nationalheld, Schiller, auf dem Sockel steht, kamen Viktor von Scheffels ›Trompeter von Säckingen‹ (1854) und ›Ekkehard‹ (1855). Scheffels keck geschürzter Biedersinn führte ihn an die Spitze der Publikumsgunst über viele Jahre. Hieran schloß sich die Waldmeister- und Wildschützenpoesie der Gottfried Kinkel, Oskar von Redwitz und Christian von Zedlitz. In all diesen »einem lyrischen Strichregen gleich – singelnden und klingelnden Versen stellten Ritter, Mönche, Wallfahrer und Vaganten, sinnige und minnige Schloßfräulein das Personal eines letzten wäßrigen Aufgusses der Romantik[15].«

Das Ausweichen vor der Wirklichkeit der Gegenwart in die Geschichte war vorherrschend, aber noch eine zweite Ausweichbewegung fand statt, namentlich bei den Münchner Dichtern, die zur Tafelrunde König Maximilians II. zählten, bei Adolf von Schack, Friedrich von Bodenstedt, Martin Greif, Emanuel Geibel, Hermann Lingg und Paul Heyse. Sie predigten ein Priestertum der Bohème und eine Ästhetik der Samtjakke. Ihr Künstlerkult glättete den Gegensatz Bürger – Künstler, der zum Fin de siècle hin von den Naturalisten und Symboli-

[14] Vgl. Walther Killy, Luther in der trivialen Erzählung. In: Luther und die Folgen. Hrsg. von Hartmut Löwe und Claus-Jürgen Roepke. München 1983, S. 201 ff.

[15] Gerhard Fricke, Geschichte der deutschen Dichtung. Tübingen 1949, S. 317.

sten unter dem Einfluß der russischen und französischen Literatur tiefer wahrgenommen und dargestellt wurde (Ibsen, Gerhart Hauptmann, Heinrich und Thomas Mann, Hofmannsthal, Rilke). Julius Langbehn bemerkte: »... nicht der heutige Maler mit seiner manierierten Samtjacke, sondern Walther von der Vogelweide mit dem Schwert an der Seite, Peter Vischer im Schurzfell und Rembrandt in der Arbeitsbluse sind die rechten Künstlertypen.«[16] »Der Philister hat manchmal recht«, sagte Hebbel, »aber nie in den Gründen.« Die Gründe für das Verfertigen eklektizistischer Kunst und Literatur, aber auch für die Übertragung bedeutender europäischer und außereuropäischer Dichtungen ins Deutsche, sind weithin identisch mit den Gründen ihrer Resonanz. Soziokulturelle Umschichtungen hatten bewirkt, daß der Austausch zwischen den kulturell Produzierenden und Rezipierenden, der in der Romantik zumindest potentiell ja immer auch Rollentausch gewesen war, in andere Bahnen geriet. Die Schicht, die sich zum besitzenden Bürgertum rechnen durfte und also auch in den »Besitz« akademischer Bildung gelangte, war breiter geworden seit der Jahrhundertmitte. Für die Mehrzahl der durch Gymnasium und Universität herangebildeten Bankiers, Industriellen, Geistlichen, Juristen, Ingenieure, Ärzte, Lehrer und Offiziere (daß letztere durchweg arrogante Analphabeten gewesen wären, gehört zu den Simplifikationen des ›Simplicissimus‹) hatte die Kunst, wie man heute sagen würde, vor allem Freizeitwert. Bürgerliche Villen wurden mit Marmorbüsten und Renaissancemöbeln »antik« ausgestattet, die Scheffel und Geibel dienten der Innenausstattung des Gemüts, und die Schillerzitate der Ausstattung nationaler Gedenkfeiern. Mochten sich Architekten, Maler und Schriftsteller aufrichtig in der Tradition des Klassizismus und Idealismus wähnen, ihr Publikum – wochentags den Geschäften zugewandt – pflegte nur sonntags »die Ideale«. Das Wort »Kunstgenuß« kennzeichnet die neue Konsumentenhaltung, »Erbauung« die den Pietismus profanierende Formel für Kunst am Sonntag. Was die Gemüter bis hin zu den Stammtischen bewegte, waren ja nicht künstlerische, sondern wissenschaftlich-technische Neuerungen wie die von Darwin, Moleschott und Haeckel. Denen hatte die Kunst – mit der einen Ausnahme: Wagner – nichts entgegenzusetzen. Ein dem Fortschritt ergebenes Bürgertum war rückschrittlich im Ästhetischen. »Denn die Kunst

[16] Julius Langbehn, Rembrandt als Erzieher. o. J., S. 18.

flieht, wenn ihr eure Taten sofort mit dem historischen Zeltdach überspannt.«[17]

Ob tiefere Kenntnis der Historie oder bloße historische Dekoration – die fehlende Kraft der Auseinandersetzung mit Kunst und Künstlern ersetzte man durch ein Surrogat aus Kunstgenuß und Kunstbesitz. Der Philosoph und Sozialpolitiker Friedrich Albert Lange wollte nicht einmal dies gelten lassen: »Die vielgescholtene Genußsucht unserer Zeiten ist vor dem vergleichenden Blick über die Kulturgeschichte bei weitem nicht so hervorragend als die Arbeitssucht unserer industriellen Unternehmer und die Arbeitsnot der Sklaven unserer Industrie; ... die Mittel zum Genuß zusammenzuraffen und dann diese Mittel nicht auf den Genuß, sondern größtenteils wieder auf den Erwerb zu verwenden: das ist der vorherrschende Charakter unserer Zeit.«[18] Lange attestierte dieser Zeit auch einen »pathologischen Rationalismus« und stand damit keineswegs allein. Zum gleichen Befund kamen, wenn auch mit ganz anderer Stoßrichtung die konservativen Kulturkritiker, allen voran Paul de Lagarde.

Lagarde und das völkische Gesinnungsdenken

»Lest Lagarde!«, sollte die Inschrift lauten, die sich Christian Morgenstern (1871–1914) um 1906 für seinen Grabstein wünschte. Nur ein Indiz für die Wirkung dieses Mannes, der neben Nietzsche der heftigste und profilierteste Kritiker des Bismarck-Reiches in Deutschland war. Seine Wirkung wurde, um auch dies gleich vorwegzunehmen, dadurch noch gesteigert, daß sich viele Leser »aus Lagarde einen bequemen Ersatz für Nietzsche« machten, weniger gefährlich, leichter verständlich und vor allem entschiedener nationalistisch als dieser[1]. Paul de Lagarde, eigentlich Paul Anton Bötticher (1827–1891), Sohn eines Theologen und Gymnasiallehrers, der eine einsame Kindheit verbrachte (die Mutter starb bei seiner Geburt), war zeitlebens ein unfroher Mensch. Er neigte zu Haß und Gehässigkeit,

[17] Nietzsche, Vom Nutzen und Nachteil der Historie, a.a.O., S. 238.

[18] Friedrich Albert Lange, Geschichte des Materialismus und Kritik seiner Bedeutung in der Gegenwart (1866); hier zitiert nach Egon Friedell, Kulturgeschichte der Neuzeit. Bd. 3, München 1931, S. 351.

[1] Vgl. Fritz Stern, Kulturpessimismus als politische Gefahr. Bern, 1963, S. 114 (Neuausgabe München 1986).

Intrige, Hohn und Verzweiflung bis hin zum Verfolgungswahn. Selbst Freunde, deren er wenige hatte, stieß er früher oder später vor den Kopf. Seine Stärken waren große Geistesgaben und ein immenser Fleiß. Er studierte Theologie und promovierte über eine arabische Farbentheorie. In London, wo ihn das System der britischen Klassengesellschaft nachhaltig beeindruckt hat, begann er mit Hilfe eines Forschungsstipendiums seine Lebensarbeit, eine philologisch-kritische Ausgabe der Septuaginta. Lagarde war ein bedeutender Orientalist, außer den klassischen Sprachen beherrschte er Syrisch, Chaldäisch, Arabisch, Koptisch, Persisch und etwas Armenisch. Er war im besten Sinne das, was er nicht sein wollte und was seiner Ansicht nach überhaupt nicht sein sollte, ein typischer Vertreter des Gelehrtenstandes wilhelminischer Prägung. Die Bibel betrachtete er vom Standpunkt des Theologen als Sammelbecken orientalischer Kulturen, nicht als geoffenbartes Wort Gottes, und folgerte, das Wesen des Göttlichen sei nur in seiner historischen Entfaltung zu erfassen. Theologie müsse daher vergleichende Religionswissenschaft sein. Lange fand er keinen Universitätsposten, quälte sich im Schuldienst an Berliner Gymnasien und wurde erst mit 43 Jahren Professor in Göttingen, wo gerade einer der »Göttinger Sieben« seinen Lehrstuhl verlassen hatte. Streit und Hader mit der Zunft vergällten ihm auch hier das Dasein. Stets fühlte er sich durch die Schuld anderer zurückgesetzt. Ressentiment und Anklage, wie sie der Grundstimmung seines Lebens entsprachen, bestimmten auch den Tenor seiner kulturkritischen Schriften, seinen »weinerlichen Heroismus«[2]. Ausgelöst durch Preußens Kulturkampf, den er mißbilligte, hatte sich Lagarde mehr und mehr den Verhältnissen in Politik und Gesellschaft, Kirche, Schule und Universität zugewandt. Er sah überall Verfall und beklagte dies in seinem umfangreichen Werk ›Deutsche Schriften‹. Was Lagarde wollte, springt zunächst weniger ins Auge als das, was er verabscheute. In Zorn und Eifer steigerte er sich zu maßloser Prophetenklage. Als »Prophet der Deutschen« wurde er postum nicht nur im völkischen Lager gerühmt. Thomas Mann gibt ihm noch 1917 den Ehrentitel »Praeceptor Germaniae«[3]. Der frustrierte Ehrgeiz des verhinderten Schulreformers – Lagarde war tief gekränkt, daß er zur großen Schulreform-Konferenz, die Wil-

[2] Ebd., S. 52.
[3] Thomas Mann, Betrachtungen eines Unpolitischen. Berlin 1919, S. 262.

helm II. 1890 einberief, nicht zugezogen wurde –, führte ihm die Feder bei der Abfassung seiner »deutschen Kulturreligion«. Soweit diese in den Weltanschauungskämpfen des 20. Jahrhunderts virulent wurde, sei sie hier skizziert. Lagarde entwickelte seine Zielvorstellung gegen die herrschenden Mächte Industrie und Kapital, Parteien und Parlamente, deren für Deutschland landfremde, ja »wesensfremde« Funktionalität ihn abstieß. Sein Hauptangriffsziel war der Liberalismus, der, wie er fand, die Dilettanten ermutige und die Metaphysik zerstöre. »Die Liberalen kennten keine Gesamtschau und hätten daher auch keine geschlossene Weltanschauung ... Sie seien Heiden und überdies noch Pedanten ... In Lagardes Mund wurde der Begriff Liberalismus zu einem Schimpfwort, gleichbedeutend mit Weltbürgertum, Materialismus, unechtem Individualismus und Tyrannei, Oligarchie und Demokratie. Der Ausdruck bezeichnete alles – und nichts. Er war die weltliche Entsprechung des Bösen in der Religion.«[4]

Die Religion selbst schien ihm dringend reformbedürftig. Für die katholische Kirche, er nannte sie »Jesuitenkirche«, hegte er sowohl Bewunderung als auch Antipathie wegen ihrer supranationalen, mithin »deutschfeindlichen« Beschaffenheit. Im »schwächlichen, staatsfrommen« Protestantismus verachtete er eine Kulturkirche, welche Geistesströmungen aller Art beliebig in sich aufsaugt. »Der Protestantismus frißt aus jeder Hand.«[5] Historiker unserer Tage neigen eher zur positiven Bewertung dieser protestantischen Weltoffenheit. »Ausgriff auf die Welt« und »Nähe zum Zeitgeist« zählt Thomas Nipperdey neben protestantischer Unruhe und protestantischer Innerlichkeit zu den »wichtigen sozialmoralischen und sozialkulturellen Figurationen, die sich aus Luthers Ansatz entwickelt haben«[6].

Lagarde indessen schwebte eine germanisch-christliche Kirche vor, in der sich alle Konfessionen zusammenschließen sollten. Dabei deutete er nicht nur den Gedanken der christlichen Wiedergeburt ins weltlich Mystische um, er wollte das Evangelium auch seines jüdischen Erbes entkleiden. »Alles, was Paulus von Jesu und dem Evangelium sagt, hat gar keine Gewähr der Zuverlässigkeit ... Wie kommen wir denn dazu, uns überhaupt

[4] Stern, Kulturpessimismus, S. 93.
[5] Zitiert nach Stern, Kulturpessimismus, S. 70.
[6] Thomas Nipperdey, Luther und die Bildung der Deutschen. In: Luther und die Folgen. München 1983, S. 13–27.

mit einer Kirche noch einzulassen, die auf solchem Grunde gebaut ist? ... Und wenn Paulus uns etwa paßt, wie er Luthern gepaßt hat, so wollen wir ehrlich gestehen, daß nicht Jesus sondern Paulus unser Heiland ist.«[7] Jesus Menschensohn – Jesus kein Jude? Lagarde hat hier als Vorläufer jener Trennung des Alten vom Neuen Testament gewirkt, die die liberale Theologie dann beschäftigte. Die antisemitische Tendenz jedoch war langlebiger. Sie führte schließlich dazu, daß sich die »Deutschen Christen« auf den Schutzpatron Lagarde berufen konnten. (»Mit deutschem Gruß« hatte er, der Erfinder dieser Formel, private Briefe unterzeichnet[8]. Eine Gewohnheit, für deren Folgen im Dritten Reich man ihn allerdings ebensowenig haftbar machen kann wie die Jugendbewegung für das »Heil«.)

Auch zur Schulreform machte Lagarde Vorschläge, die im Dritten Reich von den Nationalpolitischen Erziehungsanstalten (Napola) und Ordensburgen aufgegriffen wurden. Wegen der sittlichen und gesundheitlichen Gefahren der Großstadt, wünschte er Eliteschulen in ländlicher Einsamkeit. Sie sollten, unabhängig von sozialer Herkunft und privaten Geldmitteln, nur den Tüchtigsten und Begabtesten offenstehen. Für die Masse schien Lagarde die Vermittlung eines Grundwissens ausreichend. Für Mädchen empfahl er prinzipiell Volksschulbildung. Wenn erwünscht, könnten sie durch ihre Ehemänner fortgebildet werden.

Endlich entwickelte Lagarde nach Herrenrassen-Prinzipien auch sein politisches Konzept. Bismarckgegner, der er war, befürwortete er ein großdeutsches Reich, expandierend nach Osten. Ein Siedler-Adel sollte in den Donauländern durch deutsch-österreichische Auswanderer gebildet werden. Die einheimischen Völker würde er umsiedeln, ihnen Bezirke in der Art von Homelands zuweisen. Juden hätten dort kein Wohnrecht. Weiter empfahl er vorbeugende Gewalt, eine aggressive Kriegspolitik gegenüber Rußland, ehe Truppen aus dem Osten Deutschland »überrennen« könnten. Dies, wohlgemerkt, waren Reformvorschläge eines kulturkritischen Schriftstellers um 1880. Man liest sie nach den Erfahrungen des 20. Jahrhunderts mit einem Erschrecken, das nur noch durch die Motive Lagardes gesteigert werden kann. Inständig wünschte er, daß die Deutschen geheilt würden von Liberalismus und Materialis-

[7] Paul de Lagarde, Deutsche Schriften. Über das Verhältnis des deutschen Staates zu Theologie, Kirche und Religion. 3. Aufl. München 1937, S. 67–69.
[8] Stern, Kulturpessimismus, S. 120, Anm. 20.

mus, daß sie seelisch gesundeten an einer großen welthistorischen Aufgabe. »Nur die Germanisierung der im Osten an uns grenzenden Länder ist eine Tat der Nation, die jetzt tatenlos dahinlebt und sich mit Rauchen und Lesen (!) über ihre Nichtigkeit tröstet.«[9] Aus Nationalismus, Idealismus und Christentum setzte sich Lagardes Kulturreligion zusammen. Den einzelnen Menschen sah er, Vernunft und Verstand gering achtend, als ein Geschöpf beseelten Willens an; »... denn wie alles Gute kommt auch die Erkenntnis durch den Willen, und dessen Flügel heißen Empfindung und Phantasie, seine Schwungkraft Liebe.«[10] Wenn er den Individualismus verteidigte, »so dachte er nicht im mindesten an die politischen Rechte der Einzelperson – er hielt sich für den letzten Vorkämpfer des deutschen Wesens«[11]. Diese Auffassung des Individuellen ist im kulturkonservativen Sprachgebrauch so sehr verbreitet, daß man gut daran tut, die gewohnte Interpretation beiseite zu lassen. Individualismus steht da im Gegensatz zu Materialismus und für Beseeltheit, Gefühl, Wesensart und Treue zu sich selbst in den Bindungen gewachsener Gemeinschaft. Familie, Sippe, Stamm und Volkstum, die durch den biologisch-philosophischen Vitalismus nunmehr auch gesellschaftspolitisch akkreditierten »organischen Strukturen«, werden über Jahrzehnte von weltanschaulich zentraler Bedeutung sein. Eingefangen in seine organologische Staatsauffassung denkt Lagarde anthropomorph, »ist er außerstande, sich das Leben eines Staates anders vorzustellen denn als Analogon des individuellen Lebens einer Person«. Demgegenüber geht die soziomorphe Schule von der Zellbildung aus: die Familie als Keimzelle des Staates – der Staat ein hochorganisierter Familienverband. Neueren Datums ist die biomorphe Staatsauffassung. »Wie jede Pflanze als Produkt verschiedener organischer Funktionen zu begreifen ist, so soll auch staatliches Wirken als die organische Gliederung naturhafter Funktionen verstanden werden. Hier rückt die biomorphe Vorstellung nahe an die anthropomorphe Staatstheorie heran. Für beide liefert die ständische Staatsphilosophie den sozialen Hintergrund.«[12]

Bezeichnend für die biologische Denkweise ist es auch, daß

[9] Lagarde, Deutsche Schriften, S. 355.
[10] Ebd., S. 82.
[11] Stern, Kulturpessimismus, S. 52.
[12] Martin Greiffenhagen, Das Dilemma des Konservatismus in Deutschland. München 1971, S. 206, 211.

sich kulturelle Polemik, gewiß beeinflußt durch die in den neunziger Jahren aufkommende Gerichtspsychiatrie, der Kriterien »gesund« und »krank« zu bedienen beginnt. Der Arzt und Schriftsteller Max Nordau, eigentlich Simon Südfeld (1849 bis 1923), veröffentlicht 1892 eine kulturkritische Studie unter dem Titel ›Entartung‹. Darin macht er sich zum Anwalt der »Normalität« nicht nur gegenüber homosexuellen, fetischistischen und sadistischen Triebrichtungen, sondern auch gegenüber kulturellem »Verfall«, den er personifiziert sieht in Nietzsche, Zola und Verlaine. Das konservative Lager in seiner sehr unterschiedlichen Zusammensetzung gewinnt im Prinzip des Organischen einen entscheidenden Integrationsfaktor. So ist es ausgerüstet für die anhaltende Fehde mit den Rationalisten auf der Linken, für die ideologische Auseinandersetzung zwischen Kultur und Zivilisation.

Von 1878, dem Erscheinungsjahr der ›Deutschen Schriften‹, spannt sich ein Bogen über fünfzig Jahre. 1928 stellt die »Deutsche Freischar« dem Rundbrief ihrer Bundesführung ein Geleitwort aus der Feder des in der Jugendbewegung von Anfang an hochgeschätzten Paul de Lagarde voran. Darin heißt es: » ... Gäbe es wenigstens Verschworene unter uns, einen heimlich offenen Bund, der für das große Morgen sinnt und schafft! ... Wir sind es müde, mit Geschaffenem und Gemachtem abgefunden zu werden: Wir wollen Geborenes, um mit ihm zu leben, Du um Du.«[13] Genitum non factum – ein säkularisiertes Credo des völkischen Gesinnungsdenkens.

Langbehns Künstlerkult

1890 veröffentlichte Julius Langbehn das Buch ›Rembrandt als Erzieher‹. »Jene Verstandesnaturen, die an den Ideen der Aufklärung und des Liberalismus kranken, bezeichneten es als ›völlig zerfahren‹, als ›gemeines Pamphlet‹, ja als ›verrückt‹,« schrieb ein Anhänger und späterer Herausgeber des Buches, einer aus der Jugendbewegung. Kritikern gegenüber – charakteristisch wiederum die Behauptung: Kritiker ›kranken‹ – nahm er Langbehn in Schutz und nannte ihn: »Seher, Sendboten, Künder, Genius, Adelsgeist«[1]. Nötig war das nicht. Denn das

[13] Deutsche Freischar. Rundbrief der Bundesführung, Juli 1928, S. 1.

[1] Leo Fußhoeller im Vorwort zu Julius Langbehn, Rembrandt als Erzieher. Auswahl, Langenscheidts Deutsche Lesehefte. o. J.

Aphorismenwerk, 1890 anonym erschienen mit der Unterzeile »Von einem Deutschen«, hatte sofort durchschlagenden Erfolg (40 Auflagen in zwei Jahren). Es wurde »das Spengler-Buch der neunziger Jahre«, urteilte Herbert Cysarz, und Rudolf Eucken sprach von einer »Großmacht des deutschen Lebens«[2]. Sein Verfasser behielt, auch als das Pseudonym entschlüsselt war, landauf landab den Beinamen »der Rembrandtdeutsche«. Julius Langbehn (1851–1907) stammte aus Holstein. Er verlor früh den Vater, der Lehrer gewesen war. Die Mutter wurde nach Jahren harter Lohnarbeit gemütskrank und starb in einer psychiatrischen Anstalt. Wie Lagarde war auch Langbehn ein Eigenbrötler und Außenseiter, dessen Leben wenig glücklich verlief. Stets um Freunde und Gönner bemüht, stieß er diese früher oder später brüsk wieder von sich. Sein Studium der Kunstgeschichte beendete er 1880 mit einer Dissertation über ›Flügelgestalten der ältesten griechischen Kunst‹. Zehn Jahre später wollte er, teils aus Geltungsdrang, teils aus Haß auf die Wissenschaft, von der Liste der Promovierten gestrichen werden und schickte, weil dies nicht anging, sein Doktordiplom in Fetzen zerrissen, ans Dekanat der Universität München zurück[3]. Aus Vorträgen und Veröffentlichungen bezog er einen Teil seines Lebensunterhalts, den anderen schnorrte er sich zusammen. Er war wegen seiner angegriffenen Gesundheit viel auf Reisen im Süden und starb 56jährig an einem Lungenleiden. Als prägendes Erlebnis seiner späteren Jahre empfand er die Konversion zum Katholizismus. »Kind war ich immer; und gerade als solches fühle ich mich zu dem mütterlichen Charakter der katholischen Kirche hingezogen«, schrieb er in einem Brief[4]. Seine Verherrlichung von Kunst- und Kindersinn ergab einen »mystischen Primitivismus«, der aufhorchen ließ, da in der zeitgenössischen Kultur-Gerontokratie von Kindern und Jugendlichen öffentlich kaum Notiz genommen wurde. »Einfalt ist das Allheilmittel für die Übel der Gegenwart«, meinte Langbehn[5]. Und so trug dieser »Rhapsode des Irrationalen« – darum auch von der Jugendbewegung alsbald auf den Schild gehoben – wesentlich dazu bei, daß die junge Generation, bisher quantité négligeable, ernstgenommen und als Garant der Zukunft später

[2] Fritz Stern, Kulturpessimismus als politische Gefahr. Bern 1963, S. 193.

[3] Karl Alexander von Müller, Zwei Doktordiplome. München 1953.

[4] Enthalten in: Benedikt Momme Nissen, Der Rembrandtdeutsche Julius Langbehn; hier zitiert nach Stern, Kulturpessimismus, S. 161 f.

[5] Stern, Kulturpessimismus, S. 162, 127.

sogar hofiert werden sollte; »... das neue geistige Leben der Deutschen ist keine Sache für Professoren; es ist eine Sache der deutschen Jugend. Sie hat das Recht.«[6]

Auch Religion und Volkstum werden bei Langbehn gewissermaßen mit dem Gütesiegel kindlicher Unschuld versehen. »Ariertum ist Kindertum und ist Christentum – Christus selbst ist das typische Kind, das Kind in seiner edelsten Form, das Kind Gottes.«[7] Und weiter: »Musik und Ehrlichkeit, Barbarei und Frömmigkeit, Kindersinn und Selbständigkeit sind hervorragende Züge des deutschen Charakters; indem Rembrandt ihnen auf künstlerischem Gebiete gerecht wird, zeigt er sich vorzugsweise als einen echten Deutschen.«[8] Langbehns Rembrandt-Idol steht zwar durchaus in der Tradition bürgerlichen Geniekults, wird aber zusätzlich so modifiziert, daß es Langbehns Traum, einer Herrschaft der Kunst über die Wissenschaften, dienen kann. »Rembrandt: Dieser Mann paßt in keine Schablone. Akademische Programme und Schulformeln lassen sich nicht auf ihn münzen ... Programmlosigkeit heißt sein Programm; und dies ist das Künstlerischste aller Programme.« Folgerichtig forderte Langbehn, daß die Politik Magd der Kunst werden müsse. Genie und Volk, Titanenkunst und Volkskunst in Wechselwirkung sollten der Nation Genesung bringen, sie sittlich veredeln. Avenarius und Lichtwark, die großen Kunsterzieher der neunziger Jahre, fanden hier Anknüpfungspunkte für ihre Arbeit. Langbehns pathetisches Wort, es müsse wieder mit »Herzblut«, statt mit »kühler Tinte« geschrieben werden, wurde ebenso begierig aufgegriffen wie seine Sentenz: »... Wer an Objektivität leidet, kann nur dadurch geheilt werden, daß man ihm Subjektivität verschreibt.« Ob Langbehn damit indirekt zur Popularisierung Nietzsches beigetragen hat, dessen Werk er mißbilligte, ist nicht zu beweisen. Persönlich hat er allerdings mit Nietzsche zu tun gehabt. In einer zunächst fürsorglichen, dann aufdringlichen Weise besuchte er den kranken Philosophen 1889/90 in der Jenaer Heilanstalt. Nietzsches Mutter bat er, den umnachteten Sohn seiner Obhut anzuvertrauen, ging öfter mit Nietzsche spazieren und äußerte: »Sein Gedächtnis und seine Kenntnisse sind erstaunlich ... Er ist ein Kind und ein König, als Königskind muß er

[6] Langbehn, Rembrandt als Erzieher, S. 71.
[7] Zitiert bei Stern, Kulturpessimismus, S. 179.
[8] Langbehn, Rembrandt als Erzieher, S. 19, 14 u. 12.

behandelt werden; das ist die einzig richtige Methode.«[9] Schlechtas Nietzsche-Chronik vermerkt: »Im Januar und Februar (1890) Wirren durch Langbehn: er fordert für zwei Jahre die Vormundschaft über N; ... Ende Februar kommt Overbeck (Freund Nietzsches) nach Jena und bereitet dem Spuk mit Langbehn ein Ende.«[10]

Für die lesende Nation fing der Spuk mit Langbehn jetzt erst an. Das Rembrandt-Buch wurde zunächst vom Publikum, dann von den Kritikern entdeckt. Die Kritik war mehrheitlich zustimmend, ja begeistert, von der ›Vossischen Zeitung‹ bis zu den etablierten Kunst- und Kulturzeitschriften: ›Der Kunstwart‹, ›Blätter für die Kunst‹ (Stefan George), ›Freie Bühne für modernes Leben‹ (Otto Brahm). Bewundernd reagierte sogar Maximilian Harden, wenngleich mit einer Warnung vor Langbehns Weltanschauungs-Fanatismus. Negativ war das Urteil der ›Deutschen Rundschau‹: Ohne dafür im geringsten kompetent zu sein, habe der Rembrandtdeutsche die Leistungen der Gelehrten verunglimpft. Nicht dies, sondern Langbehns ästhetisierende Ignoranz sozialer Nöte, kritisierte die dem Naturalismus (und Zola) verbundene Münchner Zeitschrift ›Die Gesellschaft‹ des Michael Georg Conrad. Extrem auseinanderklaffende Bewertungen kamen von katholischer Seite. Bischof Paul Wilhelm von Keppler, der später maßgeblich an Langbehns Konversion mitwirkte, begrüßte den »Geistesreichtum« und die »seelische Tiefe« des Rembrandtdeutschen und bestärkte ihn in seiner antisemitischen Tendenz. (Dies schlug in den folgenden Auflagen deutlich zu Buch). Der Jesuit und Literarhistoriker Alexander Baumgartner hingegen warf Langbehn pseudoreligiöse »Kunstschwärmerei, Deutschtümelei« und sentimentalen, antimodernen »Menschheitsdusel« vor; ein Urteil, das sich Lesern von heute schon auf Grund des Wortschatzes sofort erschließt. Langbehn beschwört u.a. das »Weben der Volksseele«, die »Selbsterkenntnis des Volksgeistes«, das »künstlerische Seelenheil«, die »Macht des Blutes«, die »volksmäßigen Triebe« und definiert: »Individualität ist Geist der Scholle.«[11] Dieses durch die Nationalsozialisten benutzte und verunstaltete Vokabular klang damals in vielen Ohren verhei-

[9] Carl Albrecht Bernoulli, Franz Overbeck und Friedrich Nietzsche; zitiert nach Stern, Kulturpessimismus, S. 139, Anm. 7.

[10] Nietzsche-Chronik. Daten zu Leben und Werk, zusammengestellt von Karl Schlechta. München 1984, S. 114.

[11] Langbehn, Rembrandt als Erzieher, S. 11, 12, 16, 21, 28.

ßungsvoll. Die Verwandtschaft mit Herders organischer Geschichtsauffassung und Überzeugung von den schöpferischen Kräften des Volksgeistes klang an. Man knüpfte Hoffnungen auf seelische Erneuerung an Langbehn. Nur Skeptiker, Rationalisten und Liberale von Geblüt blieben da unempfänglich. Die bald unüberhörbare künstlerische Avantgarde auf der Linken konnte mit Langbehn erst recht nichts anfangen und rechnete ihn als »philosophischen Typus der Gegenaufklärung« zu den »Kunstgewerblern des kritischen Worts«[12]. Diese Einschätzung der kulturellen Linken brachte später Kurt Tucholsky auf die boshafte Kurzformel: »... Doktor Langbehn, ein Schweißfuß und Nebelkönig«[13].

Langbehns kulturkritischer Haß galt vor allem der Wissenschaft. Darunter verstand er »Positivismus, Rationalismus, Empirismus ... Skeptizismus, Dogmatismus und Spezialistentum – also alles, nur nicht uneigennützige, hingebungsvolle Suche nach der Wahrheit um ihrer selbst willen.«[14] »Der Gelehrte, selbst wenn er tüchtig ist, ist als solcher stets ein geistiger Parvenü; der echte Künstler ist es niemals.« Und dieser Haß gipfelte in dem Befund: »Tatsachen sind subaltern ...«[15] Windmühlenflügel waren es nicht, gegen die er da ankämpfte. Von der Autorität deutscher Wissenschaft, die in wilhelminischer Zeit Weltgeltung erlangte, ging normative Kraft aus[16]. Die berühmtesten Namen unter den zahlreichen wissenschaftlichen Forschern, Faktensammlern und Systembauern, die damals auf dem Höhepunkt ihres Wirkens standen, mögen das verdeutlichen, und aus dem Lebensalter (zwanzig wurden älter als 75, zehn über 85, drei über 90 Jahre alt) mögen Fülle und Umfang ihrer Veröffentlichungen erklärbar, vielleicht sogar persönliches Glück an einem langen Gelehrtenleben zu erschließen sein: die evangelischen Theologen Adolf von Harnack (1851–1930), Martin Rade (1857–1940), Georg Runze (1852–1938) und Ernst Troeltsch (1865–1923); die Juristen Karl Binding (1841–1920), Franz von Liszt (1851–1919) und Gustav Radbruch (1878–1949); die Na-

[12] Vgl. Kurt Hiller, Leben gegen die Zeit – Logos. Reinbek 1969, S. 154.

[13] Fräulein Nietzsche. In: Kurt Tucholsky, Werke, Bd. 2. Ausgewählt und zusammengestellt von Fritz J. Raddatz. Reinbek 1965, S. 257.

[14] Stern, Kulturpessimismus, S. 154.

[15] Langbehn, Rembrandt als Erzieher, S. 27f.

[16] Vgl. dazu Rüdiger vom Bruch, Weltpolitik als Kulturmission. Auswärtige Kulturpolitik und Bildungsbürgertum in Deutschland am Vorabend des Ersten Weltkrieges. Paderborn 1982, S. 44f.

tionalökonomen Gustav Schmoller (1838–1917), Lujo Brentano (1844–1931) und Werner Sombart (1863–1941); die Soziologen Ferdinand Tönnies (1855–1936), Max Weber (1864–1920) und Alfred Weber (1868–1958); die Philosophen Wilhelm Windelband (1848–1915), Wilhelm Wundt (1832–1920), Wilhelm Dilthey (1833–1911), Rudolf Eucken (1846–1926) und Georg Simmel (1858–1918); die Historiker Leopold von Ranke (1795–1886), Theodor Mommsen (1817–1903), Ernst Curtius (1814–1896), Hans Delbrück (1848–1929), Heinrich von Treitschke (1834–1896), Karl Lamprecht (1856–1915), Friedrich Meinecke (1862–1954) und Hermann Oncken (1869–1945); der Pädagoge Georg Kerschensteiner (1854–1932); die Philologen Karl Lachmann (1793–1851) und Konrad Burdach (1859–1936); der Chemiker Robert Bunsen (1811–1899), der Physiker Hermann Helmholtz (1821–1894) und der Pathologe Rudolf Virchow (1821–1902).

Wo immer diese Gelehrten politisch-weltanschaulich standen – einige sehr aktiv (Virchow, Radbruch und Troeltsch waren auch Reichstagsabgeordnete), viele andere abseits und eingekapselt in ihre Archive und Laboratorien, ohne Bezug zur Tagespolitik – um wissenschaftliche Erkenntnis waren alle leidenschaftlich bemüht. Ob den einen oder anderen Studierzimmer-Fausts Vergeblichkeit anfocht, ob ihn bewegte, was dann Camus bewegt hat: »Wir müssen uns Sisyphus glücklich denken«, wäre lohnend zu ergründen. Sicher ist, wenn es je ungebrochenen Glauben an den wissenschaftlichen und damit gesamtgesellschaftlichen Fortschritt gab, dann gab es ihn damals. Solcher Optimismus rief, wie wir sahen, Kulturpessimisten auf den Plan und trieb sie, freilich nicht nur sie, an, das Seelische und Irrationale dagegen zu halten. Waren sie konsensfähig? »Die Annahme und Ablehnung von Normensystemen durch eine Gesamtheit geschieht durch kollektive Willensbildung, bei der jeder Einzelne unter dem Einfluß der von der Gesellschaft auf ihn ausgeübten Wirkungen steht. Das Vorhandensein einer objektiven, allen Menschen einsichtigen Skala der sittlichen Werte wird durch keinerlei Erfahrung bestätigt.«[17] Wenn, wie Max Weber bemerkt hat, das Bildungsbürgertum »Bismarcks Werk der Macht ethisierte«, dann war dies – exemplarisch für kollektive Willensbildung – ein Versuch, Sinndeutungen der

[17] Richard von Mises, Kleines Lehrbuch des Positivismus. Einführung in die empirische Wissenschaftsauffassung. Den Haag 1939, S. 428.

Wirklichkeit vorzunehmen, gefördert »durch das Verlangen nach individuellem psychischen Halt wie nach gesellschaftlichen Ordnungsmaßstäben für Denken und Handeln«[18]. Umfassender als Zustimmung zu einer Politik oder Bewunderung einer Politikerpersönlichkeit, kann solch ein Vorgang des Ethisierens auch gegnerische Positionen einschließen, sogar diese aufwerten. Lagardes nationales Ethos war in diesem Sinne folgenreich. Zu den bedeutenden Männern, die seinen Einfluß auf ihr eigenes Denken bekundet haben, gehören die Theologen Franz Overbeck und Ernst Troeltsch, der Theologe und Politiker Friedrich Naumann, der Archäologe Ludwig Curtius, die Dichter Hermann Bahr, Richard Dehmel, Christian Morgenstern und Stefan George. Dazu zählen auch Rudolf Steiner und Thomas Mann. Letzterer schrieb: »Trotzdem darf man ihn einen Konservativen nennen; denn deutschkonservativ gesinnt sein bedeutet nicht: alles Bestehende erhalten wollen, sondern es bedeutet: Deutschland deutsch erhalten wollen, weiter nichts.«[19] Und er zitiert Lagarde: »Die Prinzipien von 1789 sind nach Deutschland verpflanzt worden, ... das, von Hause aus aristokratisch veranlagt, durch die keltische Gleichmacherei nur undeutscher und eben darum unglücklicher werden konnte.« Thomas Mann (bekanntlich in den ›Betrachtungen eines Unpolitischen‹ ganz anders urteilend als in den Essays ab Mitte der zwanziger Jahre) nennt Lagardes Verbindung von »Aristokratismus, Konservatismus und Volksfreundlichkeit« eine »nationale Synthese« und folgt Lagardes Spuren von 1878 in der aktuellen Situation von 1917 mit der »Forderung sozialer Freiheit, ungehemmten Aufstiegs, aristokratischer Auslese, die heute den Vorrang vor allen bloß politischen Freiheitsforderungen besitzen ...«

Das aristokratische Ideal

Gleich zweimal stoßen wir im Kontext dieses Zitats auf den Begriff »aristokratisch«. Er ist einer der wichtigsten überhaupt in den kulturkritischen Auseinandersetzungen um und nach 1900, geradezu ein Schlüsselwort der Epoche: den Konservati-

[18] Klaus Vondung, Das wilhelminische Bildungsbürgertum. Zur Sozialgeschichte seiner Ideen. Göttingen 1976, S. 14.

[19] Thomas Mann, Betrachtungen eines Unpolitischen. Berlin 1919, S. 261 ff.

ven ein zentraler Impuls, den Symbolisten und Neoklassizisten eine Haltung, den Expressionisten eine Vision.

Bei keinem kulturkritischen Autor meint der Begriff die real existierende Oberschicht, etwa den ostelbischen Adel, dessen ständische Privilegien (bei der Ämterbesetzung oder im Wahlrecht) im Gegenteil auf scharfe Kritik stießen. Stets wird das Wort im übertragenen Sinn gebraucht. Nietzsche hatte einen ästhetisch-aristokratischen Radikalismus verfochten – gegen jede Art von Mittelmäßigkeit. Lagardes aristokratischer Idealismus war darauf gerichtet, eine neue Elite heranzubilden, »... nicht nach der Geburt, sondern nach der ethischen und intellektuellen Befähigung ausgewählte Menschen ...«, aus dem Volk und für das Volk arbeitend, die »dereinst die Selbstverwaltung in die Hand nehmen können«[1]. Arthur Moeller van den Bruck stellte seinen Begriff der »aristokratischen Freiheit« dem Freiheitsbegriff der Liberalen entgegen. Diese förderten mit ihrer unterschiedslosen Nächstenliebe doch nur ein »Mittelmenschentum«[2]. Kampf, meinte er, sei die Bestimmung des Menschen und Auslese das Prinzip des »ethischen Darwinismus«.

Langbehns aristokratisches Ideal war ein Ständestaat mittelalterlicher Prägung. »Gleichheit ist Tod, Gliederung ist Leben.« Außerdem koppelte er den Begriff an seinen Künstlerkult. »Alles Aristokratische ist angeboren; deshalb kann es eine körperliche, eine geistige, eine sittliche Aristokratie geben; aber eine Wissens- oder Geldaristokratie kann es nicht geben ... Wissen und Geld werden erworben, sind äußere Güter und darum demokratischer Natur; es kann sie jeder haben ... Schönheit, Genie, Mut lernt man nicht.«[3]

Nach der Jahrhundertwende bekommt der Begriff eine neue Dimension. Man kombiniert ihn direkt mit dem Geist. Unter dem Titel ›Stilarchitektur und Baukunst‹ setzt sich der Architekt und Staatsbeamte Hermann Muthesius mit dem Jugendstil auseinander und formuliert das Ziel (1901): »... es gibt keine Spezialkünste, sondern nur eine große Allgemeinkunst. Aber es gehört zu deren Lebensmark, daß sie von einer einheitlichen Überzeugung getragen wird ... Als Träger der neuen Idee ist eine Geistesaristokratie im Entstehen begriffen, die diesmal aus den besten bürgerlichen, nicht aus geburtsaristokratischen Ele-

[1] Thomas Mann, Betrachtungen eines Unpolitischen. Berlin 1919, S. 262.
[2] Arthur Moeller van den Bruck, Die Zeitgenossen. Die Geister – die Menschen. Minden 1906.
[3] Julius Langbehn, Rembrandt als Erzieher, S. 21.

menten besteht...«[4] Auch im Bereich lebensreformerischer Gegenkultur gibt es das Wort. »Vorbereitet ist das längst durch die romantische Idee vom angeborenen Vorrang des Genies, die in der Boheme ungebrochen überlebt und in der allgemeinen Suche nach ›Geistesaristokratie‹ ihre Urstände feiert.«[5] Der Kunstschriftsteller Karl Scheffler, Anhänger der konservativen Revolution, wollte noch 1918 eine »Aristokratisierung der Gesellschaft«, wollte mit dem Deutschen Werkbund die Nation zum Ethos der Handarbeit, weg von Industrieproduktion und Massenkonsum, hin zu Sparsamkeit, Autarkie und Patriotismus bekehren. Schließlich zeigten sich nach 1918 auch in den Jugendbünden aristokratische Tendenzen und, wohl auch von Stefan George entlehnt, elitäres Selbstverständnis. Etwa im Leitbild des Ritters (Bund »Der weiße Ritter«) und in der hierarchischen Ordnung, die sie sich gaben. Ein wichtiger Repräsentant des Aristokratie-Ideals findet sich außerhalb des kulturkonservativen Lagers: Kurt Hiller (1885–1972). Das schriftstellerische und gruppenorganisatorische Wirken dieses Berliner Literaten ist davon maßgeblich geprägt. Schon als Schuljunge erlebte er die Rangordnung positiv. (Bei jeder Zeugnisverteilung erfuhren die Schüler damals ihre Platzziffer in der Klasse, vom Primus bis zum Hinterbänkler.) »Ich finde Rangordnung lobenswert. Vorzüge sollen unterstrichen werden, Begabte ermutigt, Wettkampf ist im intellektuellen Bereich genauso legitim und schön wie im sportlichen. Und der Schwächere hat die Bekanntgabe seiner schwächeren Position eben hinzunehmen. Gerade darin zeigt sich Charakter, daß der Stärkere seine Stärke nicht mißbraucht, der Schwächere seine Schwäche erträgt, sie vielleicht zu überwinden trachtet.«[6] In der Vorrede seiner 1925 erschienenen ›Verwirklichung des Geistes im Staat‹ schreibt Hiller: »Dies Buch, in seinem sozialistischen, in seinem pazifistischen Gedanken ein Kind der Zeit, eilt mit dem aristokratischen ihr voraus ... Aber was den Aristokratismus, die Lehre von der im Staat einzusetzenden Herrschaft der Geistigen, anlangt, so seh ich mich ... doch wohl allein auf weiter Flur.«[7] Unter den ehemals »neo-aristokratischen« Gefährten, die ihm abhanden kamen, nennt Hiller Alfred Kurella, Frank Thiess,

[4] Zitiert nach: Kulturtagebuch – 1900 bis heute, S. 31.

[5] Hagen Schulze, Gesellschaftskrise und Narrenparadies. Einleitung zu: Ulrich Linse, Barfüßige Propheten. Berlin 1983, S. 19.

[6] Kurt Hiller, Leben gegen die Zeit. Reinbek 1969, S. 25.

[7] Ebd., S. 190.

Hans Blüher, Gustav Wyneken und Richard Coudenhove-Kalergi. Zur Gruppenbildung in Kunst und Politik bemerkt Michael Stark: »Die Idee einer Organisierung der Intelligenz machte schon vor dem Krieg von sich reden, spielte aber erst im Laufe des Krieges und der Revolutionszeit eine wichtige Rolle ... Der wohl konsequenteste Versuch, sich eigenständig als politische Kraft zu profilieren, waren die ›Politischen Räte geistiger Arbeiter‹. Kurt Hiller hatte die personelle Basis für diese Organisation vorbereitet, deren geistesaristokratischer Charakter ganz auf der Linie des ›Bundes zum Ziel‹ lag.«[8]

So ist »Geistesaristokratie« im 20. Jahrhundert durchaus antithetisch zur Gelehrtenrepublik im 19. aufzufassen. Die anspruchsvoll überhöhte Sprachfigur macht aber auch hellhörig für Nebentöne, die da mitschwingen. Vielleicht eine Unzufriedenheit, die nach Kompensation verlangt? Vielleicht, um es mit Bloch zu sagen, »ein Ruf ins Entbehrte«? Man hat tatsächlich in der sozialen Situation zahlreicher Intellektueller des spätwilhelminischen Bürgertums Defizite ausfindig gemacht. »Die Klagen lassen erkennen, wie sich ... Absinken des sozialen Standes, Einschränkung der politischen Wirkungsmöglichkeiten, Rollen- und Prestigeverlust – in existentiellen Erfahrungen konkretisierte: in Erfahrungen des Identitätsverlusts, der inneren Leere, der Isolation...«[9] Fritz Stern spricht von einer »Ideologie des Ressentiments«. Der evangelische Pfarrer und spätere Bischof Wilhelm Stählin (1883–1975), einer der theologischen Führer in der Jugendbewegung (Jungdeutscher Bund), schrieb: »Ihr wißt, was Ressentiment ist. Jener heimliche Haß des Menschen gegen das, was er nicht besitzt ... Ihr Bürgerlichen habt vielleicht ein scharfes Auge für proletarische Neidinstinkte, die sich hinter dem gesinnungstüchtigen Schelten über die kapitalistische bürgerliche Gesellschaft schlecht genug verbergen, aber ihr seht nicht und wollt nicht sehen, daß in euren Reihen genau die gleiche Komödie gespielt wird.«[10] Defizite wurden im Umfeld von Kirche, Schule und Universität erlebt, trafen kaum die naturwissenschaftlich-technisch, empfindlich aber die humanwissenschaftlich Gebildeten: Professoren, Schriftsteller, Pasto-

[8] Thomas Anz und Michael Stark (Hrsg.), Expressionismus – Manifeste und Dokumente zur deutschen Literatur 1910–1920. Stuttgart 1982, S. 405.

[9] Klaus Vondung (Hrsg.), Das wilhelminische Bildungsbürgertum. Göttingen 1976, S. 163.

[10] Wilhelm Stählin, Fieber und Heil in der Jugendbewegung. Hamburg 1923, S. 9.

ren, Lehrer. Ein Beispiel für viele: Der Schulreformer und Publizist Professor Ludwig Gurlitt, um die Jahrhundertwende Oberlehrer am Steglitzer Gymnasium, schreibt in seinem damals vielgelesenen Buch ›Der Deutsche und sein Vaterland‹: »Ich verkehrte in dem Hause eines Hauptmanns, dessen Sohn ich unterrichtete und der seine ausnahmslos adligen Offiziere öfter mit mir zusammen einlud. Die Herren ließen sich mir jedes Mal von neuem vorstellen, und keiner von ihnen hat mich jemals in der Eisenbahn und auf der Straße wiedererkannt und gegrüßt, selbst als wir Tags zuvor miteinander gespielt und gesungen und unter dem Schutz der Nacht Arm in Arm zur Bahn gegangen waren. Für solche Proletarier von Schulmeistern wie unsereiner ist, reicht selbst das durch ein Monokel geschärfte Sehvermögen dieser Herren nicht aus.«[11] »So stand der Sendungsanspruch, der für den Geist in Deutschland und der Welt angemeldet wurde, weder ausschließlich im Dienst des Geistes, noch ausschließlich im Dienst der Nation; hinter ihm verbargen sich auch konkrete schichtspezifische Interessen: Mußten nicht in einer erneuerten Gesellschaft, die dergestalt vom Geist beherrscht werden sollte, die Repräsentanten des Geists entsprechende gesellschaftliche Positionen einnehmen?«[12]

Der erwähnte bürgerliche Kulturkonsum steht dazu nicht im Widerspruch. Wenn Hauptsachen zu Nebensachen geworden sind, bedeutet das für die auf den Feierabend Abgeschobenen, für die Schreiber, Redner und Prediger, ohne Zweifel Prestigeverlust. Dies zur sozialpsychologischen Komponente eines Krisenbewußtseins, das eine allgemeine geistige Inflation und einen Ausverkauf der Ideen beklagt. Die Satire darauf gab es längst; wie überhaupt ins Gedächtnis gerufen werden muß, daß die Epoche weit polemischer war, als wir es gewohnt sind, und viel schärfer mit sich selbst ins Gericht ging.

Arno Holz (1863–1929) hat die desorientierten, in der Politik vagabundierenden Intellektuellen aufs Korn genommen. Seine 1896 erschienene Komödie trägt den Titel ›Sozialaristokraten‹, bietet also wiederum eine Variante des Aristokratie-Begriffs und führt diesen, noch ehe er weithin ernstgenommen wird[13],

[11] Zitiert nach Gerhard Ziemer u. Hans Wolf (Hrsg.), Wandervogel und Freideutsche Jugend. Bad Godesberg 1961, S. 18.

[12] Vondung, Das wilhelminische Bildungsbürgertum, S. 168.

[13] Die Schwedin Ellen Key, Sozialdemokratin und Pazifistin, erblickt in ihrem Eintreten für »lauter kräftige, glückliche Einzelne« die Gefahr der Verflachung

bissig-behäbig ad absurdum. Das Stück, dem Charakter nach eine zeitkritische Groteske (Modell stand die Friedrichshagener Dichterkolonie mit Bruno Wille, Wilhelm Bölsche und den Brüdern Hart), folgt in Sprache und Szenerie streng naturalistischen Prinzipien. (Als Dramatiker strebte Holz danach, Dialekt und Milieu in »phono-photographischer« Wiedergabe zu präsentieren und nannte das seinen »Sekundenstil«.) Das Milieu der ›Sozialaristokraten‹: Anarchie bei Kaffee und Kuchen, Gewinnsucht kulturphilosophisch kostümiert, fideles Gefängnis in der guten Stube des Amtsvorstehers von Friedrichshagen und spießbürgerliche Furcht vor der Obrigkeit. Ein reichgewordener Milchbart möchte seine Gedichte an die Öffentlichkeit bringen und sucht den Rat des Experten Fiebig. Dieser trenderfahrene Ur-Berliner, der sein Bürgerbehagen als Gelegenheitsdichter und Makler an der Literatenbörse finanziert, rät ihm, das Geld der Erbtante in einer Zeitschrift anzulegen. Fiebig hat dafür schon die Autoren, den Drucker und den Titel ›Sozialaristokraten‹ in petto, des weiteren auch die Hand seiner jungen Tochter. Der Milchbart, von Anfang bis Ende ein willenloses Schaf, läßt sich auf alles ein. Nun beginnt sich der Reigen krauser Ideen, Rivalitäten und Eitelkeiten zu drehen. Tenor: »Wir sind alle kranke Sumpfblumen am Jahrhundertende.« Die neue Zeitschrift gibt sich anarchistisch, will die Autonomie des Individuums erkämpfen, beispielsweise gegen den Impfzwang (die Haut ist privates Eigentum, nicht staatliches). Sozialaristokratischer Kernsatz und »allerpersönlichstes Bekenntnis«: »Der Instinkt des einzelnen als Wille zur Elite!« Das politische Bekenntnis steht dem an Präzision nicht nach: »Das letzte Ziel für uns bliebe also gewissermaßen, nicht wie bisher eine politische Politik, sondern um mich so auszudrücken, eine unpolitische Politik.« Solange auf diese Art politisiert wird, bleiben sie ungeschoren, solange sie über Graphologie, Evolutionslehre, Jesuiten und Alpentunnel schreiben, geht alles gut. Auch Fiebigs Epos ›Weltunterjank‹ erregt nur gähnende Langeweile, aber keinen Anstoß. Gefährlich wird es, als einer einen Artikel über

und Uniformierung in »wachsender Demokratie«: »... die Eigenart des Menschen wird zu einer gleichförmigen Masse geknetet. An Stelle der *sozialen Aristokratie,* die das höchste Zukunftsideal ist, nahen wir auf diese Art der Massenherrschaft ... d.h. für den Fall, daß der Sozialismus das demokratische Ideal behält und nicht dabei endet, das Ideal der Konservativen zu erfüllen: eine der Allmacht des Staates gehorsame, der Idee der Gesellschaft dienende Herde zu schaffen.« Ellen Key, Die junge Generation. 3. Aufl., München 1913, S. 47.

›Freie Liebe im Lichte der Pädagogik‹ beisteuert. Das kann ein Einschreiten der Zensurbehörde bedeuten, Haussuchung und möglicherweise sechs Wochen Gefängnis. Die Pleite ist da, das Geld alle, der Zirkel zerstritten. Aber sie entkommen dem Debakel, einer, Gehrke, sogar in die Karriere. Vom Reporter Naphtali, einem jüdischen Antisemiten, wird Gehrke die Kandidatur in der eben gegründeten »antisemitischen Volkspartei« angetragen. Auf Gehrkes verblüffte Frage, wieso gerade er dazu ausersehen sei, der sich nicht erinnern kann, »... israelitische Mitbürger je auch nur im geringsten mit Antipathie behelligt zu haben«, antwortet Naphtali: »Herr Doktor, Se kenn se nich!« Gehrke kandidiert, gewinnt den Wahlkreis, verabschiedet sich von den alten Idealen – »Wir haben eben noch keinen neuen Menschen« –, zeigt sich umjubelt auf dem Balkon und verkündet zu den Klängen des Deutschlandliedes nunmehr folgendes Programm: »Deutsch bis ins Mark! Die Religion, die Monarchie, das Eigentum und die Ehe!« Als Gehrke noch für die »Übermenschheit durch Erziehung« durchs Feuer gehen wollte, hat Fiebig ihn gedämpft und gemeint: Nietzsches Übermensch ist passé. Aber der mutterwitzige Fiebig kannte, wie weit die Nietzsche-Rezeption auch heruntergekommen sein mochte, sehr genau deren Virulenz. Alle Plattheiten der Epoche entlarvend, sagt er über den Reporter Naphtali: »Den klebn doch ooch de fünf Finger von Nietzschkn noch deutlich in de Jehirnschale!«[14]

3. Apostel und Gemeinde

Lebensreformbewegung

»Rohköstlergesichter, Zwiebacknasen, Himbeersaftstudenten« hatte ein Chronist des Festes auf dem Hohen Meißner sie genannt. »Kohlrabiapostel« hießen sie im Volksmund – die Vegetarier und Abstinenzler, die begeistert und beharrlich, oft genug auch mit fanatischem Sendungsbewußtsein für Milch und Müsli, gegen Fisch und Fleisch, Bier und Schnaps zu Felde zogen.

[14] Arno Holz, Sozialaristokraten. Werke, Bd. 4. Neuwied 1962, S. 56, 29, 57, 77, 93, 55, 60.

»Feld« ist ganz wörtlich zu nehmen, denn viele Vegetarier waren auch Stadtflüchtige. Sie zogen als Siedler aufs Land, um den Acker zu bebauen. Sie bildeten Lebens- und Weltanschauungsgemeinschaften, geschart um eine Idee oder eine Führerfigur. Sie gründeten Genossenschaften und unterhielten neben Obst- und Gemüsekulturen auch Kult- und Kulturstätten – Schulen, Ateliers, Feierhäuser, Ferienheime. Die meisten sind gescheitert, am ökonomisch-organisatorischen Unvermögen, am übersteigerten Idealismus, am Egoismus. Einige sind geradezu im Chaos untergegangen. Es wäre ein Mißverständnis, wollte man den Aufbruch der Lebensreformer um die Jahrhundertwende nur als Feldzug für die Gesundheit auffassen, wenngleich die Lebensweise in den Städten ungesund genug war. Hunger, Kälte, unhygienische Wohnverhältnisse und Arbeitsfron plagten die Armen, überschwere Mahlzeiten, Bewegungsmangel und enge Kleidung die Wohlhabenden, besonders die Frauen, die eingeschnürt in Korsetts, zugeknöpft vom Halsband bis zur Stiefelette, selbst in den Ferien mit Hut und Sonnenschirm bewehrt, kaum je einen Sonnenstrahl auf ihrer Haut fühlen durften. Insgeheim geschah es natürlich doch, aber das gehört nur indirekt in ein Gesundheitskapitel. Als erste regten sich die Kämpfer gegen Alkoholmißbrauch. Das Elend jener Familien, deren Ernährer den Wochenlohn vertranken, hatte Wohlfahrtspflegevereine, ab Mitte der achtziger Jahre vor allem das »Blaue Kreuz« und die »Heilsarmee« mit ihrem Programm »Suppe, Seife, Seelenheil!« auf den Plan gerufen. Abstinenzlergruppen wie der »Vortruppbund« versuchten durch Selbsterziehung »volkserzieherisch« zu wirken. Als unter dem Einfluß neuer Naturheilverfahren (Methode Bircher-Benner) die Lebensreform-Bewegung Gestalt gewann, bildeten sich zwei Schwerpunkte heraus: Vegetarismus und Freikörperkultur. Das erste Berliner »Licht-Luft-Sportbad« wurde 1901 eröffnet, während man an einigen Stränden von Nord- und Ostsee schon nackt ins Wasser ging, überzeugt, daß das »personale Ganzheitserleben« eine Gesundung im Verhältnis von Körper und Seele bewirken werde. Der Maler Karl Diefenbach und sein Schüler Hugo Höppener, genannt Fidus, propagierten »Freie Körper-Kultur« (FKK), verbunden mit »kosmischem Pathos«, sogar als »Weihekunst«[1]. Man mußte schon mit tieferer Heilserwartung als

[1] Zitiert nach Ulrich Linse, Zurück, o Mensch, zur Mutter Erde. Landkommunen in Deutschland 1890–1933. München 1983, S. 214, Anm. 12a.

dies heute ferienüblich ist, »Sonnenanbeter« sein, um die Tabuschranken zu durchbrechen, die das Sittenverständnis der wilhelminischen Gesellschaft aufgerichtet hatte. Selbst bei der Land- und Gartenarbeit waren die Lebensreformer, jedenfalls in den Augen der Einheimischen, »halbnackt«. Sie pflanzten und jäteten barfuß und barhäuptig und waren damit für den Bauern, der bekanntlich nie ohne Hut oder Mütze aufs Feld geht, ein Ärgernis. Manchmal ein Sonnenstich, häufig einfach Unlust ließen dann die Arbeit ungetan. Schon bei den Friedrichshagenern in der »Neuen Gemeinschaft« hieß es: »Viele Philosophen – wenige Kartoffelgräber!«[2] Unter Bohème-Anarchisten galt im übrigen das Prinzip, sich unkonventionell und phantasievoll zu kleiden. Die seltsamste Erscheinung dürfte damals Gustav Gräser gewesen sein. Er trug eine härene Tunika über Kniehosen, Sandalen ohne Socken, ein ledernes Diadem im schulterlangen Haar und einen Hirtenstab in der Hand. »Kinder knieten vor ihm nieder, denn sie meinten, der Heiland erschiene ihnen.«[3] Ulrich Linse bezeichnet Gräser als Urbild aller Gurus, Wanderprediger und Inflationsheiligen, die nach dem Krieg mit zum Teil großem Anhang durch die Lande zogen. Gräser, Abkömmling einer Pastoren- und Gelehrtenfamilie in Siebenbürgen, habe nach eigener Aussage schon als Schüler die Außenseiterrolle trainiert, habe sich »bewußt auch zu einem äußerlich ›abnormen‹ Leben gezwungen, um sich hart und stark zu machen und gewissermaßen durch einen selbstgeschaffenen Druck von außen Kräfte in sich wachzurufen«[4]. Einzelgänger wie er sind in den Landkommunen immer wieder aufgetaucht, haben suggestiv gewirkt, Jünger an sich gezogen, Gastspiele gegeben. Den Siedlern jedoch ging es um eine geschlossene Gemeinschaft. Frei von den Zwängen bürgerlichen Erwerbslebens wollten sie ihre reformerischen und sozialutopischen Vorstellungen in die Tat umsetzen.

Eine Wurzel der Siedlungsbewegung ist in den Künstlerkolonien zu sehen, die sich schon während der achtziger Jahre entwickelt hatten, ganz praktisch aus dem Wunsch heraus, fern vom Atelier in der Natur zu malen und zu leben. Moorland-

[2] Zitiert nach Kristiana Hartmann, Deutsche Gartenstadtbewegung. Kulturpolitik und Gesellschaftsreform. München 1976, S. 28.

[3] Ida Hofmann-Oedenkoven, Monte Verità. Wahrheit ohne Dichtung. Lorch 1906, S. 17.

[4] Ulrich Linse, Barfüßige Propheten. Erlöser der zwanziger Jahre. Berlin 1983, S. 68 u. 69.

schaften wurden damals bevorzugt, Worpswede im Norden, Dachau im Süden. Auch die Münchner Literaten des Fin de siècle hegten Siedlungspläne oder besser Siedlungsträume: »Wir wollten, eine kleine Gruppe von Dichtern und bildenden Künstlern, nach dem alten Wisby auf der Insel Gotland ziehen und dort dichten, malen, Bücher drucken und Teppiche weben. Die ganze Angelegenheit baute sich um Frau Dauthendeys Webstuhl auf, der ebensowenig vorhanden war, wie die primitivste Sicherheit, daß wir das nötige Reisegeld nach Schweden zusammenbringen würden.«[5] Der Autor dieser Reminiszenzen betont, daß die Siedlungsideen noch ohne sozialistischen Einschlag, auf »rein ästhetische Prinzipien« gegründet waren. Anders in Berlin. Dort gab es um 1890, also nach Aufhebung der Sozialistengesetze, konkrete Verbindungen zwischen Arbeitern und Bildungsbürgern. Sie blieben nicht ohne Wirkung auf das Milieu, sowohl der Versammlungslokale als auch der Salons. »Geistesarbeiter« traten in die SPD ein und trugen im Zuge der Volksbühnen-Bewegung kulturelle Impulse in die Arbeiterschaft. Die sozialethischen Lehren des Moritz von Egidy, die Bodenreformvorschläge Damaschkes und Oppenheimers sowie Modelle des Auslands (Robert Owen, Charles Fourier) wurden in diesem Kreis heftig diskutiert. Großstadtmüdigkeit und Maschinenhaß förderten die Tendenz zur Stadtflucht. Nachdem sich herausgestellt hatte, daß die Intellektuellen »keine proletarische Klassensolidarität anstrebten, sondern eine Auflockerung der sozialdemokratischen Positionen durch individual-anarchistische Theoreme«[6], der Integrationsprozeß somit mißlang, zirkulierte dennoch der Genossenschaftsgedanke heftig.

Landkommunen

Die Arbeiterbewegung entwickelte ihre Konsumgenossenschaften, die Bürgerbohème ihre Siedlungsgenossenschaften. Auf dem sogenannten »Dritten Weg« zwischen Kapitalismus und Kommunismus vollzogen Berliner Literaten die Abkehr von der Sozialdemokratie und verkündeten Sozialaristokratie. Die zitierte Komödie von Arno Holz folgt insoweit einem histori-

[5] Arthur Holitscher, Die Münchner Zeit. Erinnerungen. In: Die Neue Rundschau 35, 1924, S. 390.

[6] Linse, Zurück, o Mensch, S. 33.

schen Vorgang. Die Friedrichshagener Gemeinschaft der Brüder Heinrich und Julius Hart mit Bruno Wille und Wilhelm Bölsche hatte vor der Jahrhundertwende eine Künstlerkolonie gebildet und schloß sich 1900 enger zusammen unter dem Namen »Neue Gemeinschaft«. Erstes Standquartier dieses »Ordens« freier Individuen war eine Stadtwohnung in Berlin. Schon dort apostrophierte der Schriftsteller Erich Mühsam (1878–1934) das Brüderpaar Hart als »fröhlichste Kreuzung von Weinwirten und Religionsstiftern«[1]. 1902 erwarb die »Neue Gemeinschaft« ein Grundstück samt 30-Zimmer-Villa, die zuvor ein Sanatorium beherbergt hatte, in Schlachtensee bei Berlin. Gastfrei, aber auch zahlenden Gästen zugetan, wurde hier versucht, aus einem großen gemeinsamen Topf zu leben und zu wirtschaften. Sogar die »Einküche« wurde praktiziert, allerdings unter Berücksichtigung von Sonderwünschen. Man konnte seine Mahlzeiten auch separat einnehmen, wie denn auch nach Jahresfrist von der Kommunität nicht viel mehr übrigblieb als eine Fremdenpension in idyllischer Lage. Enthusiastisch davon überzeugt, daß edle Einzelne sich in edler Gemeinschaft immer noch weiter veredeln – »poetischer Darwinismus« hieß die Nietzsche und Darwin einende Formel –, setzten die Harts dem Individualismus keine Schranken, bis schließlich Geldnot und Zerwürfnis die »Raserei der Toleranz«[2] erstickten. Diese »Geistesgemeinschaft«, die abseits einer profitorientierten Großstadt naturverbunden leben und dieses Leben durch eine Kette von Weihefesten zum »Gesamtkunstwerk« erheben wollte – »ein Kunstwerk aus Menschen komponiert« –, ist letztlich am eigenen Optimismus zugrundegegangen. Spitz- und Spottnamen, die man dem Unternehmen gab, kennzeichnen dies ganz deutlich: »Socialclosterei«, »Lustspiel-Pensionat«, »kommunistisches Boardinghouse«, »geistiges Feinschmecker-Casino«[3].

Dennoch war dem Experiment große Resonanz beschieden. Einmal, weil profilierte Zeitgenossen hierherkamen und, auf diese und jene Weise, auch von hier ausgingen, u. a. Paula Modersohn-Becker, Henry van de Velde, Magnus Hirschfeld, Theodor Herzl, Martin Buber, Gustav Landauer, Erich Müh-

[1] Erich Mühsam, Namen und Menschen. Leipzig 1949; zitiert nach Ulrich Linse, Zurück, o Mensch zur Mutter Erde. München 1983, S. 67.

[2] Anselma Heine, Schriftstellerkolonien (1911–1912); zitiert nach Linse, Zurück, o Mensch, S. 88.

[3] Ebd., S. 78.

sam. Dauergast im kleinen Gartenhaus war Julius Harts Freund und Schützling, der »Dichter-Vagant« Peter Hille. Zum zweiten gab der Reformwille der Harts einer neuen, aus England übernommenen Idee den guten Start. Zusammen mit den Brüdern Kampffmeyer riefen sie 1902 die deutsche Gartenstadt-Bewegung ins Leben. Sie sollte eine »Vermählung von Stadt und Land« bringen und in urbaner Werks-, Wohn- und Erholungseinheit der Trennung von Kopf- und Handarbeit entgegenwirken[4].

Ein praktisches Vorbild für den genossenschaftlichen Ansatz des Konzepts existierte bereits seit 1893, gar nicht weit entfernt von Berlin, in der Vegetarischen Obstbaukolonie »Eden« bei Oranienburg. Die Lebensreformer, die in dieser ersten aller Landkommunen unserer Zeit einen blühenden Obstgarten anlegten, hatten zu Beginn schwerste Kolonisatorenarbeit geleistet, jährlich 30000 Zentner Berliner Großstadtkehricht (Pferdedung) in Kahnladungen herangefahren, in Kiepen geschleppt und auf dem unfruchtbaren Schwemmsand des Geländes ausgebracht, bis die nötige Humusschicht gebildet war. »Eden« produzierte Obst und Gemüse und belieferte mit Marmeladen, Säften, Gelees, Pflanzenfleisch und Pflanzenmargarine die Reformhäuser. (Eine Gartenbau-Genossenschaft arbeitet noch heute auf dem Areal.) Die drei Bäume im Wappen der Siedlung standen für »Lebensreform, Bodenreform, Sozialreform«. In Kombination privaten und genossenschaftlichen Anbaus und Absatzes – »Der Einzelne ist in der Eigenwirtschaft fleißiger, freudiger, sorgfältiger und umsichtiger ... als in der Gemeinwirtschaft«[5] – gedieh das Unternehmen ökonomisch und sozial. Das Familien- und das Genossenschaftsleben wurde nach Prinzipien der Gesundheit, Abhärtung, Zucht und Einfachheit geführt, wobei ein völkischer Einschlag unverkennbar war. Verkauf von Tabakwaren, Ausschank von Alkohol, Kino, Spielsalon, Wettbüro und Bordell waren auf dem 440 Hektar großen Siedlungsgelände streng verboten. 1920 rühmte sich die Kolonie einer Enquête, wonach drei Fünftel der Edener Kinder noch nie einen Betrunkenen gesehen hatten. Durchaus problembewußt in der sogenannten »Menschenfrage«, kam man zur nüchternen Erkenntnis: »Großstädter sind noch selten gesundheitlich und

[4] Vgl. Kristiana Hartmann, Deutsche Gartenstadtbewegung. München 1976, S. 32f.

[5] Rechenschaftsbericht EDEN (1920); zitiert nach Linse, Zurück, o Mensch, S. 47.

nach ihrer praktischen Veranlagung geeignet, eine ländliche Wirtschaftsweise erfolgreich zu betreiben.« So wurden denn auch »Schwarmgeister«, »politische Wirrköpfe«, Sektierer, ja sogar städtische Sommergäste in Eden nicht gern gesehen. Diese »erste und einzige ›trockengelegte‹ Gemeinde in Deutschland«[6] zeigte per saldo auch ein ziemlich trockenes Selbstverständnis. Fazit: Abstinenzler und Vegetarier, die Landwirte sein wollten, hatten eine Kooperative gebildet, und dabei stand gutes Wirtschaften im Mittelpunkt zwischen den beiden Polen: Reinheit des Lebens und Reinheit der Marmeladen.

An legendärer Berühmtheit ohne Vergleich in ganz Europa war die Siedlergemeinde in Ascona mit dem Namen »Monte Verità«. »Von Wahrheitssuchenden gegründet – Wahrheitssuchenden gewidmet«, hieß es im ersten Prospekt von 1902. Der junge Initiator Henri Oedenkoven, Sohn eines belgischen Großindustriellen, war nach schwerer Krankheit in einer Naturheilanstalt der nicht mehr ganz jungen Musikpädagogin Ida Hofmann begegnet. 1901 eröffneten die beiden Lebensreformer mit einer Handvoll Gefährten an einem Hang über dem Lago Maggiore ihre vegetarische Kolonie (Dok. 1). Die Gegend, schon vor Jahrzehnten durch Bakunin kulturell urbar gemacht für Anarchisten und Bohemiens, zog Zivilisationsflüchtlinge, Emigranten, Globetrotter magisch an. Wie Erich Mühsam bemerkt hat, war Ascona der Ort, »wo asthmatische Tanten für ihre hühnerbrüstigen Nichten eine passende Partie suchten«[7]. Der Monte Verità ließ das Dorf vollends zum Magneten werden. Zunächst in selbstgebauten Wohnhütten, später im Gästehaus traf sich die bunteste Gesellschaft: Erzherzöge und Erbprinzen, Industrielle und Bankiers, Gelehrte und Ärzte, Künstler und Geistliche, Gesundbeter, Okkultisten und Anarchisten jeder Schattierung. Bis in die frühen dreißiger Jahre haben hier u. a. zeitweise gelebt oder gastiert: Landauer, Mühsam und Fidus, Jawlensky, Franziska von Reventlow, Mary Wigman, Claire Goll, Elly Ney, Hermann Hesse, Erich Maria Remarque. Am Flügel saßen stets Pianisten von Rang. Im Kuhstall nebenan verendete früh die erste und einzige Kuh, weil sie sich an dort gelagerter Kernseife den Magen verdorben hatte. Finanziell und organisatorisch gab es ein Debakel nach dem anderen. Das Ge-

[6] Auskunft für Siedlungsanwärter; zitiert ebd., S. 42 u. 60.

[7] Zit. nach Heinz Greul, Das verrückteste Dorf der Welt. Ascona und die Aussteigerbewegung um die Jahrhundertwende. Sendung im Bayerischen Rundfunk (Hörfunk II) vom 8. 6. 1985.

nossenschaftsprinzip des Anfangs konnte schon wegen der großen Fluktuation nicht aufrechterhalten werden. Als nach dem Weltkrieg Oedenkoven mit seiner neuen Frau Isabelle und mit Ida nach Brasilien auswanderte, um dort zu siedeln, entstand auf dem Monte Verità (1924) eine Neugründung, die allerdings nach einigen Jahren auch am Geld scheiterte, in Privatbesitz und schließlich in einen Hotelbetrieb (mit angeschlossenem Museum) übergegangen ist.

Die Siedlungsbewegung hielt an bis in die späten zwanziger Jahre. Dem individuell-anarchistischen Aufbruch der Jahrhundertwende folgte nach 1918 eine Phase betont ideologischer Gemeinschaften. Kommunistische, völkische, anarcho-religiöse, konfessionelle, anthroposophische, zionistische und Siedlungen der bündischen Jugend hatten Hochkonjunktur in der Inflationszeit.

Frauenemanzipation

Bemerkenswert ist, daß unter etwa drei Dutzend Kommunitäten zwei Frauensiedlungen – Loheland (später mit angeschlossener Frauenschule) und Schwarzerden in der Rhön – höchst erfolgreich waren. Junge Lehrerinnen betrieben in Schwarzerden einen Bauernhof und erwarben durch ihren Mut und ihre sachgerechte Landarbeit, ihre Souveränität und nachbarschaftliche Hilfsbereitschaft, etwa in der Krankenpflege, das Vertrauen der eingesessenen bäuerlichen Familien in einem Maß, wie dies keiner anderen Landkommune gelang. Der emanzipatorische Einsatz und Ertrag der Frauen in der Siedlungsbewegung ist insgesamt hoch einzuschätzen. Klar hatte schon Ida Hofmann das Dilemma benannt, entweder Besitzstück des Mannes zu sein oder in entmutigender beruflicher Konkurrenz zu stehen »mit jener Männermasse, welche sich im angestammten Rechte glaubend, die ... unselbständig erhaltene Frauenwelt egoistisch zu unterdrücken strebt«[1]. Alle Freiheiten, vom Barfußlaufen bis zur freien Ehe, die sie mit Oedenkoven einging, mußten mühsam erobert werden. Kein Wunder, daß Frauen ihrer Art »mündige Sittlichkeit« für sich reklamierten, gesellschaftlicher, kirchlicher, staatlicher Bevormundung die Stirn boten und dies auch an ihrer äußeren Erscheinung dokumentierten.

[1] Ida Hofmann-Oedenkoven, Monte Verità. Lorch 1906, S. 5.

Auf dem Deutschen Schneidertag 1900 in Krefeld, wurden erstmals Schulterhängekleider vorgeführt, die, angefertigt nach Entwürfen von Peter Behrens, Bernhard Pankok und Henry van de Velde, in der Jugendstilmode kurzzeitig Erfolg hatten, sich allgemein aber nicht durchsetzten. Das sogenannte Reformkleid, auch Reformsack getauft, eine schlichte Version in Leinen oder Baumwolle, fand Anklang vor allem in der Siedlungs- und Jugendbewegung. Kombiniert mit offenem Haar und Sandalen, stellte es eine Art Protestlook dar. (Ida Hofmann-Oedenkoven wurde in diesem Aufzug nicht einmal bei Pfarrer Christoph Blumhardt im pietistischen Erweckungszentrum Bad Boll empfangen.) Bei Lehrerinnen, Sozialpädagoginnen, Jugendführerinnen, Professoren- und Pastorenfrauen wurde das Reformkleid besonders beliebt und bald kennzeichnend für den Mangel an Schick, für die betont schlichte Innerlichkeit einer Leitbildgruppe weiblichen Deutschtums. Der Wandel des Frauenbildes innerhalb weniger Jahrzehnte – von der Sphinx zur Garconne und zum Girl, aber auch von Chamissos »alter Waschfrau« bis zu Brechts »unwürdiger Greisin« – war sozialpsychologisch wohl nur mit Hilfe von Segregationstendenzen zu bewältigen. Einen Teil dieses Wandels schildert 1898 Adolf Loos: »Die erweckung der liebe ist die einzige waffe, die das weib im kampf der geschlechter gegenwärtig besitzt ... Ende der siebziger und anfang der achtziger jahre strotzte die literatur ... von beschreibungen üppiger frauenschönheit und flagellationsszenen. Ich erinnere nur an Sacher-Masoch, Catulle Mendès, Armand Silvestre. Bald darauf wurde volle üppigkeit, reife weiblichkeit durch die kleidung scharf zum ausdruck gebracht. Wer sie nicht besaß, mußte sie vortäuschen: le cul de Paris. Dann trat die reaktion ein. Der ruf nach jugend erscholl. Das weibkind kam in mode. Man lechzte nach unreife. Die psyche des mädchens wurde ergründet und besungen: Peter Altenberg. Die Barrisons tanzten auf der bühne und in der seele des mannes. Da verschwand aus der kleidung der frau, was weiblich ist. Sie log sich ihre hüften hinweg, starke formen, früher ihr stolz, wurden ihr unbequem. Der kopf erhielt durch die frisur und durch die großen ärmel den ausdruck des kindlichen. Aber auch diese zeiten sind vorüber.«[2]

Gustav Klimt war der Maler dieser Kindfrauen. »Klimt ornamentalisiert die Frauen, indem er sie einfügt ins vegetabilisch-

[2] Adolf Loos, Damenmode. In: Sämtliche Schriften. Wien 1962, S. 158–160.

organische oder ins mosaikartige Grundmuster der Bilder.« Er gibt ihnen eine »pars-pro-toto-Identität«, »Mund, Auge oder Schenkel, ... Kleiderpartikel, Rüschen und Spitzen, ... schließlich die schweren Flechten und Fluten der Haare«[3]. Das heißt, die »femme fragile« wie die »femme fatale« sind identifizierbar als Projektionsgeschöpfe männlicher Angstabwehr.

Kein Zweifel: ausgestiegen aus dem Korsett und bewegungsfrei im verhüllenden Reformkleid, signalisierten die Siedlerinnen weibliche Autonomie. Auf dem Monte Verità und anderswo bot das Emanzipationsmodell eine Bündelung von Vegetarismus und Körperkultur, Sozialismus, Friedensbewegung und Frauenbefreiung. Was hinter dem Impuls »Zurück zur Natur!« oft übersehen wird, ist das in der Praxis der Landkommunen erprobte Bemühen, geltendes Ehe- und Familienrecht auszuhebeln. Während die Frauen der Arbeiterbewegung bekanntlich ihre weiblichen Interessen zugunsten des Klassenkampfes zurückstellten, fanden in der bürgerlichen Kulturbewegung Frauenrechtlerinnen Echo und Nachfolge, insbesondere die Skandinavierinnen. Die Dänin Karin Michaelis (1872–1950), die 1933 den Flüchtling Bert Brecht bei sich aufnahm, kämpfte engagiert für ein neues Scheidungsrecht, für Geburtenkontrolle und für die Gleichstellung lediger Mütter, eine Autorin übrigens, auf die sich auch Simone de Beauvoir berufen hat. Ellen Key (1849 bis 1926) war vor allem Vorkämpferin für die »Menschenrechte des Kindes«. Sie forderte den besonderen Schutz seiner seelischen und körperlichen Gesundheit und gerechte Chancen für alle Kinder, ihre individuellen Kräfte und Fähigkeiten zu entwickeln, möglichst in sozialer Koedukationsschule. Sie vertrat eine Pädagogik, deren Prinzipien Herman Nohl entwickelt und auf die Formel gebracht hat: »Die alte Erziehung geht aus von den Schwierigkeiten, welche das Kind macht, die neue von denen, welche das Kind hat.«[4]

Speziell dem Jugendalter widmeten sich dann jene Verfechter der Reformpädagogik, die die Landschulheim-Bewegung initiierten. Soziales Lernen in der Lehrer-Schüler-Gemeinschaft (Wyneken nannte dies »Schulgemeinde«), Ergänzung der intellektuellen Erziehung durch musische, sportliche, handwerkliche Fächer war in allen frühen Landerziehungsheimen Grund-

[3] Nike Wagner, Geist und Geschlecht. Karl Kraus und die Erotik der Wiener Moderne. Frankfurt a.M. 1982, S. 48f.

[4] Elisabeth Siegel, Dafür und Dagegen. Ein Leben für die Sozialpädagogik. Stuttgart 1981, Motto.

prinzip – in einigen auch Koedukation und Schülermitverwaltung. Es entstanden die Hermann-Lietz-Schulen: Ilsenburg im Harz 1898, Haubinda in Thüringen 1901 und Schloß Bieberstein bei Fulda 1904; ferner Wynekens und Paul Geheebs Gründung Wickersdorf in Thüringen 1906 (Rudolf Pannwitz war einige Zeit dort Lehrer[5], Diederichs, Egidy und van de Velde schickten ihre Kinder) und Paul Geheebs Odenwaldschule 1910.

Jugendkultur

Was in der Reformpädagogik erstrebt und in der Meißnerformel symbolisiert, allmählich ins öffentliche Bewußtsein eindringt, ist die Anerkennung des Jugendalters als einer Lebensstufe mit eigenen, nicht nur der Vorbereitung auf das Erwachsenenalter dienenden Wertvorstellungen und Aktivitäten. Um 1915 kommt ein Begriff in Umlauf, der in Schüler- und Studentenkreisen und bald darüber hinaus in der gesamten Jugendbewegung wie ein Signal wirkt: Klassenkampf der Jugend[1]. Der Generationenkonflikt als Klassenkampf erforderte allerdings ein anderes Sprachrohr, als es der Wandervogel-Presse bisher zur Verfügung stand. Zwei Jugendzeitschriften haben hier Pionierarbeit geleistet: ›Der Anfang‹ und ›Der Aufbruch‹. Vorstufen in Gestalt von Schülerblättern gab es schon seit 1908. ›Der Anfang‹ erschien vom Mai 1913 bis zum Kriegsausbruch im Verlag der ›Aktion‹. Für die Redaktion zeichnete Gustav Wyneken verantwortlich. Die beiden jungen Herausgeber, Georges Barbizon in Berlin und Siegfried Bernfeld in Wien, widmeten das Blatt der »Jugendkultur« und verfolgten ihre Ziele, von konkreten Schülernöten ausgehend, über Probleme der Schulreform bis zu zeitkritischen Stellungnahmen. Die Mitarbeiter waren meist Oberschüler. Carlo Schmid und Wieland Herzfelde gehörten dazu, Walter Benjamin schrieb unter dem Pseudonym »Ardor«, wie die meisten aus Furcht vor Schulausschluß ein Pseudonym wählten. Mit dem Blatt wollte Wyneken der Jugend im Kampf um die Achtung ihrer Persönlichkeitsrechte

[5] Vgl. im Anhang Dokument Nr. 13. Informationen zur Thematik verdankt die Verfasserin Dr. Helga Bleckwenn, deren Veröffentlichung auch das Dokument entnommen ist.

[1] Titel eines Aufsatzes von Friedrich Bauermeister in: Der Aufbruch 1, 1915, Heft 1, S. 2f.

»Werkzeug und Waffe« bieten, wenn nötig allen Mächten und Autoritäten zum Trotz[2].

Auf teilweise hohem Niveau setzten sich die jugendlichen Autoren mit ihren Konflikten auseinander, kritisierten Lehrerwillkür, Aufsatzthemen, Lehrpläne und Schulordnung. Im »Klassenspiegel« sammelten sie Fälle methodischer Unterdrükkung aus Schule und Elternhaus. Zum emotionserfüllten Erlebnisbericht, der beispielsweise so beginnt: »Kassel bei Nacht ... kaum ein Mensch auf der Straße; nur hinter geschlossenen Fensterläden saßen Philister, spielten Skat und süffelten Dividendenjauche ...«[3], fügt sich der Grundsatzartikel, in dem Walter Benjamin »Erfahrung« als das »Evangelium des Philisters« entlarvt[4]. Vergleiche werden angestellt zwischen den an Knaben- und Mädchenschulen benutzten Lesebüchern, wobei ein Lesebuch der Mädchen erheblich besser abschneidet, weil es auch zeitgenössische Dichtung (Holz, Bierbaum, Hauptmann, Hofmannsthal, Ricarda Huch) enthält. »Und dann hole ich meinen Hopf und Paulsieck (dieses Lesebuch hatte schon Hoffmann-Fölkersamb) – und finde nicht ein einziges kleines Gedicht eines lebenden deutschen Dichters.« Bürgers Ballade ›Leonore‹ wiederum ist im Mädchen-Lesebuch so schicklich zurechtgestutzt, daß das Wort »Bett« entfällt, was dem Schreiber mißfällt[5]. Neben solcher philologischen Kleinarbeit am Schulbuch werden literarische Neuerscheinungen rezensiert: Hasenclevers ›Der Sohn‹ z.B. sehr kritisch, weil der Vater »mit Sklavenblick« dargestellt sei, zufällig so und nicht anders, anstatt wie erforderlich, als ein der Jugend »notwendig entgegengesetztes Prinzip«[6]. Hinzu kommen Lektüretips außerhalb der Schulnormen (Wyneken empfiehlt Gundolf, Wölfflin und den Soziologen Müller-Lyer), ferner Probleme des Religionsunterrichts und der Bekenntnisfreiheit. Dazu eine Umfrage, an der als Gastautoren Alfred Kerr, der Reichstagsabgeordnete Ernst Müller-Meiningen und die Professoren Paul Natorp und Wilhelm Ostwald (Nobelpreis für Chemie 1909; Monistenbund) teilnehmen. In Fragen der Frauenemanzipation vertritt ›Der Anfang‹

[2] Geleitwort von Gustav Wyneken in: Der Anfang 1, 1913, Heft 1.

[3] Exodus der Jugend – Ein Kampf in Kassel. Anonym in: Der Anfang 1, 1913, Heft 2, S. 45f.

[4] Ardor, Erfahrung. In: Der Anfang 1, 1913, Heft 6, S. 170f.

[5] Richard Heimen, Zwei deutsche Lesebücher. Ebd., S. 179–181.

[6] H. K., Zu Hasenclevers Vorlesung seines Revolutionsdramas ›Der Sohn‹. In: Der Anfang 2, 1914, Juni-Heft, S. 383.

überwiegend Wynekens Standpunkt einer Trennung von Schulleben und Familienleben, optiert für Landschulheime, gegen die »Einfamilienwirtschaft«, für die »Erlösung« der Mütter von der Familienpflicht und für Berufschancen der Frau: »Frauen sollen nicht hauseigen sein.« Schließlich zeigen Überschriften wie ›Nacktheit‹, ›Wahrheit‹, ›Unsere Not‹ den Versuch, bedrängende Sexualitätsprobleme zur Sprache zu bringen. Sarkastische Kritik an den behördlich empfohlenen Aufklärungsbüchern mit all ihren Sport-, Abstinenz- und Botanisiertrommel-Scheinheiligkeiten unter dem Motto: »Bete und wandere!«, verbindet ein Abiturient mit einer Bücherliste seiner Wahl zu diesem Thema[7]. Herbert Blumenthal meint: »... nichts kann besser die innere Reinheit der Jugend beweisen als die Wollust, mit der sie verkündet, daß Sumpf Sumpf sei ... Wir bekannten uns zum Triebleben und übernahmen die Formen, die wir vorfanden; aber wir dürfen nicht bei diesem Protest gegen Unterdrückung stehen bleiben; Wir haben die Verpflichtung, unser eigenes Triebleben zu gestalten. Aus dem Protest der Geknechteten muß die Schwärmerei der Freien werden ...«[8] Werkzeug und Waffen im Kampf um Jugendautonomie waren aber auch in Hilfs- und Beratungsdiensten angeboten, im »Grünen Anker« und in den »Sprechsälen«. Das waren keine Säle, sondern meist kleine Zimmer in einem Elternhaus oder Jugendheim. Ältere Schüler, aufgeschlossene Ärzte, Juristen, Abgeordnete und Schriftsteller leisteten Lebenshilfe und Konfliktberatung in diesen Jugendselbsthilfegruppen.

1914 gab es in München einen Eklat. Ein Zentrumsabgeordneter zeterte im Bayerischen Landtag gegen die »Ziele der Jugendkultur«, die Moral, Religion und einen »gesunden Patriotismus« gefährdeten. Er witterte »anarchistische Auflösung unentbehrlicher, unersetzlicher Werte, eine Art pädagogischen Futurismus[9]«. Mit ähnlichen Argumenten begründete der Kultusminister seinen Erlaß gegen ›Anfang‹ und »Sprechsäle«. Sie wurden in Bayern verboten, der Lehrkörper zu strengstem Einschreiten verpflichtet: »Hier heißt es: Principiis obsta!« Der Abgeordnete richtete nun heftige Angriffe gegen Wyneken und

[7] Gez. München 2, Achtung! Abiturienten! Der letzte Täuschungsversuch. In: Der Anfang 2, 1914, Heft 1, S. 25–31.

[8] Herbert Blumenthal, Jugendliche Erotik. In: Der Anfang 1, 1913, Heft 6, S. 166–169. Zur damaligen Situation vgl. auch das Kapitel: Eros Matutinus in: Stefan Zweig, Die Welt von gestern. Frankfurt a.M. 1967, S. 58–75.

[9] Zitiert nach Anz/Stark, Expressionismus, S. 160.

erklärte: »... wenn dieser Mann sich auch noch herausnimmt, in einer Versammlung am Montag in München seine Ideen vertreten zu wollen, und wenn er diejenigen Ideen vertritt, die tatsächlich im ›Anfang‹ vertreten werden, dann weiß ich überhaupt nicht mehr, was in Bayern noch verboten ist«[10].

Verbote, Relegationen, behördliche Eingriffe und Presseschelte trieben auch in anderen Städten Deutschlands und Österreichs die Kreise des ›Anfang‹ auseinander. Der Krieg löste sie endgültig auf. Eine Fortsetzung versuchte ›Der Aufbruch‹, 1915, erschienen bei Eugen Diederichs in Jena. Der Philosophiestudent Ernst Joël gewann für seine gegen »Philistertum«, Militarismus und Kapitalismus gerichteten ›Monatsblätter aus der Jugendbewegung‹ zwar keine Schüler als Mitarbeiter, jedoch Hans Blüher, Klabund, Gustav Landauer und andere Autoren, die auch an Hillers ›Ziel‹-Jahrbüchern beteiligt waren. Weniger konkret als im ›Anfang‹ wurden hier soziale Arbeit und Jugendgemeinschaft mit nationalrevolutionärer Tendenz propagiert. Nach vier Heften wurde die Zeitschrift verboten, und Joël mußte die Berliner Universität verlassen. Den Klassenkampf der Jugend entschieden weder Schulbehörden noch Zeitschriften, weder Verbote noch Proteste. Es war der Krieg, der alles verändert hat. Kriegsheimkehrer ließen sich nicht mehr bevormunden. Zutiefst desillusioniert und vielfach desorientiert, suchten nach 1918 die einen den straffen, bündischen Zusammenschluß (Artamanen, Geusen, Freischar Schill, Adler und Falken, Jungdeutscher Bund), um wenigstens die Werte der Frontkameradschaft zu bewahren, andere stießen zur parteipolitischen Linken oder bildeten anarchosyndikalistische Gruppen. Viele suchten in sozialethischer Bolschewismus-Begeisterung, in fernöstlichen Religionen oder auch in Weltfluchtprogrammen ihre Traumata loszuwerden (»Handeln ist Schuld«). Wilhelm Stählin warnte vor den Folgen solcher Lähmungs-Schwärmerei und nannte sie »geistige Un-Zucht«[11]. Scharf griff er Wyneken an, »... diese ewige Umschmeichelung der Jugend, wie sie namentlich Gustav Wyneken leider geübt hat« und somit auch jene Zeitschriften (›Anfang‹, ›Aufbruch‹), die erklärten, daß »alles Heil nur von der Jugend kommen könne«. An Hillers ›Ziel‹-Jahrbüchern tadelte er »grenzenlose Selbstüberschätzung« der jungen Generation und »Verachtung

[10] Ebd., S. 161 f. Vgl. im Anhang Dokument Nr. 13.
[11] Wilhelm Stählin, Fieber und Heil in der Jugendbewegung. Hamburg 1923, S. 14; vgl. ebd., S. 69–71.

alles geschichtlich Gewordenen«[12]. Alles in allem eine Mahnung zu christlicher Besonnenheit. Stählin, der damals durchaus noch für »Volksgemeinschaft« warb, wollte die evangelische Jugend, die in vieler Hinsicht stärker gefährdet war als die katholische, doch wohl wappnen gegen jede Art kollektiver Glorifizierung.

4. Bruder und Fremdling

Der Begriff Expressionismus

»Kunst ist kein Beruf. Kunst ist Liebe. Liebe erheischt Gegenliebe, ist eine bilaterale Angelegenheit. Kunst erheischt Publikum, ist eine öffentliche Angelegenheit. Kunst wird heute zur sozialen Liebestätigkeit. Darum, Künstler, tritt ins Volk und zeige ihm dein großes Herz. Deine Rufe an den Menschen, deine Volksreden, werden Gedichte sein.«[1] Zum Beispiel dieses[2]:

Komm heiliger Geist, du schöpferisch!
Den Marmor unsrer Form zerbrich!
Daß nicht mehr Mauer krank und hart
Den Brunnen dieser Welt umstarrt,
Daß wir gemeinsam und nach oben
Wie Flammen ineinander toben!

Hunderte von Gedichten, gereimt oder ungereimt, in Strophen oder freien Rhythmen, beglaubigen das radikal neue, das sogenannte expressionistische Lebensgefühl. Werfels »Veni creator spiritus«, vom Typ des liturgischen Hymnus, tut dies auch. Die Eingangsstrophe erscheint besonders geeignet, dieses Lebensgefühl zu dechiffrieren. Die wesentlichen Momente finden sich hier in sechs Zeilen versammelt. Zuerst die Berufung auf den Geist, den Überwinder der Natur (und des Naturalismus), den Geist, der heiligt und heilig zu halten ist (für den Juden Werfel

[12] Ebd., S. 17.

[1] Iwan Goll, Appell an die Kunst. In: Die Aktion 7, 1917; zitiert nach Thomas Anz u. Michael Stark (Hrsg.), Expressionismus. Manifeste und Dokumente zur deutschen Literatur 1910–1920. Stuttgart 1982, S. 522.

[2] Franz Werfel, Veni creator spiritus. In: Einander. Leipzig 1917, S. 29.

im Sinne weltimmanenter, aber auch christlicher Religiosität), den Geist, der schöpferisches Handeln ist und zugleich schöpferisches Handeln bewirkt[3]. Seine große Kraft muß primär Zerstörung sein; das härteste, kostbarste Material muß brechen (»Marmor«), die alten Formen (Kunstformen), die alte Welt. Verhärtungen und Verkrustungen über der Lebensquelle (»Brunnen«) gilt es aufzuweichen, wegzuschwemmen, um zum Ursprung zu kommen. Dies nun aber nicht allein (Individualismus), nicht im Verbund privater Gefühle, ständischer oder völkischer Zugehörigkeit, hierarchischer Ordnung oder toleranter Liberalität, auch nicht als Elite (Ästhetizismus) sondern gemeinsam. Das heißt hier mitmenschlich, brüderlich, sozial.

Dann die charakteristische Überhöhung des »Ich« im »Wir« (»nach oben«). Zuletzt der Ruf nach sengenden, brennenden, läuternden Feuern (»wie Flammen«). Des Dichters ekstatisch entbundenes Gefühl ersehnt und beschwört darin das Elementare, das Chaos. »Sturz und Schrei« heißt eine Grundformel der Epoche. Ein Vorläufer solchen Überschwangs, der freilich eigenbrötlerisch und unpathetisch aus ironischer Distanz das Ekstatische wie ein Rezept über die Theke reicht, war Christian Morgenstern. Im Vorspruch seiner ›Galgenlieder‹ (1905) sagt er: »Laß die Moleküle rasen, was sie auch zusammenknobeln! Laß das Tüfteln, laß das Hobeln, heilig halte die Ekstasen!« »Das weltumfassende Pathos, das Durchrasen der Erlebnisse und Erscheinungen, das Zusammenwerfen von überallher herangerissenen Bildern ...« zählt auch Kurt Pinthus (1886–1975)[4], subtilster und treuester literarischer Weggefährte der Expressionisten, zu deren Gebärdenkanon; derselbe Pinthus, der 1920 die bedeutende Lyrik-Anthologie ›Menschheitsdämmerung‹ herausgab. Darin war übrigens Franz Werfel (1890–1945) mit 27 Gedichten (insgesamt 275 Gedichte von 23 Autoren) am häufigsten vertreten. Was Werfels oben zitierte Strophe – hier auf Kosten ihrer Eigenart zu Demonstrationszwecken herangezogen – an Programm und Proklamation, Poesie und Poetik des

[3] Vgl. Ferruccio Busoni in ›Entwurf einer neuen Ästhetik der Tonkunst‹ (1907): »Die Aufgabe des Schaffenden besteht darin, Gesetze aufzustellen, und nicht, Gesetzen zu folgen. Wer gegebenen Gesetzen folgt, hört auf, ein Schaffender zu sein.« Zitiert nach Jelena Hahl-Koch (Hrsg.), Arnold Schönberg, Wassily Kandinsky, Briefe, Bilder und Dokumente einer außergewöhnlichen Begegnung. München 1983, S. 266, Anm. 74.

[4] Kurt Pinthus, Vorwort zu Walter Hasenclever, Gedichte, Dramen, Prosa. Reinbek 1963, S. 18.

Expressionismus bietet, läßt sich ohne Umstände definitorisch abstützen durch die Aussagen anderer Avantgardekünstler. Demnach ist Expressionismus »eine unerhörte Ekstase des Geistes«, ist »malerische Inbrunst« (Paul Ferdinand Schmidt), ist »Rausch einer Zusammenhangsentfernung« (Carl Sternheim), ist »L'homme pour l'homme statt l'art pour l'art« (Ludwig Rubiner), »ein Ding der Menschheit« (Kasimir Edschmid), »Steigerung seiner selbst in der Welt« (Walter Hasenclever), ist »Gesinnung« (Iwan Goll).

Expressionismus ist aber auch ein »uniformes« (Pinthus), »viel mißbrauchtes« (Ernst Stadler), dennoch »unentbehrliches Schlagwort« (Herbert Kühn). Seine Problematik zeigt sich nicht zuletzt an fünf unterschiedlichen Begriffsbestimmungen, deren Kunst- und Literarhistoriker sich bedient haben, um einer großen Bewegung in ihren widersprüchlichen Einzelentwicklungen gerecht zu werden. »Abgestoßen von dieser unwissenschaftlichen Tendenz zu grenzenloser Vermischung, haben daher viele Expressionismus-Forscher versucht, dieses schillernde Phänomen auf eine Komponente festzunageln und den Expressionismus mit wechselnder Akzentsetzung als Ausdruck deutsch-gotischen Jenseitsdranges, avantgardistischer Formenexperimente, bohemienhafter Zügellosigkeit, nietzscheanischer Lebensverkultung oder radikaler Geistigkeit zu interpretieren, um nicht ständig mit jener zum Topos gewordenen Stange im Nebel herumzufuchteln oder fahrlässig ›ins Allgemeine zu wabern‹, wie sich Gottfried Benn gern ausdrückte.«[5] Der Ansatz »nietzscheanisch«, den unter anderen Egon Friedell (1878 bis 1938) bemüht hat, soll hier zunächst interessieren, weil er über einen wichtigen Umweg zurückführt in die Chronologie der Ereignisse. Friedell legt die Fährte so: »An der Wiege der Völker Europas schenkte Gott dem Engländer das Talent zum Erfolg, dem Franzosen die Gabe der Form, dem Deutschen aber die Sehnsucht. Einer ihrer vorbildlichen Meister war Friedrich Nietzsche ... (Nietzsches) letzte Schriften stellen zugleich den Versuch dar, den Impressionismus, in dem Nietzsche das Kernwesen der Dekadenz erkannt hatte, zu überwinden: sowohl als Weltbild wie als Form. Es ereignete sich aber die Paradoxie, daß gerade Nietzsche den Impressionismus für Europa endgültig legitimierte und für Deuschland überhaupt erst heraufführte.«[6]

[5] Richard Hamann u. Jost Hermand, Expressionismus. Epochen deutscher Kultur von 1870 bis zur Gegenwart. Bd. 5. Frankfurt a.M. 1977, Vorwort.

[6] Egon Friedell, Kulturgeschichte der Neuzeit. Bd. 3. München 1931, S. 467f.

Friedell konstatiert »Panimpressionismus« in den neunziger Jahren, nennt neben Rodin und Debussy, den Künstlern, Kaiser Wilhelm einen Impressionisten der Politik und Kerr einen der Kritik. In der Malerei, die mit der »Tüpfeltechnik« der Pointillisten ein neues Stadium erreicht habe, vermutet er analog zur Literatur (Zola) die »Rationalisierung der Kunst«. Weil der Mischprozeß der Spektralfarben von der Palette des Malers in die Netzhaut des Betrachters verlegt ist, weil der Pointillismus dem Betrachter, je nach dessen Abstand von der Wand oder Staffelei es abverlangt, die Bildkomposition im eigenen Kopf vorzunehmen, leistet er einen »Akt der Abstraktion«. Dem analytischen Schritt folgt der synthetische (Cézanne, van Gogh). Das heißt, nicht nur die Betrachtung, auch der »Schöpfungsprozeß des Kunstwerks« selbst wird zur Abstraktion. Weiter heißt es bei Friedell: »Man hat für diese phänomenalistische und synthetische Phase des Impressionismus später das überflüssige und verwirrende Neuwort ›Expressionismus‹ geprägt ...«[7] Die Gegenposition zu solcher schluckmethodischen Bewertung der Ismen vertreten diejenigen Interpreten, die Impressionismus und Expressionismus nicht nur streng getrennt sehen, sondern prinzipiell für unvereinbar halten. Im Mittelfeld findet sich die gängige Praxis, beide Strömungen in zeitlicher, stil- und ideengeschichtlicher Abfolge mit- und nacheinander zu würdigen. Egon Friedell, der übrigens kaum einen Maler der Moderne namentlich erwähnt (nicht Matisse, Braque, Léger, nicht Hodler, Munch, Klee oder Kandinsky und unter den Deutschen nur Franz Marc), hat seine dreibändige ›Kulturgeschichte der Neuzeit‹ 1927–32 veröffentlicht. Eine Stimme aus dem anderen Lager publizierte zehn Jahre früher folgende These: »Es ist üblich geworden, die neue Kunst des Expressionismus durch seinen Vorgänger und sein Gegenteil, den Impressionismus, gedanklich zu bestimmen und geschichtlich abzuleiten ... aber die Erkenntnis, die am Ende übrigbleibt, ist ... von Grund aus schief und fehlgreifend, denn die beiden Größen, die man gegeneinander abspiegelt, lassen sich zuletzt in eine eigentliche Vergleichsbeziehung nicht setzen: der Impressionismus ist eine Stillehre, der Expressionismus eine Norm des Erlebens, des Handelns, umfassend also der Weltanschauung ... er bedeutet eine Zeitwende; seine eigentliche wertgleiche Gegengewalt ist der Naturalismus.«[8] Der Natur, die im 19. Jahrhundert das gro-

[7] Ebd., S. 470.

[8] Friedrich Markus Huebner, Der Expressionismus in Deutschland. In: Euro-

ße Thema war, die »positiv« erlebt, erforscht, beobachtet, durch Nachahmung überlistet, durch Anpassung gebändigt, durch Aneignung ihrer Gesetzlichkeiten geradezu adoriert worden sei, steht der Expressionismus, wie Huebner ausführt, feindselig gegenüber: »Er aberkennt ihre Übermacht ... Er ist die Weltanschauung der Utopie. Er setzt den Menschen wieder in die Mitte der Schöpfung ... Das Problem der individuellen Freiheit, dieses Kernproblem des Denkens und Wollens, sucht er nicht zu durchgrübeln, ... sondern er sucht es kurzweg aufzuheben durch ein schöpferisches Handeln. ... Seitdem die Malerei den Anfang machte, sind die Schriftsteller mit expressionistischen Gedichten, Romanen, Dramen, die Musiker mit expressionistischen Opern, die Denker mit expressionistischen Philosophien, die Politiker mit expressionistischen Staatsreformvorschlägen hervorgetreten.« Das schöpferische Handeln war, wie allseits anerkannt, zuerst bei den Malern. Auch Friedell sieht das so: »Es wurde bereits bei mehreren Anlässen betont, daß die Malerei fast immer sowohl der früheste wie der stärkste Ausdruck des Zeitgefühls ist, und so verhielt es sich auch diesmal, weshalb der malerische Expressionismus nicht so einfach abgetan werden kann wie der literarische.«[9]

Expressionismus – das war zuallererst ein deutscher Name für eine französische Sache. Als frühester Beleg für den Begriff ist der Ausstellungskatalog der Berliner Secession vom April 1911 ermittelt worden. »Ferner haben wir noch eine Anzahl Werke jüngerer französischer Maler, der Expressionisten, untergebracht, die wir glaubten, nicht dem Publikum vorenthalten zu dürfen, da die Secession es von jeher für ihre Pflicht hielt, zu zeigen, was außerhalb Deutschlands Interessantes geschaffen wird.«[10] Der Begriff meint die Fauvisten und Kubisten (u. a. Braque, Derain, Dufy, Picasso), denen in dieser Impressionisten-Ausstellung ein Saal gewidmet war. Die Benennungspraxis ist aber bereits Ende 1911 aufgelockert, wird übertragen auf internationale und einheimische Erneuerungstendenzen allgemein und wird bald weiter ausufern. Dafür sorgen Rezensentenspott und Apologeteninbrunst gleichermaßen. Im ›Sturm‹ hat der Expressionismus-Begriff im Juli-Heft 1911 Premiere. Im Mai 1912 wird in der Verlagswerbung für Kandinskys

pas neue Kunst und Dichtung. Berlin 1920; zitiert nach Anz/Stark, Expressionismus, S. 3–12.

[9] Friedell, Kulturgeschichte, Bd. 3, S. 564.

[10] Zitiert nach Anz/Stark, Expressionismus, S. 14.

Schrift ›Über das Geistige in der Kunst‹ jene Richtung als Programm des Expressionismus bezeichnet, die besonders der Malerei »Verinnerlichung und Vergeistigung« abverlangt. Ebenfalls im Piper-Verlag erscheint 1914 die erste Monographie ›Der Expressionismus‹ von Paul Fechter.

Eine letzte zeitgenössische Stimme mit einer bemerkenswerten Variation sei zitiert, die Meinung des Dichters Walter Hasenclever: »Man hat die beiden Epochen (um 1890 und um 1910) später mit den Schlagwörtern Impressionismus und Expressionismus bezeichnet, wobei man von der Malerei als Bahnbrecherin ausging. Tatsächlich war die Malerei nur die Zündschnur, die den Brennstoff zur Entladung brachte. Das Dynamit war der Gedanke: daß man die Welt um jeden Preis verändern müsse.«[11] Bleibt die Frage, wie die Maler selbst agiert und reagiert haben.

»Brücke« und »Blauer Reiter«

1905 fanden sich vier Architekturstudenten der Technischen Hochschule Dresden in übereinstimmender Begeisterung für die Malerei zusammen: Fritz Bleyl, Ernst Ludwig Kirchner, Erich Heckel und Karl Schmidt-Rottluff. Sie hatten eine Verwandtschaft des visuellen Erlebens entdeckt, bewunderten Gaugin und van Gogh, trafen sich regelmäßig zum Zeichnen und Malen und gaben ihrer Gemeinschaft den Namen »Brükke«. Örtlich mag das inspiriert gewesen sein durch die Dresdener Elbbrücken. Interessanter ist die Parallelität zu einem Wort des Malers Gustave Moreau (1826–1898), dessen Schüler an der Pariser »École des Beaux Arts« in den neunziger Jahren u.a. Rouault und Matisse waren. Selbst ein Repräsentant des Symbolismus in seinen der Historie und der Mythologie entnommenen Sujets, förderte und begeisterte Moreau die jungen Maler auf ihrer Suche nach Neuland: »Ich bin die Brücke, über welche einige von euch zum anderen Ufer kommen werden.«[1] Die Brücke war tragfähig, an der Seine wie an der Elbe. Nachdem Bleyl und Kirchner das TH-Diplom erworben hatten, entschloß sich Kirchner (1880–1938), der zuvor schon zwei Seme-

[11] Walter Hasenclever, Irrtum und Leidenschaft. Unveröffentlichtes Manuskript (1934–1939); zitiert nach Pinthus, Hasenclever, S. 57.

[1] Zitiert nach Knaurs Lexikon Moderner Kunst. München 1955, S. 108.

ster Kunstunterricht in München absolviert hatte, Maler zu werden. Die beiden Freunde aus Sachsen, Erich Heckel (1883 bis 1970) und Karl Schmidt-Rottluff (1884–1976), die sich bereits während ihrer Chemnitzer Gymnasialjahre in Kunst- und Literaturzirkeln begegnet waren, gaben jeweils nach wenigen Semestern das Architekturstudium zugunsten der Malerei wieder auf. »Es war ein glücklicher Zufall, daß sich die wirklichen Talente trafen, deren Charakter und Begabung auch in menschlicher Beziehung ihnen gar keine andere Wahl ließ als den Beruf des Künstlers ...«, schrieb Kirchner rückblickend 1923[2]. Die Freunde lebten und arbeiteten in einem Dresdener Vorstadtviertel, wo Heckel einen Metzgerladen als Atelier gemietet hatte. »Die erste Schale, die geschnitzt wurde, weil man keine einem gefallende zu kaufen bekam, brachte die plastische Form in die flächige Form des Bildes und so wurde die persönliche Form durch die verschiedenen Techniken durchgeknetet bis zum letzten Strich.« Auf einfache Weise Gebrauchsgegenstände und bildnerische Arbeit, Lebensgewohnheiten und Kunstäußerungen in Einklang zu bringen, das war das Ideal der Brücke-Künstler und ihrer Gefährtinnen. »Diese restlose Hingabe leuchtete im Auge Erich Heckels, als er zum ersten Mal zu mir Aktzeichnen kam und die Treppe emporstieg, laut aus Zarathustra deklamierend, und (einige) Monate (später) sah ich dasselbe Leuchten in den Augen S-R's (Schmidt-Rottluff), als dieser zu uns kam ...«[3] Als 1906 der wesentlich ältere und schon arrivierte Emil Nolde (eigentlich Emil Hansen aus Nolde in Schleswig, 1867–1956) in Dresden ausstellte, wurde er von der Künstlergemeinschaft »Brücke« »ergebenst und huldigend« zum Beitritt aufgefordert. Nolde schloß sich, wenn auch nur für eineinhalb Jahre, der »Brücke« an. Ebenfalls 1906 stieß der aus Zwickau in Sachsen stammende Max Pechstein (1881–1955) dazu. Er hatte nach einer Lehre als Dekorationsmaler in Dresden Kunstgewerbeschule und Kunstakademie absolviert, fand indessen stilistisch sofort zu den anderen. Erfüllt von der Sehnsucht nach Natur und Ursprünglichkeit, entdeckten die Freunde die Moritzburger Seen, wo sie – Skandal und Bürgerschreck – nicht nur die Samtjacke des Künstlers, die ihnen ohnehin nicht entsprach, sondern auch alle übrigen Kleider ablegten, um nackt zu

[2] Zitiert nach Wolf-Dieter Dube, Die Künstlergruppe »Brücke«. In: Expressionisten-Sammlung Buchheim. Ausstellungskatalog Haus der Kunst. München 1985.

[3] Ernst Ludwig Kirchner, zitiert ebd.

baden und um das Aktzeichnen in freier Natur zu vervollkommnen. Pechstein berichtet, wie sie auf der Suche nach Modellen »ohne Atelierdressur« die Witwe eines Artisten fanden, die »unser Milieu und unser ernstes künstlerisches Wollen« begriff und einverstanden war, daß ihre beiden Töchter teilnahmen. So »zogen wir Malersleute frühmorgens mit unseren Geräten schwer bepackt los, hinter uns die Modelle mit Taschen voller Fressalien und Getränke. Wir lebten in absoluter Harmonie, arbeiteten und badeten. Fehlte ein Gegenpol, ein männliches Modell, so sprang einer von uns dreien in die Bresche. Hin und wieder erschien die Mutter, um als ängstliches Huhn sich zu überzeugen, daß ihren auf dem Teich des Lebens schwimmenden Entenküken nichts Böses widerfahren sei ...«[4] Eine Fülle von Kreide-, Tusch- und Federzeichnungen, Aquarellen, Radierungen und Lithographien zeugen von der geglückten Arbeits- und Lebensgemeinschaft dieser Sommer. In den diversen Feriendomizilen an Nord- und Ostsee (Dangast, Nidden, Fehmarn, Rügen) entstanden weitere großartige Strand- und Badeszenen. Haltung und Bewegung in natürlicher Spontaneität, liegende, knieende, hockende, sitzende, schreitende Mädchen, Mädchen beim Frisieren, beim Baden, beim Abtrocknen und Ballspielen. Zu den Themen Akt und Akt in der Landschaft kamen Tiere: Pferde im Gespann oder Kühe auf der Weide, aber auch Reiter, Tänzer und Akrobaten. Bewegung also auch artifiziell gesteigert[5].

Druckgraphik war von Anfang an eine Domäne der »Brücke«-Künstler. Ihrer Leidenschaft für den elementaren Ausdruck entsprach besonders der kantige Holzschnitt. Am Widerstand des spröden Materials hat sich ihr Können erprobt und vertieft. Bezeichnenderweise publizierte Kirchner 1906 das von ihm verfaßte Programm der »Brücke« als Holzschnitt. Es soll das früheste expressionistische Dokument überhaupt gewesen sein. Es lautet: »Mit dem Glauben an Entwicklung an eine neue Generation der Schaffenden wie der Genießenden, rufen wir alle Jugend zusammen und als Jugend, die die Zukunft trägt, wollen wir uns Arm- und Lebensfreiheit verschaffen gegenüber den wohlangesessenen älteren Kräften. Jeder gehört zu uns, der unmittelbar und unverfälscht das wiedergibt, was ihn zum

[4] Max Pechstein, zitiert ebd.

[5] Vgl. Expressionisten-Sammlung Buchheim, Katalognummern 28, 48, 213, 97, 111, 123, 132.

Schaffen drängt.«[6] Das ist, wenn auch kein ästhetisches Konzept, so doch ein Appell an den jugendlichen Elan zum Aufbruch aus einengender Tradition und Konvention; darin dem Aufbruch der Wandervögel durchaus verwandt. Aber anders als bei deren »Menschwerdung« in der Feier ihrer selbst gilt Kirchners Ruf den »Schaffenden und Genießenden«, also auch einer erneuerten Rezeption. Viel Beachtung fand die »Brücke« in Dresden nicht, aber doch eine Schar Aufgeschlossener, die die ersten Ausstellungen in einer Lampenfabrik bewunderten und vor allem jene 68 passiven Mitglieder, die für 12 Mark Jahresbeitrag die Graphikmappen der »Brücke« abonnierten.

Etwa zeitgleich mit den frühen Bemühungen der »Brücke«-Maler um eine »ausdrucksstarke Kunst aus vereinfachtem Linienwerk, großflächiger Komposition und reiner Farbe«[7], formierten sich in Paris die Fauvisten (Marquet, Manguin, Puy, Derain, Vlaminck, Friesz, Dufy und Braque) geschart um Henri Matisse (1869–1954). Sie waren Revolutionäre der reinen Farbe, »ohne Licht- und Schattenmodellierung, ohne illusionistisches Helldunkel«. Die »Ausdruckskraft«, sagt Matisse, »kommt von der farbigen Oberfläche, die der Betrachter in seinem Inneren erfaßt«. Im berühmten »Herbstsalon« von 1905, als der Kunstkritiker Louis Vauxelles inmitten all der farbigen Provokationen eine renaissancehafte kleine Bronzefigur des Bildhauers Marquet entdeckt und den Ausruf: »Donatello au milieu des fauves!« getan hat, ist der Gruppenname da. Fauvisten (Wilde) wird auch unter deutschen Avantgardekünstlern ein Ehrentitel. Franz Marc verfaßt seinen Aufruf im Almanach ›Der Blaue Reiter‹ (1912) unter der Rubrik ›Die Wilden Deutschlands‹ und fragt: »Wer sind diese ›Wilden‹ in Deutschland? Ein großer Teil wohlbekannt und vielbeschrien: Die Dresdener »Brücke«, die Berliner »Neue Sezession« und die Münchener »Neue Vereinigung« (Marcs und Kandinskys Forum). Die älteste von den dreien ist die »Brücke«. Sie setzte sofort mit großem Ernst ein, aber Dresden erwies sich als ein zu spröder Boden für ihre Ideen.«

1910 hatten die »Brücke«-Maler in Dresden ihren ersten Ausstellungserfolg. Da aber war ihre Abwanderung schon im Gang, der Sog Berlins unausweichlich geworden (Pechstein 1908, Kirchner, Heckel, Schmidt-Rottluff 1911). Als 1910 ihre Ein-

[6] Zitiert nach Anz/Stark, Expressionismus, S. 18.
[7] Dube, die Künstlergruppe »Brücke«.

sendungen zur »Berliner Secession« von der Jury unter Max Liebermann, eben der Generation, die um die Jahrhundertwende für den Impressionismus revolutionär gewesen war, abgewiesen werden, sind sie besonders enttäuscht über die Begründung: »Mangelndes technisches Können«. Die 27 Refüsierten bilden, mit Pechstein im Vorstand, nun einen eigenen Verband, die »Neue Sezession«. In Berlin hat die »Brücke« auch einen neuen Gefährten gewonnen: Otto Mueller (1874–1930), einen Vetter Gerhart Hauptmanns, mit dem er nach dem Akademiestudium viel gereist ist, wobei sich sein Sinn für das »Naturmythische« bleibend ausprägte.

Seit Berliner Großstadtmotorik sie einfing, entwickelten sich die »Brücke«-Künstler auf je eigene Weise weiter. »Waren ihre Malereien in Dresden noch durch das Ineinanderwachsen der Bildfelder aus einem freien Fließen der Farben gemäß einer fauvistischen Malweise bestimmt, so gewinnen sie in den Berliner Jahren eine kristalline Klarheit des Formaufbaus ...«[8] Bei Schmidt-Rottluff vermerkt Eberhard Roters eine durch starke Farbkontraste und kräftige Umrißlinien erzeugte »blockhafte Wucht«; beeinflußt auch durch die Beschäftigung dieses Malers mit afrikanischer Holzplastik. In Kirchners Straßenszenen mit den eleganten Kokotten und Galanen, »aufgebaut aus einem Farbgefüge von ineinandergreifenden Strahlenbündeln spitz ausfahrender Pinselstriche«, findet er Berlins »ekstatische Nervosität« scharfsinnig choreographiert: »Musterbeispiele des deutschen Großstadtexpressionismus«. Heckels Hinwendung zur kristallinen Form, seine »spitzig überlängten Gestalten mit ihren stillen Gesichtern« verraten ihm des Malers »wachsendes Insichgekehrtsein. Wenn unsere französischen Nachbarn den deutschen Expressionismus als ›gotisch‹ empfinden, so gibt ihnen Heckels Werk besonderen Anlaß dazu«. Ein Hauptwerk, das Gemälde ›Gläserner Tag‹ (1913), »zeigt das in visionärer Übersteigerung genossene Naturerleben eines Großstädters im zwanzigsten Jahrhundert ... Das ist nicht mehr die Unbefangenheit des selbstverständlichen Sich-eins-Wissens mit der Natur, sondern ... die Sehnsucht danach, eine im Grunde romantische Haltung«.

Am gleichen Bild bemerkt Wolf-Dieter Dube gerade umgekehrt ein Symbol der Einheit. »Himmel, Erde, Wasser und

[8] Eberhard Roters, Berlin 1910–1933. Die visuellen Künste, Malerei. Freiburg i. Br., Berlin 1983, S. 66; ebd., S. 61–74, auch die folgenden Zitate.

Mensch sind mit Hilfe der sichtbaren Atmosphäre zu einer Einheit verschmolzen.«[9] Entfremdung oder Verschmelzung – wer hat nun recht? Ergiebiger für das Verständnis der Entwicklung als derlei interpretatorische Alternativen, sind Meinungsverschiedenheiten der Art, wie sie 1912 Kandinsky und Marc in Sachen »Brücke« ausgetragen haben. Franz Marc ist Anfang des Jahres einige Wochen lang in Berlin, knüpft Kontakte und sucht Zuwachs für Ausstellung und Almanach ›Blauer Reiter‹. Kandinsky zögert, Reproduktionen der »Brücke«-Malerei in den Almanach aufzunehmen. »Was machen und was sind die Berliner? Sie sind teilweise Menschen von großem Talent, von imposanter Energie, die vollkommen auf impressionistischem Grunde weiter arbeiten und sich zu Hilfe die neuen *farbigen* Entdeckungen nehmen (hauptsächlich Matisse, ...)« Kandinsky vermißt bei der »Brücke« »die zeichnerische, die compositionelle Form«. Im »Blauen Reiter« soll jedoch nur dokumentiert werden, was heute die »entscheidende, dirigierende Kraft« hat. »Ich meine: aus solchen Künstlern kann wohl etwas werden, aus solcher Kunst – nicht.«[10]

Da ist Franz Marc ganz anderer Ansicht. Er erwidert: »... Mit Impressionismus haben diese Bilder sehr *sehr wenig* zu thun, mit dem modernen Leben und der Großstadt sehr viel, sie sind äußerlich häßlich, vor allem Kirchner und Heckel. Aber voll tiefem Sinn und Realismus, so empfinde ich sie. Pechstein ist äußerlich viel schöner, die Konstruktion ist erkennbarer, in seinen schwachen Sachen liegt sie zu sehr auf der Hand; aber seine starken Sachen klingen unbegreiflich wie Glocken; ... wir kommen als Künstler über den Begriff der *Qualität* nicht fort, sie entscheidet letzten Endes über die Entwicklung, die die Kunst nimmt.«[11] Die Wege der »Brücke«-Künstler trennen sich 1913. Zuerst wird Pechstein aus der »Brücke« ausgeschlossen, weil er sich gegen die Entscheidung der übrigen stemmt, die »Neue Sezession« zu verlassen. Dann scheitert eine gemeinsam geplante Bekenntnisschrift daran, daß Kirchners Text den anderen zu subjektiv erscheint. Man ist am Ufer.

Franz Marc hatte schon im Vorjahr über die »Parteistreitereien« der »Neuen Sezession« angewidert nach München berichtet

[9] Wolf-Dieter Dube, Der Expressionismus in Wort und Bild. Stuttgart 1983. Vgl. Laszlo Glozer in der Süddeutschen Zeitung vom 18/19. Febr. 1984.

[10] Wassily Kandinsky / Franz Marc, Briefwechsel. München, Zürich 1983, S. 128.

[11] Ebd., S. 130.

und Pechsteins, Kirchners und Heckels Haltung in jener vordergründig um Statuten, hintergründig um »Klatscherei« und »Verleumdung« kreisenden Auseinandersetzung gerühmt. »... tout comme chez nous«[12], schrieb er im Blick auf die heimische Künstlervereinigung. In Konfrontation und Bündnis der Künstler Münchens ist denn auch jene Freundschaft entstanden, die Klaus Lankheit »eine Sternstunde der Kunstgeschichte« nennt, die Freundschaft zwischen Wassily Kandinsky (1866–1944) und Franz Marc (1880–1916). Sie hat kaum mehr als drei Jahre gedauert, endete durch den Krieg, aus dem Franz Marc nicht zurückkehrte, und war doch an Intensität und Ausstrahlung unvergleichlich. Der Moskauer und der Münchner begegneten einander zum erstenmal 1910 in der Galerie Thannhauser, wo sich die vor Jahresfrist gegründete »Neue Künstlervereinigung München« (N.K.V.M.) mit ihren Werken präsentierte. Kandinsky, der zu Hause ein Jurastudium abgeschlossen, aber auch schon zu malen begonnen hatte, war nach ausgedehnten Reisen 1896 an die Isar gezogen. »Slawische Phantasie wurde mir auch von der Münchner Akademie nicht ausgetrieben«, sagte er später. In dem vierzehn Jahre jüngeren Akademieabsolventen Franz Marc traf er einen spontanen Bewunderer und Verteidiger seiner, die Kritik und das Publikum schockierenden Malerei (z.B. ›Komposition Nr. II‹ und ›Improvisation Nr. IX‹). Wenig später, im Frühjahr 1911, waren beide künstlerisch und persönlich so sehr voneinander überzeugt, daß ein dichter Briefwechsel und ein reger Besuchspendelverkehr zwischen Murnau (Wassily Kandinsky und Gabriele Münter), Sindelsdorf (Franz und Maria Marc) und München anhob und anhielt bis zum Kriegsausbruch 1914. (Die beiden Frauen blieben brieflich bis in ihr hohes Alter in Verbindung). Kandinsky äußert im Brief vom November 1914 noch einmal den Glauben »an die Zeit des Geistes, der uns alle zusammengebracht hat«[13]. Zu Anfang waren das die N.K.V.M.-Gefährten Adolf Erbslöh, Alexej Jawlensky, Alfred Kubin und die Russin Marianne von Werefkin, dann die Mitstreiter des »Blauen Reiter« August Macke, Vetter Helmuth Macke, Heinrich Campendonck und Paul Klee; dazu ein weitgespanntes Netz von Beziehungen zu anderen Gruppen der Wiener Moderne und Berliner Avantgarde, zu Malern, Musikern, Literaten, Theaterleuten, Sammlern,

[12] Ebd., S. 134.
[13] Ebd., S. 265.

Kunsthändlern, Museumsleitern und Kunstschriftstellern. Österreicher, Italiener, Polen, Russen und Franzosen gehörten dazu. Was allein der »Blaue Reiter« per Kiste oder einfach mit Packpapier und Schnur versehen, zwischen München und Moskau hin- und hertransportierte, wirkt heute fast unglaublich. Die kulturelle Internationalität war vor und nach der Jahrhundertwende von einer seither nie wieder erreichten Selbstverständlichkeit. Unter anderem gibt es dafür auch eine verblüffend schlichte Erklärung: Paßzwang war bis zum Ersten Weltkrieg unbekannt. »Wir vermochten kosmopolitischer zu leben, die ganze Welt stand uns offen. Wir konnten reisen ohne Paß und Erlaubnisschein, wohin es uns beliebte ...«[14]

Was (westliche) Mobilität und Medienflut nach den beiden Weltkriegen nicht gefördert, wohl eher verhindert haben, ist auch dies: Gruppenbildung, Gruppenfehden, Gruppenleben und Gruppenzerfall unter Künstlern. Man hat heute Workshops – institutionalisierte und subkulturelle jeder Art –, aber kaum mehr die Künstlergemeinschaften, die Cliquen, wie es sie vor 1914 gab, von Worpswede bis Wien und von Le Havre bis Moskau. Aus Zusammenschluß und Sezession bezogen sie ihre immer wieder erneuerte Lebenskraft. Eine Bude, ein Atelier, ein Künstlerlokal waren die Geburtsstätten, und fast immer war eine Redaktion der magische Ort. In jenen Jahren der Zeitschriftenblüte wurden nicht, wie etwa seit 1950 üblich, einzelne Autoren und Künstler zur Mitarbeit gewonnen, die dann, gleichgültig ob untereinander befreundet oder verfeindet, gegenüber Redaktion und Verlag doch Einzelne bleiben. Vielmehr war es vor und nach der Jahrhundertwende die Gruppe, die ihre Zeitschrift gründete und sich um sie scharte (Maximilian Harden, Karl Kraus und Alfred Kerr sind Gegenbeispiele – wohl doch eher Sonderfälle). So war es, wie wir sahen, beim ›Simplicissimus‹ und so auch bei den frühen, aus Opposition zum Historismus geborenen Kunstzeitschriften:

1. ›Ver Sacrum‹ (1898–1903) in Wien (Hermann Bahr, Max Burckhard, Ludwig Hevesi). Motto: »Aufbruch und weihevolle Form – Frisches Leben und Heilige Kunst«. 2. ›Jugend‹ (1896 bis 1940) in München (Georg Hirth), jene Zeitschrift, der der in Deutschland so genannte Jugendstil den Namen verdankt. Der Stil wurde in Österreich »Secession«, in Italien »Stile Floreale«, in England »Modern Style« und in Frankreich »Art Nouveau«

[14] Stefan Zweig, Die Welt von gestern. Frankfurt a.M. 1967, S. 74.

genannt. 3. ›Pan‹ (1895–1900) in München und Berlin. Dieses exklusive Kunstjournal für Jugendstil und literarischen Impressionismus war getragen von der »Genossenschaft m.b.H. pan«, ohne Verleger. Otto Julius Bierbaum und Julius Meier-Graefe zeichneten verantwortlich, Mitherausgeber war Harry Graf Keßler. Richard Dehmel, Theordor Fontane, Otto Erich Hartleben, Arno Holz und Johannes Schlaf publizierten im ›Pan‹. Max Liebermann und Franz von Stuck wirkten mit am erlesenen Buchschmuck. 4. ›Die Insel‹ (1899–1902) in München (Alfred Walter Heymel, Rudolf Alexander Schröder und Otto Julius Bierbaum), Urzelle des späteren Insel Verlags in Leipzig, den Anton Kippenberg von 1905 bis zu seinem Tod 1950 führte. Die nachfolgende Generation gruppierte sich, suchte Verleger und gründete Zeitschriften ganz wie die vorige. Soziokulturell war da kein großer Unterschied. Allerdings wollten die Expressionisten etwas anderes als die Leute um ›Pan‹ oder ›Jugend‹. Und so sahen ihre Zeitschriften entsprechend anders aus.

»... ich gründete doch immer was, schon als Kind«, schreibt Kandinsky an Marc im Januar 1912. Da sind beide schon über ein halbes Jahr intensiv bei der Planung des Jahrbuches ›Der blaue Reiter‹. Vom Juni 1911 stammt die erste briefliche Äußerung der Idee: »... Nun! ich habe einen neuen Plan. Piper muß Verlag besorgen und wir beide ... die Redakteure sein. Eine Art Almanach (Jahres-) mit Reproduktionen und Artikeln nur von Künstlern stammend. In dem Buch muß sich das ganze Jahr spiegeln, und eine Kette zur Vergangenheit und ein Strahl in die Zukunft müssen diesem Spiegel das volle Leben geben ... Da bringen wir einen Ägypter neben einem kleinen Zeh[15], einen Chinesen neben Rousseau, ein Volksblatt neben Picasso und drgl. noch viel mehr! Allmählich kriegen wir Litteraten und Musiker. Das Buch kann ›Die Kette‹ heißen oder auch anders.«[16] Tatsächlich haben sie dann Reinhard Piper für den Plan gewonnen, sich über den Verleger gefreut und geärgert, ihn einmal »Setzerlehrling« genannt, dann wieder »feinste Firma«, mit ihm um jedes Detail gekämpft und doch letztlich seine engagierte Förderung zu schätzen gewußt. Kandinskys Plan, Kinder- und Volkskunst, Afrikanisches und Orientalisches, naive und ungegenständliche Malerei, mittelalterliches Minnelied und neueste Musiktheorie im Almanach zu veröffentlichen,

[15] Gemeint sind Kinderzeichnungen aus der Familie des Münchner Architekten August Zeh.

[16] Kandinsky an Marc. Briefwechsel, S. 39ff.

wurde 1912 erfolgreich realisiert. Daran hatten Marcs Ideenreichtum, Dispositionsgeschick und Energie einen bedeutenden Anteil. Das Konzept, über Kunst nur Künstlern das Wort zu geben, lösten sie mit eigenen Beiträgen ein, besorgten aber auch große Aufsätze, z.B. von Arnold Schönberg ›Das Verhältnis zum Text‹, von David Burliuk ›Die Wilden Rußlands‹, von August Macke ›Die Masken‹. Nur der Titel, der wohl im Herbst 1911 fixiert wurde, lautete dann doch nicht ›Die Kette‹ sondern eben ›Der Blaue Reiter‹. Lange hat die Kunstwissenschaft ihn auf ein Gemälde Kandinskys von 1903 zurückgeführt. Klaus Lankheit legt dar, daß dieses Gemälde ursprünglich nur ›Der Reiter‹ hieß und später von Kandinsky umgetauft bzw. neu beschriftet worden sein muß. Nach seinen Forschungen dürfte folgende Schilderung, die Kandinsky selbst 1930 im Rückblick gab, schlüssig sein: »Den Namen ›Der Blaue Reiter‹ erfanden wir am Kaffeetisch in der Gartenlaube in Sindelsdorf; beide liebten wir Blau, Marc – Pferde, ich – Reiter. So kam der Name von selbst. Und der märchenhafte Kaffee von Frau Maria Marc mundete uns noch besser.«[17] Haben sie also in der Laube gesessen und sich am guten Einfall ergötzt oder haben sie, wie es Marc dann für den Subskriptionsprospekt in Worte faßt: »die apokalyptischen Reiter in den Lüften« gehört? Natürlich hat das eine wie das andere seine Wahrheit. Gartenlaube ist gewiß kein Topos für die künstlerische Manifestation des Blauen Reiter, Apokalypse kein Charakteristikum für den freundschaftlichen Umgang der beiden Paare. In der ländlichen Lebensweise von Murnau und Sindelsdorf prägt sich bürgerliche Herzlichkeit zwischen ihnen aus, bekömmlich bayerisch temperiert, ohne Bohème-Allüren. Begeistert für die gemeinsame Sache fördern sie ihre Projekte. Verstimmungen gibt es auch. Als die Frage auftaucht, wer von beiden den Einbandentwurf liefern soll, nennt Kandinsky den Blauen Reiter »eine Frucht meines geistigen Leibes«, der »als Embrio lange Jahre in mir saß« und dessen Entbindung »gewissermaßen unter Leiden geschah«. Eingestandenermaßen »etwas eifersüchtig«, hält er für Marc den »Titel einer approbierten Hebamme« bereit[18]. Marcs ebenso einfühlsame wie kraftvolle Noblesse gleicht vieles aus, was Kandinsky, der selbstquälerisch und herrisch-hochfahrend sein kann, das Einvernehmen mit anderen erschwert. Empfindlich-

[17] Ebd., S. 19, Anm. 7.
[18] Ebd., S. 147.

keiten zwischen Gabriele Münter und dem Ehepaar Macke, das wiederum mit dem Ehepaar Marc eng befreundet ist, sind nur mühsam beizulegen. Vor einer besonders heiklen diplomatischen Aufgabe steht Franz Marc, als die Münter keine Einladung erhalten hat, bei der Kölner Sonderbund-Ausstellung 1912 eigene Arbeiten zu zeigen. Kandinsky reagiert verletzt: »Böse, da die Männer sich erlauben, Frauen so blöd zu behandeln ... Warum hören außer uns diesen klingenden Strich (abgesehen von der Farbe) in Ella's[19] Sachen nur Frau Kandinsky (Rußin)[20], Schönberg (Jude), Stadler (Jude)[21]?« fragt er den Freund. Und Marc antwortet: »... Das Dumme und Ekelhafte an der Sache ist, daß die Leute natürlich steif und fest glauben werden, Sie stellen nun auch nicht aus, *weil* man Ihre ›Gattin‹ nicht aufgefordert hat. Ich sinne immer über Mittel, Sie und Frl. Münter von diesem Odium zu befreien, – wird wohl erst gelegentlich mündlich zu machen sein.«[22]

Vom »klingenden Strich« war die Rede. Auch »Klang«, »Mitklang«, »deutscher Klang«, »klingen wie Glocken« sind Wendungen, die Kandinsky und Marc in ihren Urteilen über Malerei häufig gebrauchen. Daß beide Maler für Musik empfänglich waren, insbesondere für die neue atonale Musik, geht aus vielen Äußerungen hervor; namentlich aus den Dokumenten der Zusammenarbeit des »Blauen Reiter« mit Arnold Schönberg. Ins Präludium dieser Zusammenarbeit gehört wiederum Schönbergs Notiz an Kandinsky: »Sie wissen vielleicht nicht, daß ich auch male.«[23] Das hat Bedeutung auch für die multikünstlerischen Aspekte des Expressionismus.

In der Beziehung Marc/Kandinsky steht die gegenseitige Wertschätzung ihrer Malerei außer Frage, und auch die Wertschätzung anderer Maler gründet sich, ob von »Klang«, »Vision«, »Ausdruck«, »stiller Kraft« oder »starkem Willen« die Rede ist, letztlich auf »Qualität«. Kandinsky zieht »uns Münchner« wohl den Berlinern vor und stellt per »Statistik« fest: Unter 24 Blättern der »Brücke«-Maler »sind 9 + ½ Akte mit oder ohne Schamhaare, 5 Badende und 2 Circusbilder ...« Demgegenüber freut ihn am »Blauen Reiter« die jeweils persön-

[19] Kurzform des Vornamens Gabriele (Münter).

[20] Kandinsky war von 1892–1911 mit seiner Cousine Anna Tschimiakin verheiratet.

[21] Kunsthistoriker Franz Stadler, Schüler Wölfflins.

[22] Kandinsky / Marc, Briefwechsel, S. 143–146.

[23] Schönberg / Kandinsky, Briefe, Bilder und Dokumente, S. 21.

liche Note. »Sehen Sie: Sie machen oft Tiere, Macke – Indianer, Boote, Arp – Riesenköpfe, Delaunay – Städte, Kubin – ›Träume‹, Kahler – Phantasien, Schönberg – ›Visionen‹ usw. Und alle sind weder Matissisten, noch Kubisten.«[24] Entscheidend ist dieser letzte Satz. Es kommt Kandinsky und Marc sehr darauf an, Festlegungen abzuwehren, formaler Programmatik zu entgehen. Im Almanach selbst schreibt Marc: »... Die schönsten prismatischen Farben und der berühmte Kubismus sind als Ziel diesen ›Wilden‹ bedeutungslos geworden. Ihr Denken hat ein anderes Ziel: Durch ihre Arbeit ihrer Zeit Symbole zu schaffen, die auf die Altäre der kommenden geistigen Religion gehören und hinter denen der technische Erzeuger verschwindet ... Nicht alle offiziellen ›Wilden‹ in Deutschland und außerhalb träumen von dieser Kunst und von diesen hohen Zielen. Um so schlimmer für sie ...«[25] Es befremdet, den Maler als »technischen Erzeuger« bezeichnet zu finden und die revolutionäre Wendung des Kubismus von der Zentralperspektive zur Dekomposition und Simultaneität als Äußerlichkeit abgetan zu sehen. Statt dessen die bereits wohlbekannte Beschwörung einer kommenden geistigen Religion! Die Sorge, für »umgedeuteten Impressionismus« einstehen zu sollen, hat den Blauen Reiter offenkundig sehr geplagt, weit mehr als die Furcht vor konturlosen Begriffen. Begrifflichkeit war geradezu verrufen. Herwarth Walden schreibt: »Das künstlerische Verstehen ist das Fühlen. Nur das Fühlen ist Begreifen ... Die Kunst begreift das Unbegreifliche, nicht aber das Begriffliche.«[26] Kein Wunder, daß die Expressionisten mit ihrer Gefühlsinbrunst ein Echo (durchaus nicht identisch mit der Akzeptanz ihrer Werke) bei denen fanden, die ihrerseits und auf ihre Weise den Aufbruch aus den Ordnungsgefügen wilhelminischer Bürgerlichkeit gewagt hatten: Lebensreformer, Schulreformer, Genossenschaftssiedler, Wandervögel. Verblüffende Rückkoppelungen konnten sich da ergeben. Als 1960 in der Londoner Tate Gallery eine Ausstellung des »Blauen Reiter« stattfand, hieß es, die Künstlergruppe charakterisierend, im Katalog: »Sie konfrontierte den blutleeren Intellektualismus einer Gesellschaft, die sich selbstgefällig putzt, ... mit dem Glauben an eine neue Welt, die ihr – um mit Nietzsche zu sprechen – noch immer überreich an

[24] Kandinsky / Marc, Briefwechsel, S. 113.

[25] Zitiert nach Anz/Stark, Expressionismus, S. 27–28.

[26] Herwarth Walden, Das Begriffliche in der Dichtung. In: Der Sturm 1918/19, Heft 5; zitiert nach Anz/Stark, Expressionismus, S. 619.

Schönheit, Seltsamkeit, Zweifel, Entsetzen und Göttlichkeit schien.« Laqueur zitiert diese Passage mit der Bemerkung, daß dies insgesamt auch für die Geschichte der deutschen Jugendbewegung gelte[27]. Offen bleibt nur, ob es denn für die Geschichte des »Blauen Reiter« gilt.

Wenn Kandinsky, dessen Weg zur absoluten Malerei stets von kunsttheoretischen Äußerungen begleitet war, dem »Klang« zentrale Bedeutung einräumt, wenn er bewirken will, daß (in Literatur und bildender Kunst) der Gegenstand den äußeren Sinn seiner Benennung verliert, bis »nur der reine Klang« übrig bleibt und die Seele in »gegenstandslose Vibration« versetzt[28], dann fragt man sich, wer eigentlich gemeint ist – der Künstler oder der Rezipient? Strebt der Künstler nach dem reinen Klang, und erwartet er die Vibration der Seele vom Betrachter? Wie soll der etwa angesichts des ersten ungegenständlichen Kandinsky-Bildes ›Abstraktes Aquarell‹ (1910) so hochgestimmten Erwartungen genügen? Er sieht auf weißem Grund farbige Tupfen, streifige, spiralige, geschlängelte Gebilde. Er zweifelt an dem, was er gelernt hat: Kunstgenuß. »Das ist ja alles Plunder ... das ist ja Schwindel ...«, hört Gabriele Münter an Neujahr 1912 einen alten Herrn in der Galerie Thannhauser schimpfen. Haben Kandinsky und Klee und Marc mit ihren Appellen an die »Fähigkeit inneren Erlebens« den Rezipienten gemeint, kann die Antwort entweder lauten: sie wollten auch ihn nicht festlegen, sondern seine Freiheit konstituieren, zu sehen, was er zu sehen vermag. Das wäre eine, wenn auch wolkige Hommage an den Museumsgänger und Galeriebesucher. Oder aber sie trauten ihm wenig Kunstverstand im Sinne ihrer »visionären Abstraktion« zu[29] und speisten ihn deshalb mit emotionalen Allgemeinheiten ab.

Haben sie indessen, wofür vieles spricht, sich selber gemeint, dann gibt es mehr als zwei Antworten. Die simpelste wäre: Wes' das Herz voll ist, des geht der Mund über. Der Enthusiasmus sprengte jede Fessel des Begriffs. Das mag wohl zeitweise der Fall gewesen sein, ist aber insgesamt wenig wahrscheinlich. Denn es finden sich, nicht zuletzt in ihren Briefwechseln, hinreichend Beispiele einer sehr differenzierten und präzisen Gedankenführung. Eine zweite Antwort wäre: Der »Blaue Reiter«

[27] Walter Z. Laqueur, Die Deutsche Jugendbewegung. Köln 1962, S. 256.

[28] Vgl. Wassily Kandinsky, Über das Geistige in der Kunst, insbesondere in der Malerei. München 1912; zitiert nach Anz/Stark, Expressionismus, S. 617.

[29] Vgl. Wilhelm Worringer, Abstraktion und Einfühlung. München 1908.

hatte zwei Gesichter – ein inwendiges und ein öffentliches. Das hieße, insgeheim ist Kandinsky planvoll vorgegangen, hat als Maler die Entfernung vom Gegenstand ebenso rational kalkuliert wie Arnold Schönberg als Komponist sein »Prinzip der Dissonanz«. Man muß keineswegs so weit gehen wie Hartmut Zelinsky, der meint, der Einfluß Richard Wagners, auch Stefan Georges (»Herrschaft und Dienst«) und Rudolf Steiners (»Geheimwissenschaft«) habe den »Blauen Reiter« in einer Art kosmischer Geheimniskrämerei bestärkt, derart, daß nun »in einer Zeit, in der ›Gott gestorben‹ ist, die Kunst die Rolle der Religion und der zum Übermenschen, zum Gottmenschen gewordene Künstler als ein Auserwählter die Rolle des Propheten, des Heiligen, des Erlösers übernommen hat«[30]. All die Heiligenbilder im Almanach ›Der Blaue Reiter‹ dienten, wie Zelinsky meint, derselben, an der Theosophie orientierten Idee: Fortschreiten – Fortreiten – Reiter in die Zukunft – »Himmelreiter«. Erst recht konstruiert erscheint Zelinskys auf indirekte Verbindungen des Blauen Reiter mit Berliner Individual-Anarchistenkreisen[31] gegründete Anarchieversion. »Ein zentraler Bestandteil der ›Blauen Reiter‹-Idee ist die ›Anarchie‹ in der Kunst als behauptete Erscheinungsform ›himmlischer‹ und ›kosmischer‹ Ordnung, und deshalb durchzieht den ›Blauen Reiter‹-Almanach der Begriff der Anarchie und des Wilden wie eine geheime Leitspur ...«. Den Malern lagen die Fauves wohl doch sehr viel näher als die Stirnerianer[32]. Und wenn sie sich so gern »Wilde« nannten, dann war ihnen die Assoziation zur Kunst der Primitiven und Naiven eben recht. Der von Marc und Kandinsky hochgeschätzte Kunsthistoriker Wilhelm Worringer (1881–1965) wendet sich 1911 ausdrücklich gegen den »Erwachsenenhochmut des europäischen Kulturmenschen« und bekennt: »Wir wollen wieder eine Suggestionskraft der Kunst, die stärker ist als die Suggestionskraft jenes höheren und kultivierten Illusionismus, der seit der Renaissance das Schicksal unserer Kunst ist ... Um das zu erreichen, zwingen wir uns zu jener primitiven – durch kein Wissen und keine Erfahrung gebrochenen Art des Sehens, die das schlichte Geheimnis der Wirkung primitiver Kunst ist.«[33]

[30] Hartmut Zelinsky, Der Weg der Blauen Reiter. In: Schönberg / Kandinsky, Briefe, Bilder und Dokumente. Hier und im folgenden zitiert, S. 222–235.

[31] »Kreis der Kommenden« und »Neue Gemeinschaft« (Friedrichshagener Dichterkreis.)

[32] Vgl. Max Stirner, Der Einzige und sein Eigentum (1844).

[33] Wilhelm Worringer, Entwicklungsgeschichtliches zur modernsten Kunst.

Einer dritten Antwort ist mit Worringers »kultiviertem Illusionismus« das Stichwort gegeben. Der Versuch, die junge Kunst nach der Jahrhundertwende auf den Begriff zu bringen, fußt auf Einsichten Walter Benjamins und entwickelt den kultursoziologischen Aspekt (Adorno, Bloch, Lukács). Avantgarde bedeutet demnach in Analogie zu Marx' »Selbstkritik der Gegenwart« Selbstkritik der Kunst[34]. Die Kunst ist ihrer Folgenlosigkeit in der Gesellschaft inne geworden und will wieder Lebenspraxis werden. Umgekehrt gesagt: Sie hat erkannt, daß die Vereinzelung und Entfremdung des modernen Menschen in realistischer (gegenständlicher) Malerei oder Dichtung nicht getroffen, sondern nur verfehlt werden kann. Das traditionelle »organisch« geschlossene Kunstwerk würde somit Illusion statt Wahrheit befördern. Realismus wäre eben nicht mehr realistisch, sondern illusionistisch. Infolgedessen das Aufsprengen, das Zertrümmern der alten Formen, infolgedessen Montage, Collage, Fragment. Realitätsfragmente als Sinnbilder und Zeichen der Zeit! »Die avantgardistische Intention der Zerstörung der Institution Kunst wird so paradoxerweise im Kunstwerk selbst realisiert. Aus der beabsichtigten Revolutionierung des Lebens ... wird eine Revolutionierung der Kunst.«[35] Peter Bürgers Studie bietet nicht nur einen kategorialen Rahmen für das Erfassen der Avantgarde, sie erschließt auch, in der Rekonstruktion überzeugend, deren Entwicklung und Scheitern. Dennoch ist Theorie der Avantgarde nicht deren Geschichte. Die Ranke-Frage, wie es eigentlich gewesen, kann nie im Entweder-Oder gelöst werden. Begnügen wir uns mit dem Hinweis, daß Inspiration und Rationalität so unvereinbar nicht sind. Beide waren auch in der Kunst des Expressionismus wirksam. Diese Kunst hat gewissermaßen einen Krümmungskreis beschrieben. Radikale Geistigkeit forderte sie in Abwehr des geschmähten materialistischen Zeitalters samt seiner opulenten Kunsttradition. Sie suchte durchzustoßen in die Tiefenschichten des Bewußtseins, um das Einfache, das Ursprüngliche, das Archaische wiederzufinden und hat – das gilt besonders für Kandinsky – Abbreviaturen zutage gefördert. Kandinsky wäre heute vergessen, hätten seine Kürzel nicht den Komplikationen

Aus: Im Kampf um die Kunst. Die Antwort auf den ›Protest deutscher Künstler‹. München 1911. Hier zitiert nach Anz/Stark, Expressionismus, S. 20f.

[34] Vgl. Peter Bürger, Theorie der Avantgarde. Frankfurt a. M. 1980, S. 26–35.

[35] Ebd., S. 98.

und Kompliziertheiten des 20. Jahrhunderts standgehalten, ja entsprochen.

Kunst und Öffentlichkeit

Von Anfang an hatten die expressionistischen Maler ihre Kämpfe mit der kritischen Zunft. Die Presse zog alle Register, vom verständnislosen Kopfschütteln bis zum wütenden Angriff. Über die erwähnte Ausstellung der N. K. V. M. in der Galerie Thannhauser (1910) schrieben die ›Münchener Neuesten Nachrichten‹: »Diese absurde Ausstellung zu erklären, gibt es nur zwei Möglichkeiten: entweder man nimmt an, daß die Mehrzahl der Mitglieder und Gäste der Vereinigung unheilbar irrsinnig ist, oder aber, daß man es mit schamlosen Bluffern zu tun hat, denen das Sensationsbedürfnis unserer Zeit nicht unbekannt ist und die die Konjunktur zu nutzen versuchen.«[1] Die Zeitschrift ›Kunst für Alle‹ vermutete entweder »spaßhaften Bluff« oder »verrückte Massensuggestion«, jedenfalls einen »Genie-Furor«, der pathologische Züge trägt[2]. Ein Aufruhr ging 1911 durchs Land, als die Bremer Kunsthalle ein Bild Vincents van Gogh angekauft hatte und der Maler Carl Vinnen, Mitglied der Künstlerkolonie Worpswede, unter dem Titel ›Quousque tandem?‹ bei Eugen Diederichs eine Streitschrift gegen diese Entscheidung herausbrachte. Marc und Kandinsky sammelten Kampfgefährten für eine Gegenschrift. Sie erschien im Juli 1911 bei Piper und hieß ›Im Kampf um die Kunst‹. Auch Worringers oben zitierter Aufsatz zur Verteidigung der Avantgarde mit der These vom »Erwachsenenhochmut des europäischen Kulturmenschen« war darin enthalten. Ende 1911 warf die ›Augsburger Postzeitung‹ der Gruppe »Blauer Reiter« »infantile oder farbenwahnsinnige Verunreinigung von Leinwänden« vor[3]. 1913 protestierten auf Marcs Initiative Künstler, Wissenschaftler und Sammler im ›Sturm‹ gegen Beschimpfungen Kandinskys, die das ›Hamburger Fremdenblatt‹ unter dem Stichwort ›Pfuscherei und Idiotismus‹ verbreitet hatte[4]. Eine besonders hämische Attacke richtete 1911 die ›Kölnische Zeitung‹ gegen die »Brücke«-Maler, die in Düsseldorf ausstellten.

[1] Zitiert nach Anz/Stark, Expressionismus, S. 78.
[2] Ebd. und Klaus Lankheit in: Kandinsky/Marc, Briefwechsel, S. 11, S. 28.
[3] Kandinsky/Marc, Briefwechsel, S. 92.
[4] Ebd., S. 16, S. 214.

»Die Bilder sind an Nichtsnutzigkeit der Zeichnung nicht zu übertreffen und bedeuten nichts anderes als grellbunte Spielereien von irgendwelchen Kannibalen. Sie sind in dem Sinne der Malerei als solcher das Ende aller Kunst, grober Unfug. Aber sie zeigen eine noch viel schlimmere Seite. Die moderne Redensart, daß der Gegenstand der Kunst gleichgültig sei, wird hier in ganz bösartiger Weise mißbraucht. Schon voriges Jahr haben wir angesichts jener Russen[5] bemerkt, daß diese das Weib in ihren Bildern gemein auffassen. Das trifft aber auf die deutschen Künstler in einem weit stärkeren Maße zu. Was uns da vorgeführt wird, das atmet den Gifthauch der dunkelsten Lasterstätten irgendeiner Großstadt und zeigt eine Geisteslage dieser Künstler, die eigentlich nur pathologisch zu begreifen ist ...«[6] Herwarth Walden, der Herausgeber des ›Sturm‹, griff den Fehdehandschuh auf und ließ zuletzt sarkastisch die Zeilen setzen: »Die Namen der ausstellenden Kannibalen lauten: Cuno Amiet, E. Heckel, E. L. Kirchner, Max Pechstein«. Selbst der angesehene Publizist und Kunstkenner Karl Scheffler, Herausgeber der Zeitschrift ›Kunst und Künstler‹ (1906–1933), nahm in seinem Befremden über die Pariser Futuristen (1912) Zuflucht zur Charakterschelte. »Intellektuelle Unehrlichkeit« lastete er ihnen an, »Neid und andere unreine Instinkte«. »Nicht jugendlicher Sturm und Drang steht hinter ihrer Malerei, sondern ein recht übles Menschentum«. Und der Kritiker des ›Berliner Tageblatts‹, Fritz Stahl, sprach sogar von »Verbrechen ... gegen jedes gesunde Weltgefühl. In der Plastik hat das Fratzenwesen einen besonders reichen Raum. Man muß sich fast schämen, zur kaukasischen Rasse zu gehören, wenn man all' diese zerquetschten Köpfe und platten Nasen als Schönheit verherrlicht sieht ... Es gibt jetzt keine größere Chance für junge Künstler, als wenn Gott ihnen ein negerartiges Weib gibt.«[7] Ungesund und fremdartig – das sind die Hauptvorwürfe, die den Malern und Bildhauern gemacht werden. Der Begriff »Entartete Kunst« (Ausstellung München 1937) war aus diesen beiden Wurzeln gespeist. Der nationalsozialistischen Verfemungspraxis war in langjährigen Gesinnungskämpfen ein Boden bereitet.

[5] Gemeint sind die Russen der N.K.V.M.: Jawlensky, Kandinsky und Marianne von Werefkin.

[6] Vgl. Georg Brühl, Herwarth Walden und ›Der Sturm‹. Edition Leipzig. Köln 1983, S. 33.

[7] Ebd., S. 35 (Scheffler u. Stahl).

Schon 1892 schrieb Max Nordau in seinem Buch ›Entartung‹: »Die Entarteten sind nicht immer Verbrecher, Prostituierte, Anarchisten und erklärte Wahnsinnige. Sie sind manchmal Schriftsteller und Künstler ... Einige dieser Entarteten des Schrifttums, der Musik und Malerei sind in den letzten Jahren außerordentlich in Schwung gekommen und werden von zahlreichen Verehrern als Schöpfer einer neuen Kunst, als Herolde der kommenden Jahrhunderte gepriesen ... Wenn sie nun unsinnig und gesellschaftsfeindlich sind, so wirken sie verwirrend und verderbend auf die Anschauungen eines ganzen Geschlechts.«[8]

Ohne derlei aggressiven Ressentiments weiter nachzugehen, stehen wir doch vor der Frage, welchen Problemstellungen und Gefühlsmustern in Sachen Kunst, die konservativen Intellektuellen eigentlich anhingen? Werner Sombart erklärte sich gegen »eine Nation von Künstlern und Ästheten«. Er zog ein »heroisches Ideal« dem ästhetischen vor. Für Arthur Moeller van den Bruck (1876–1925), der den Weg eines Ästheten zur Politik in seinem Leben gegangen ist, bildete das »heroische Ideal« geradezu den Kompaß. Mit Entschiedenheit und Brillanz (letzteres ist in kulturhistorischem Betracht ja wichtiger als in polithistorischem) verfocht er dieses Ideal, nachdem er es einmal erfaßt hatte, bis zu seinem Freitod 1925. In seinem frühen Literatenleben gehörte er renommierten Zirkeln an, traf um die Jahrhundertwende mit Dehmel, Eulenberg und Strindberg im Berliner Lokal »Zum Schwarzen Ferkel« zusammen, im Pariser Café »La Closerie des Lilas« mit Max Dauthendey und Edvard

[8] Obsolet? In einem Auszug aus Nordau wird diese Passage im Juni 1982 (!), kurz vor der Eröffnung der »documenta VII«, von den ›Deutschen Monatsheften‹ beifällig zitiert, »Gewissermaßen als Prolog zur Kasseler Dekadentenschau«. Deutsche Monatshefte (Klüter-Blätter – Politischer Zeitspiegel). Hrsg. v. Heinrich Härtle u. Gert Sudholt, 33, 1982, Heft 6, S. 33–35. Im Vorspann (gez. H.H.) heißt es: »Am 19. Juni wird uns in Kassel eine weitere Show zugemutet, die ›documenta VII‹. Dieser künstlerische Skandal muß weitgehend aus Steuergeldern bezahlt werden, aus den Etats des Bundes, des Landes Hessen und der Stadt Kassel, die als Gesellschafter der ›Dokumenta-GmbH‹ mißbraucht werden. Angekündigt sind schon der Pornoartist Baselitz und der Psychopath Beuys. ... Was in Kassel dokumeniert wird, ist nicht Kunst, sondern Dekadenz, wie sie Max Nordau schon vor 90 Jahren vorausgesagt hat. Er schrieb 40 Jahre vor Hitler über die entartete Kunst. Als Arzt, Psychiater und Kunsthistoriker hat er jene Entartungserscheinungen analysiert, die die Krankheit der europäischen Kultur kennzeichnen. Manche seiner Feststellungen wirken wie ein Psychogramm der Baselitz, Beuys und Genossen ...«

Munch, in Florenz mit Ernst Barlach und Theodor Däubler, dem er bei der Arbeit am umfangreichen Epos ›Das Nordlicht‹ zur Hand ging. Auf der Flucht vor den Gerichten – Moeller hatte sich dem Militärdienst entzogen – reiste er in ganz Europa umher und fand in diesen Jahren sein Thema. ›Werte der Völker‹ sollte die Schriftenreihe heißen, die er in sechs Bänden konzipiert hatte. Der Titelplan sah vor: »Französischer Zweifel« – »Englischer Menschenverstand« – »Italienische Schönheit« – »Deutsche Weltanschauung« – »Amerikanischer Wille« – »Russische Seele«; drei Bände sollten den »alten«, drei den »jungen Völkern« gewidmet sein. Deutsche, Amerikaner und Russen rechnete er zu den jungen, Franzosen, Engländer und Italiener zu den alten Völkern. (Ausgeführt wurde nur der Italien-Band, veröffentlicht bei Piper 1913.) Charakteristisch ist die Methode, Völker wie Individuen anzusehen, mit Nationalcharakteren individualpsychologisch umzugehen und umgekehrt den Heroismus-Begriff Nietzsches, der ja dem Einzelnen galt, auf ganze Völker zu projizieren. »Völker mit und ohne Zukunft – Moeller sah darin keine Metapher, sondern eine metaphysische Wahrheit, die sich auf eine reale Tatsache in Natur und Politik bezog. Hier haben wir ein typisches Beispiel dafür, wie Moeller ihrem Wesen nach klare biologische Begriffe in Mystik umsetzte und verdunkelte, bis sie zu einer Art von politischer Poesie wurden.«[9] Er prägte auch den Begriff »Rasse des Geistes« und unterschied ihn von der »Rasse des Blutes« (vor 1914 ohne jeden Bezug auf die Juden). Sein ästhetischer Heroismus war gegen den Westen gerichtet. Aus dem Osten erwartete er – wie unter anderen Intellektuellen zeitweise auch Thomas Mann – geistig-seelische Erneuerung. Er besonders, denn sein Verdienst ist es auch, daß Dostojewski in Deutschland gelesen werden konnte. Seine zweite Frau, die Baltin Lucy Kaerricks, und deren Schwester übersetzten die Romane aus dem Russischen, insgesamt 20 Bände. Moeller van den Bruck fungierte als Herausgeber dieser Ausgabe im Piper Verlag. Nach seiner Auffassung war Rußland ganz Kultur – Amerika ganz Zivilisation. Deutschland sollte dank seiner idealistisch-sittlichen Kraft und dank seiner Tradition der Innerlichkeit Mittler sein zwischen West und Ost. Leider jedoch habe Deutschland zu viel Zivilisation und zu wenig Kultur. »Zivilisation ist nun einmal die Magenfrage der Menschheit und damit vergänglich. Kultur aber ist

[9] Fritz Stern, Kulturpessimismus als politische Gefahr. München 1986, S. 232.

die Seelenfrage der Menschheit und damit unsterblich.«[10] Erst recht nach dem Krieg, als Moeller sich mehr und mehr politisch engagierte, verströmte er deutsches Sendungsbewußtsein: »Aber unsere Sendung ist: die Welt nicht zur Ruhe kommen zu lassen. Unsere Bestimmung ist: den Völkern des Wohllebens ein Ärgernis des Geistes zu sein.«[11] Ein häufig wiederkehrendes Motiv, nicht nur bei diesem Autor. Die sogenannte »pénétration allemande«, jene Formel, die ursprünglich gegen politisch-wirtschaftliche Hegemonialbestrebungen des Deutschen Reiches gerichtet war, verstand man auch und gerade unter Kulturkritikern als permanente Herausforderung[12]. Mochten die Versuche nationaler Eigeninterpretation prahlerisch oder differenziert, problembewußt oder zerknirscht ausfallen, interessant ist, in welch großem Umfang es sie gab. Zwischen Kosmopolitismus und Identitätshunger gerieten die Gemüter, sofern sie sich vom Sozialstatus her dergleichen überhaupt leisten konnten, in immer neue Spannungszustände. Dies findet man in den ›Betrachtungen eines Unpolitischen‹ thematisiert und personalisiert. »Haßneid« unter Brüdern wird hier zugleich als Prinzipienstreit zwischen »Geist« und »Politik« ausgetragen und umgekehrt. »Es ist die ›Politisierung des Geistes‹, die Umfälschung des Geist-Begriffes in den der besserischen Aufklärung, der revolutionären Philanthropie, was wie Gift und Operment auf mich wirkt; und ich weiß, daß dieser mein Abscheu und Protest nichts unbedeutend Persönliches und zeitlich Bestimmtes ist, sondern daß in ihm das nationale Wesen selbst aus mir wirkt ... Deutschtum, das ist Kultur, Seele, Freiheit, Kunst und *nicht* Zivilisation, Gesellschaft, Stimmrecht, Literatur. Der Unterschied von Geist und Politik ist, zum weiteren Beispiel, der von kosmopolitisch und international ... International ist der demokratische Bourgeois, möge er überall auch noch so national sich drapieren; der *Bürger* ... ist kosmopolitisch, *denn* er ist deutsch, deutscher als Fürsten und ›Volk‹: dieser Mensch der geographischen, sozialen und seelischen ›Mitte‹ war immer und bleibt der Träger deutscher Geistigkeit, Menschlichkeit und

[10] Arthur Moeller van den Bruck, Die Zeitgenossen. Die Geister – Die Menschen. Minden 1906, S. 8.

[11] Arthur Moeller van den Bruck, Das unheimliche Deutschland. In: Das Gewissen, 7. 1. 1924; zitiert nach Stern, Kulturpessimismus, S. 292.

[12] Vgl. auch Alfred Weber, Deutschland und die europäische Kulturkrise. In: Die neue Rundschau 35, 1924, Bd. 1, S. 308–321.

Anti-Politik ...«[13] Und dann die charakteristische Furcht vor dem Identitätsverlust: »soviel ist sicher, daß bei einem Zusammenschluß der nationalen Demokratien zu einer europäischen, einer Weltdemokratie von deutschem Wesen nichts übrig bleiben würde: die Weltdemokratie, das Imperium der Zivilisation, die ›Gesellschaft der Menschheit‹ könnte einen mehr romanischen oder mehr angelsächsischen Charakter tragen, – der deutsche Geist würde aufgehen und verschwinden darin, er wäre ausgetilgt, es gäbe ihn nicht mehr.«[14]

Ein Rest-Rätsel wird es wohl bleiben, weshalb man das »Deutschtum«, die »deutsche Sendung«, den »Sieg der Deutschheit über die Erde« mit solch leidenschaftlicher Heftigkeit damals ersehnt hat. Auch in Kreisen der Avantgarde wirkte das Wechselfieber zwischen Selbstbehauptungsdrang und Verlustangst sich aus. Für den »Deutschen Werkbund« war dies, wenn auch nüchterner gehandhabt, ein Dauerthema. Franz Marc kommt als Soldat 1914 zu dem Schluß: »Der kommende Typ des Europäers wird der deutsche Typ sein; aber zuvor muß der Deutsche ein guter Europäer werden. Das ist er heute nicht immer und überall.«[15] Schon in Wilhelm Worringers gehaltvoller Erwiderung auf Carl Vinnens Streitschrift findet sich die aufschlußreiche Passage: »Wer um sein Deutschtum wirklich Bescheid weiß, wer vor allem die Entwicklungsschicksale der deutschen Kunst kennt, der weiß, daß es uns mit unserer angeborenen Problematik und mit unserer angeborenen sinnlichen Instinktunsicherheit nicht gegeben ist, den direkten Weg zu

[13] Thomas Mann, Betrachtungen eines Unpolitischen. Berlin 1919, S. 33 (Vorrede).

[14] Ebd., S. 42. Als Thomas Mann 1922 für das Gerhart-Hauptmann-Heft der ›Neuen Rundschau‹ die Rede ›Von Deutscher Republik‹ geschrieben und in Berlin auch öffentlich gehalten hatte, wurden heftige Beifalls- und Mißfallenskundgebungen über den »Sinneswandel« des Autors der ›Betrachtungen‹ laut. Unter den Auseinandersetzungen, auch in Kreisen der Jugendbewegung, ist jene mit Lothar von Biedermann besonders aufschlußreich. Biedermann war Bundeshauptmann der »Nibelungen«, eines vom »Jungwandervogel« 1920 abgespaltenen, an preußisch-soldatischen Tugenden orientierten Bundes. Zu den Protektoren der »Nibelungen« gehörten Hans Pfitzner und Thomas Mann. In dessen Schlußwort: »Es lebe die Republik!« wollte Biedermann absolut nicht einstimmen, vielmehr die Jugend auf ein anderes Wort verpflichten, »das in seiner reinen Bedeutung anderen Sprachen unausdrückbar ist ... ›Das Reich‹«. Vgl. Werner Kindt (Hrsg.) Die deutsche Jugendbewegung 1920–1933. Die bündische Zeit. Bd. 3, S. 160–169; Zitat S. 163.

[15] Franz Marc, Im Fegefeuer des Krieges. In: Der Sturm 1, 1916/17; zitiert nach Anz/Stark, Expressionismus, S. 303–305.

einer eigenen Form zu finden, der weiß, daß wir das Stichwort immer erst von draußen empfingen, der weiß, daß wir uns immer erst aufgeben und verlieren mußten, um unser eigentliches Selbst zu finden. Das ist von Dürer bis Marées die Tragik und die Größe der deutschen Kunst, und es heißt unsere eigentliche nationale Tradition verleugnen, wer unsere Kunst von der Auseinandersetzung mit anderen Kunstwelten abschneiden will ...«[16] Das gleiche Problembewußtsein, das Thomas Mann, Arthur Moeller van den Bruck und vor allem auch Oswald Spengler entwickeln, zeigt sich hier. Aber Worringer ist (1911) nicht pessimistisch besorgt um den Bestand des deutschen Geistes und Kunstgeistes. Er muß keinerlei Geltungsanspruch nach außen kehren, sondern bejaht statt dessen selbstsicheres Nehmen und Geben, ermutigt mithin zur Weltoffenheit. Es ist durchaus kein Klischee, sondern tatsächlich kennzeichnend für die Avantgarde, daß sie im Gegensatz zu den Kulturkonservativen international gesinnt war. Entsprechend eingefärbt erscheint auf beiden Seiten auch das Jugendideal der Brüderlichkeit. In der Jugendbewegung wird gern der Schriftsteller Walter Flex zitiert mit dem Ausspruch, das Wort »Bruder« habe für ihn einen tieferen Sinn, und er könne es deshalb nicht auf einen Südfranzosen oder einen Kosaken anwenden. Demgegenüber stehen Urteile aus der Sicht des Expressionismus wie das folgende: »... er führt die Geister unendlich brüderlich zusammen und macht aus Europa zum ersten Male eine einzige, fast religiös wie im Mittelalter geschlossene Gefühlszone.«[17] 1921 erklärt dann Iwan Goll im Ton des Bekenners pauschal: »Kein einziger Expressionist war Reaktionär. Kein einziger war nicht Anti-Krieg. Kein einziger, der nicht an Brüderschaft und Gemeinschaft glaubte. Auch bei den Malern. Beweis: ›Gesinnung‹.«[18] Daß beispielsweise für Marc und Kandinsky Internationalität weit mehr bedeutete als die oben erwähnte praktische Selbstverständlichkeit, geht deutlich aus ihren Schriften hervor. So schreibt Kandinsky am 6. Januar 1912 zum Thema Ausstellungsdreieck München-Moskau-Zürich an Marc: »Jedenfalls haben wir jetzt die Schweizer! Das war so eine unangenehme

[16] Wilhelm Worringer, Entwicklungsgeschichtliches zur modernsten Kunst; zitiert nach Anz/Stark, Expressionismus, S. 22.

[17] F. Markus Huebner, Der Expressionismus in Deutschland; zitiert nach Anz/Stark, Expressionismus, S. 8.

[18] Iwan Goll, Der Expressionismus stirbt. In: Zenit (1921); zitiert nach Anz/Stark, Expressionismus, S. 108.

Lücke. Fühlen Sie, wie tatsächlich alle Nationen zueinander mystisch gestoßen werden? Die Regierungen können Schlachten abhalten. Die Körper können aufeinander gestoßen werden und sich gegenseitig quälen. Die Seelen werden sich gegenseitig helfen. Wenn ich es stark fühle, so zittert mein Herz und eine runde warme Welle steigt, wächst in der Brust.«[19] Und Franz Marc schreibt im Oktober 1914, schon von der Front: »In solcher Zeit wird jeder, er mag wollen oder nicht, in seine Nation zurückgerissen. Ich kämpfe in mir sehr dagegen an; das gute Europäertum liegt meinem Herzen näher als das Deutschtum.«[20]

Nicht nur die Künstler selbst und ihre Freundeskreise, auch das ihren Werkideen aufgeschlossene Publikum würdigte den supranationalen Aspekt. Hedda Eulenberg, die Frau des Dichters und Dramatikers Herbert Eulenberg – mit ihr war übrigens Arthur Moeller van den Bruck in erster Ehe fünf Jahre lang verheiratet –, erinnert sich voller Enthusiasmus der berühmten Kölner Sonderbund-Ausstellung. In dem an Ausstellungsereignissen reichen Jahr 1912 (»Blauer Reiter« in München im Februar, Eröffnung der Galerie »Der Sturm«, Berlin, mit »Blauem Reiter«, Oskar Kokoschka, Expressionisten im März; Italienische Futuristen ebd. im April) stellte die Kölner Schau im Mai einen Höhepunkt dar. Dem »Sonderbund westdeutscher Künstler und Kunstfreunde« war es gelungen, nahezu die gesamte europäische Avantgarde in der Kölner Ausstellungshalle zu versammeln. »Die ungemeine Einheitlichkeit in den Bestrebungen und Leistungen der Künstler aus den verschiedensten Ländern Europas, gab allen die schöne Sicherheit, daß nicht die geringste Willkür die Künstler geleitet hatte, sondern der ganz allgemein verbreitete neue Kunstgeist ... Man empfand zum erstenmale die ganze verbindende Schönheit des Wunschbildes ›Pan Europa‹.«[21]

Der Schönberg-Kreis

Die Neue Musik entstand, man darf sagen natürlich, in Wien, jener Stadt, deren »Genie von jeher ein spezifisch musikalisches

[19] Kandinsky / Marc, Briefwechsel, S. 105.
[20] Ebd., S. 263.
[21] Hedda Eulenberg, Im Doppelglück von Kunst und Leben. Düsseldorf 1952, S. 243.

war«[1]. Die Atonalen ließen sich, wenn es denn Gelegenheit dazu gab, zwar gern als geniale Neuerer feiern, aber außerhalb musikalischer Tradition und Kontinuität sahen sie sich nie. Seit langem hatte sich die »Emanzipation vom Grundton« in der abendländischen Musik vorbereitet (Wagner, Mahler, Reger, Debussy, Richard Strauss). Als dann die dissonanten Klänge dominierten – schrill und schmerzhaft für viele Ohren –, versicherten Musiker und Musiktheoretiker übereinstimmend, dies sei die einzig mögliche und notwendige Konsequenz der Entwicklung. In der Harmonik habe der Weg von der »Basistonalität« über die Stationen »Inseltonalität« und »Atonalität« schließlich zum Zwölftonsystem führen müssen. Für das letzte Wegstück, die Rückbändigung tonartunabhängiger Simultanklänge und ihrer unbegrenzten Kombinationsmöglichkeiten in das Ordnungssystem der Zwölftonreihe (Prinzip der Gleichberechtigung und Nichtwiederholbarkeit aller zwölf Halbtöne innerhalb einer Oktave) wurden kaum zwei Jahrzehnte benötigt.

Arnold Schönberg (1874–1951) ist durchaus nicht der einzige, wohl aber der einflußreichste unter den Komponisten, die diesen Weg konsequent gegangen sind. Feruccio Busoni (1866 bis 1924) veröffentlichte seinen ›Entwurf einer neuen Ästhetik der Tonkunst‹ bereits 1907, Schönberg seine ›Harmonielehre‹ 1911. Matthias Hauer (1883–1959) legte sein Zwölfton-System unter dem Titel ›Vom Wesen des Musikalischen‹ 1920, Schönberg seine ›Methode der Zwölftonmusik‹ 1923 vor. In der Einflußsphäre von Wagner, Mahler und Strauß hatte sein Schaffen begonnen. Die sinfonische Dichtung ›Pelleas und Melisande‹ (1903) und die gewaltig ausufernden ›Gurrelieder‹ (1900/1911) für Soli, Chöre und ein riesiges Orchester (mehr als 100 Instrumente, von der großen Rührtrommel bis zum Glockenspiel) waren noch der klangfarbenschwelgerischen Spätromantik verpflichtet. Gleich nach Erscheinen der deutschen Fassung von Jens Peter Jacobsens naturmythischem Gedichtzyklus, dem eine mittelalterliche Legende um den Dänenkönig Waldemar IV. auf Schloß Gurre zugrunde liegt, machte sich Schönberg an die Vertonung. Sein lyrisch-dramatisches Oratorium, »schon Schönbergisch – in den weiten, schwer zu intonierenden Intervallsprüngen der Melodik und in der polyphonen Tendenz«[2], hatte bei der Wiener Uraufführung 1913 einen beachtlichen

[1] Stefan Zweig, Die Welt von gestern. Frankfurt a.M. 1967, S. 29.
[2] Karl Schumann, Schönbergs Gurrelieder. Philips 1979, Nr. 6769038.

Presse- und Publikumserfolg. Um diese Zeit war freilich Schönbergs Wendung zur atonalen Musik längst vollzogen. (Vgl. Streichquartett op. 10 und Klavierstücke op. 11).

Arnold Schönberg entstammte einer jüdischen Familie und wuchs in kleinbürgerlichen Verhältnissen in Wien auf. Seine ersten Kompositionsversuche unternahm er mit zehn Jahren und blieb überwiegend musikalischer Autodidakt, bis er, nach abgeschlossener Banklehre, als Zwanzigjähriger Alexander von Zemlinsky (1872–1942) kennenlernte. Der Dirigent und Komponist, damals schon eine Schlüsselfigur des Wiener Musiklebens, wurde Schönbergs Lehrer in Kompositionstechnik. Er wurde auch sein Schwager, als Schönberg 1901 Zemlinskys Schwester Mathilde heiratete. Drei Berlin-Aufenthalte kontrapunktierten die prägenden Wiener Jahre: 1901–1903 als Kapellmeister an Wolzogens »Überbrettl« und Musiklehrer, 1911 bis 1915 als Dozent am Sternschen Konservatorium und schließlich 1925–1933 an der Berliner Akademie der Künste (Meisterklasse für Komposition) als Nachfolger des verstorbenen Feruccio Busoni. Nach seiner von den Nationalsozialisten verfügten Entlassung 1933 emigrierte Schönberg über Paris nach Los Angeles und hatte dort an der University of California von 1936 bis 1944 seine letzte Professur inne. Via USA wurde er bei uns erst nach 1945 wieder bekannt. Zuvor in Europa hatte er sich beim großen Konzertpublikum nie ganz durchsetzen können und war auch mitunter finanziell sehr bedrängt. Über Jahre löste er sich aus allen Institutsverpflichtungen und erteilte daheim in Wien-Mödlingen seine Kompositionskurse privat. 1918 gründete er den »Verein für musikalische Privataufführungen«, seinerzeit das wichtigste Wiener Konzertpodium für zeitgenössische Musik. Trotz einzelgängerischer Veranlagung eignete sich Arnold Schönberg zum Lehrer und entwickelte als solcher große integrative Kraft. Sein Schülerkreis war auch sein Freundeskreis. Die bedeutenden Komponisten der ersten Schülergeneration, Alban Berg und Anton von Webern, wirkten nicht nur aktiv mit an der Einstudierung und Aufführung von Schönberg-Konzerten, an der Musik-Publizistik und Theorie-Diskussion (Schönberg-Festschrift 1912), sie wurden auch organisatorisch tätig und riefen 1911 einen Fonds zur Unterstützung des finanziell sehr in Not geratenen Meisters ins Leben.

Alban Berg (1885–1935) war durch eine Unterrichtsanzeige in der ›Neuen Musikalischen Presse‹ zu Schönberg gekommen und blieb von 1904 bis 1911 bei ihm in der Lehre. Auch er, dessen – wie man damals sagte – kunstsinniges Elternhaus seine Gaben förderte, mußte nach dem Tod des Vaters, eines aus Würzburg nach Wien gewanderten Exportkaufmanns, Buch-, Musikalien- und Devotionalienhändlers, zunächst einen Brotberuf erlernen. Dank der Erbschaft einer vermögenden Tante konnte er allerdings schon mit 21 Jahren die Fiskalbeamten-Laufbahn wieder aufgeben und sich ganz der Musik widmen. Um 1906 bekam er auch Zugang zum Künstler- und Literatenstammtisch im »Löwenbräu« hinter dem Burgtheater. Dort lernte er sie alle kennen: Karl Kraus, Peter Altenberg, Egon Friedell, Detlev von Liliencron, Arthur Schnitzler, Gustav Klimt und Adolf Loos. In die Verbindungen und Überschneidungen der Wiener Künstlergruppen ist selbstverständlich auch die musikalische Avantgarde einbezogen. Ob man 1906 gemeinsam zur österreichischen Premiere der Strauß-Oper ›Salomé‹ nach Graz fährt, ob man sich 1908 bei der großen Kunstschau der aus der Secession ausgescherten »Klimt-Gruppe« trifft, 1911 auf dem Grinzinger Friedhof zur Beisetzung des verehrten Gustav Mahler oder 1912 zur Uraufführung der ›Gurrelieder‹, stets ergeben sich neue, die Kunstentwicklung belebende Kontakte und Konstellationen. Begebenheiten am Rande: der Arzt, der auf dem Kärntner Sommersitz der Familie Berg 1908 Alban Bergs ersten Asthmaanfall als Pollenallergie diagnostiziert und behandelt, ist zufällig Sigmund Freud; der Autor, der Alban Bergs spätere Frau Helene geb. Nahowski so porträtiert: »Sie sah aus wie eine riesige hohe schlanke aschblonde russische Studentin, nur sehr müde von ungekämpften Kämpfen. Ein Königgrätz ohne Schlachtendonner ...«[3], ist kein Irgendwer, sondern heißt Peter Altenberg (eigentlich Richard Engländer 1859–1919). Altenberg, in der Literatur berühmt für seine Prosa-Miniaturen, war im damaligen Wien auch berühmt als einfühlsamer Kenner der weiblichen Psyche, was ihm freilich weit mehr Beichtvater- als Liebhaberrollen eingetragen haben soll.

1912 komponiert Alban Berg ›Fünf Orchesterlieder nach Ansichtskartentexten von Peter Altenberg‹ (op. 4) – eine Besonderheit dichterisch-musikalischen Übereinstimmens. Bei der Uraufführung am 31. März 1913 gibt es einen heftigen Skandal; man hat ihn verglichen mit der tumultuarischen Pariser Urauf-

[3] Hier und im folgenden zitiert nach Erich Alban Berg (Hrsg.), Alban Berg. Leben und Werk in Daten und Bildern. Frankfurt a.M. 1976, S. 10–51.

führung von Strawinskys ›Sacre du Printemps‹ im Mai desselben Jahres. Im Großen Musikvereinssaal stehen Kompositionen von Arnold Schönberg und seinen Schülern neben Liedern von Zemlinsky und Mahlers ›Kindertotenliedern‹ auf dem Programm. »Noch bevor Kammersänger Alfred Boruttau Bergs zweites Lied beginnen konnte, rief eine sonore Stimme durch den Saal: ›Halt's die Gosch'n, jetzt kommt die zweite Ansichtskart'n!‹, was homerisches Gelächter auslöste. Nach dem Lied kam es zu verbalen und handgreiflichen Ausschreitungen: Erhard Buschbeck, der nachmalige Burgtheaterdramaturg ... richtete in seiner Eigenschaft als Präsident des veranstaltenden ›Akademischen Verbandes‹ Worte an das aufgebrachte Publikum und verabreichte einem Besucher auf dessen Ruf ›Lausbub‹ eine Ohrfeige. Dem heftig Beifall spendenden Architekten Loos rief man hohnvoll zu: ›Ja Sie ham's leicht, Sie san ja terrisch!‹ (schwerhörig). Der Saal wurde schließlich abgedunkelt und durch Polizei geräumt, die Musiker brachten ängstlich ihre Instrumente in Sicherheit«. In der folgenden Gerichtsverhandlung antwortete der Komponist Oscar Straus (›Ein Walzertraum‹) auf die Frage, ob er die Ohrfeige bemerkt habe: »Sicher, Herr kaiserlicher Rat, ich habe sie auch vernommen, denn sie war das weitaus Klangvollste des ganzen Abends!« Viel mehr böses Gift steckte dann in einer Pressebehauptung, Schönberg habe sich bei Berg und Webern für finanzielle Hilfeleistung durch die Aufführung ihrer Kompositionen revanchieren wollen.

Das Wiener Geflecht persönlicher Beziehungen, Freundschaften, Liebschaften, Rivalitäten und Feindschaften ist in der Wechselwirkung mit den jeweiligen künstlerischen Arbeiten kaum zu durchschauen. Man sollte sich auf mindestens drei Verständnisebenen einrichten. Die erste, die private Ebene verlangt einen Schuß Unbefangenheit vom Betrachter. Die sogenannte Wiener Moderne hielt hochmütig zusammen gegen Banausen und Philister, gegen Verleumder und Neider, gewiß. Andererseits ist nicht jedes Lobeswort des Musikers über den Maler, des Literaten über den Architekten als künstlerische Manifestation zu werten. Wenn allerdings Karl Kraus jemanden kritisierte, kam das meistens einem Verdikt gleich. »Karl Kraus ist ein Papst«, sagte Else Lasker-Schüler. »Von seiner Gerechtigkeit bekommt der Salon Frost, die Gesellschaft Unlustseuche ... Männer und Jünglinge schleichen um seinen Beichtstuhl und beraten heimlich, wie sie den grandiosen Zynismusschädel zu

Zucker reiben können.«[4] Jedenfalls kannte man einander gut genug, um sich nicht nur Offenheiten, sondern auch Versteckspiele leisten zu können. Zu den delikatesten Versteckspielen gehört ›Josephine Mutzenbacher. Die Lebensgeschichte einer wienerischen Dirne, von ihr selbst erzählt‹. Der Roman erschien 1906 als Privatdruck in Wien. Als Autor gilt der bis dahin nicht sehr erfolgreiche deutsch-ungarische Romancier und Theaterkritiker Felix Salten (1869–1945), der lange nach seinem heiter-pornographischen »Beitrag zur Naturgeschichte des möglichen Glücks«[5] sehr berühmt wurde durch die von Walt Disney auch verfilmte Tiererzählung ›Bambi‹.

Auf einer zweiten Ebene ist unverkennbar die Synästhesie der Künste. Seit dem Fin de siècle haben sich die Wechselbeziehungen zwischen Malerei, Musik und Literatur deutlich intensiviert, »die Lyrik der ›Ver Sacrum‹-Blätter nimmt Anleihe bei den Farben- und Linienschwüngen der Malerei, die Gemälde repräsentieren häufig abstrakte Begriffe und Ideen. Wie insgesamt beim Symbolismus verschwistern sich im Wiener Jugendstil die Künste in der Wahl der Ausdrucksmittel – der Metapher, der Allegorie, des Symbols –, und sie gruppieren sich um dieselben thematischen Zentren ...«[6] So erstaunt es kaum, daß der Schönberg-Kreis die in ›Ver Sacrum‹ veröffentlichten Gedichte vertont (Bierbaum, Dehmel, George, Jacobsen, Kraus, Maeterlinck, Nietzsche, Rilke)[7]. Wenn dann Schönberg mit der Tendenz, Traditionsballast abzuwerfen, die musikalischen Figurationen verkürzt, verdichtet und radikal die Grundformen bloßlegt, so läßt sich da wiederum eine Parallele zu Adolf Loos erkennen (1870–1933). Loos trat ja schon, während der Jugendstil in Blüte stand, vehement gegen dessen Gefälligkeitskonzepte auf: »dem modernen menschen ist die kunst eine hohe göttin, und er empfindet es als ein attentat auf die kunst, wenn man sie für gebrauchsgegenstände prostituiert.«[8] Von Loos stammt das berühmte Wort: »Ornament ist Verbrechen«, ein Wort, das in der Architektur des 20. Jahrhunderts Dogmengeschichte be-

[4] Zitiert nach Georg Brühl, Herwarth Walden und ›Der Sturm‹. Köln 1983, S. 29.

[5] K. H. Kramberg, Vorbemerkung zu: Josephine Mutzenbacher. München 1970, S. 8.

[6] Nike Wagner, Geist und Geschlecht. Karl Kraus und die Erotik der Wiener Moderne. Frankfurt a.M. 1982, S. 37f.

[7] Ebd., S. 225.

[8] Adolf Loos, Die Überflüssigen. Sämtliche Schriften in zwei Bänden. Wien 1962, Bd. 1, S. 267.

gründet hat. Ähnlich lapidar drückt Kraus dem Adolf Loos seine Anerkennung aus, er bezeichnet ihn als »Architekten der tabula rasa«[9].

Einer dritten Ebene zuzuordnen wären schließlich jene schöpferischen Ereignisse, die sich in der Begegnung eines Künstlers mit Person und Werk eines anderen angebahnt und vollzogen haben. Wenigstens zwei herausragende Beispiele seien hier notiert.

1. Im Mai 1905 hatte Karl Kraus am Wiener »Trianon-Theater« vor geladenen Gästen, darunter auch Alban Berg, eine Sonderaufführung von Wedekinds ›Büchse der Pandora‹ in die Wege geleitet. (Seit der Uraufführung des ›Erdgeist‹ 1898 in Leipzig wurde dieser erste Teil der Lulu-Tragödie nur an kleinen Theatern, der zweite, von der Zensur bis 1918 verbotene Teil ›Büchse der Pandora‹ überhaupt nicht öffentlich aufgeführt.) Der intensiven Freundschaftsphase von Kraus und Wedekind zwischen 1903 und 1907 verdankte Wien jene denkwürdige Einstudierung mit Wedekinds späterer Frau Tilly Newes als Lulu, Adele Sandrock als Gräfin Geschwitz, dem Regisseur Albert Heine als Schigolch, Frank Wedekind selbst als Jack the Ripper und mit Egon Friedell und Karl Kraus in den Nebenrollen Polizeikommissär und Prinz Kungu Poti. Kraus eröffnete die Vorstellung mit einem Einleitungsvortrag. Nike Wagners subtiler Positionsbestimmung zufolge sind Kraus/Wedekind eines und doch unterschiedlichen Sinnes, wie sich an der Figur des Alwa Schön zeigt[10]. Bei Wedekind ist Alwa ein windiger Literat und Feuilletonist, der sein Erlebnis mit Lulu desavouiert, indem er es sogleich literarisch verarbeiten will. Für Kraus wird Alwa indessen zur Identifikationsfigur. Er deutet ihn nach seinem Wunschbild des femininen Mannes, der noch im »Scheitern siegt«, der »an der hoffnungslosen Liebe nicht zugrundegeht, sondern ... alle Qual, die die Geliebte ihm bereitet«, braucht »als Bestätigung der qualvoll-lustvollen Bedingungen seines eigenen Schaffens«. Anschließend bemerkt Nike Wagner: »So einschmeichelnd muß Kraus' Alwa-Interpretation geklungen haben, daß auch Alban Berg ... die positive Identifikation mit Alwa vollzogen hat; der Alwa seiner Oper ›Lulu‹ ist Komponist.« 1914 sah Alban Berg dann an der Wiener Residenzbühne eine Inszenierung des erst kurz zuvor wiederaufge-

[9] Die Fackel Nr. 300, 1910, S. 24.
[10] Wagner, Geist und Geschlecht, S. 184f.

fundenen Dramenfragments ›Woyzeck‹ von Georg Büchner. Zwei Theatererlebnisse – zwei Stoffe: Sexualität als schicksalstiftendes Naturereignis und Angst und Elend der Deklassierten. Bergs musikalisch-dramatischer Zugriff meisterte sie so, daß zwei Opern entstanden, die ganz und gar nicht »opernhaft« sind. Dem geschundenen Woyzeck (»Wir armen Leut ... Ich glaub, wenn wir in Himmel kämen, so müßten wir donnern helfen«) folgt Berg von dumpfer Niedergeschlagenheit bis zu visionärer Exaltation mit allen vokal-instrumentalen Ausdrucksmitteln innerhalb der gewählten strengen Grundform. Er tut dies zugleich so zwingend einfach, daß man im 1. Akt nicht irgendeinem Marsch oder Wiegenlied, sondern deren musikalischer Urgestalt zu begegnen meint. Auch Wedekinds Formel »Das Fleisch hat seinen eigenen Geist« ist bei Berg schon präsent, wenn der Vorhang aufgeht. Des Tierbändigers mit schneidender Kälte effektvoll geschmettertes »Hereinspaziert in die Menagerie« trifft den grellen Bänkelsängerton genau. Desgleichen die »Tonklumpen«, die glissando oder per Prankenhieb aufs Klavier, den Athleten Rodrigo charakterisieren. Wie Pierre Boulez erläutert, verwendet Berg auf solche Weise musikalisch das Stilmittel der Ironie. Die lyrischen Partien sind indessen Alwa zugeeignet, dem Autor, dem Komponisten – sind gewissermaßen Selbstporträt. Alban Berg hat die sieben Akte der Vorlage zur dreiaktigen Oper gestrafft, hat auch scharfsinnig umdisponiert, so daß Lulu anstatt des einen (Jack the Ripper) am Ende drei Mörder hat – jene drei, die ehemals ihr verfallen und zum Opfer gefallen waren (Medizinalrat, Maler, Chefredakteur). So gelingt es Berg, den typisierenden Absichten Wedekinds auch noch choreographisch Nachdruck zu verleihen.

Bergs Arbeit am ›Wozzeck‹ umfaßte insgesamt zehn Jahre (1914–1924). Die ›Lulu‹ wurde zwischen 1928 und 1935 komponiert. In der Zwischenzeit hatte Berg den Plan, Hauptmanns Glashüttenmärchen ›Und Pippa tanzt‹ zu vertonen. Hauptmanns Tantiemenforderungen waren jedoch so hoch, daß Berg den Plan begrub. 1924 wurden in Frankfurt ›Bruchstücke aus Wozzeck‹ durch Hermann Scherchen konzertant aufgeführt – mit sensationellem Erfolg. Die Aufnahme der Berliner Uraufführung unter Erich Kleiber war geteilt. Als zweite Opernbühne nahm sich Prag 1926 des ›Wozzeck‹ an. Nach triumphaler Eröffnung gab es am dritten Spielabend einen Skandal. Tschechische Nationalisten bliesen auf Hausschlüsseln, lärmten mit Trillerpfeifen und Rasseln. Der Prager Bürgermeister erlitt einen tödlichen Herzanfall. Die Oper mußte abgesetzt werden. Alma Mahler, die zusammen mit Franz Werfel den Skandalabend erlebt hat, schildert ihn so: »Taktloserweise hatte man diese Premiere am Tag des Leichenbegängnisses des Bürgermeisters angesetzt. Und das sollte sich bitter rächen. ... Alban Berg hatte auf meine Logenbrüstung ein ungeheures Bouquet gelegt, hinter dem ich nun aufgebahrt wurde, und Franz Werfel neben mir ... Die Inszenierung unterstrich die soziale Tendenz, und als der Vorhang aufging und man wieder nur dreckige, zerfetzte Militärbetten sah, wußte ich: jetzt geht's los. Mein Herz setzte aus. Das Publikum johlte. Alle waren wie wahnsinnig vor Haß ... Von unten tönte es ›Hamba! ... Schande! ... Judenvolk!‹ Aber Alban Berg war gar kein Jude.«[11] In der Darstellung des Neffen Erich Alban Berg heißt es, daß man den Komponisten als »germanischen Juden« attackiert habe, »der mit seiner Musik das tschechische Volk vergiften wolle«[12]. Verglichen mit dem oben geschilderten Konzertskandal von 1913, der Spott und Spaß mit Krakeel noch behäbig vereinbart hatte, zeigt sich hier die politisch emotionalisierte Kunstschelte der Nachkriegszeit. Allenthalben trug sie einen Zug unversöhnlicher Schärfe. Als beispielsweise während des Kapp-Putsches 1920 im Dresdener Zwinger ein Rubens-Gemälde durch eine Gewehrkugel beschädigt worden war, entspann sich die sogenannte »Kunstlump-Kontroverse«. Oskar Kokoschka richtete einen dringenden Appell an die Öffentlichkeit, Straßenkämpfe möglichst »kunstfern« zu führen. Linke Intellektuelle und Dadaisten gingen auf Gegenkurs: dem bürgerlichen Publikum müsse endlich der ästhetische Selbstgenuß ausgetrieben werden. Unter Künstlerkollegen wurde es nun auch üblich, Rivalitäten politisch zu ummanteln. Dem zitierten Erlebnisbericht der Alma Mahler ist zu entnehmen, wie der Komponist Hans Pfitzner die Nachricht vom Prager Opernskandal auffaßte: »Dies natürlich freute nun Pfitzner über die Maßen. Seine Laune wurde direkt sonnig. Er haßte auch solche Rivalen, die gar keine waren.«[13] Tatsächlich stand Hans Pfitzner (1869–1949) in Opposition zum Schönberg-Kreis und motivierte dies auch weltanschaulich-politisch: »Die international-atonale Strömung ... das atonale Chaos ... ist die künstlerische Parallele zu dem Bolschewismus, der dem

[11] Alma Mahler-Werfel, Mein Leben. Frankfurt a.M. 1963, S. 147f.
[12] Berg, Alban Berg, S. 31f.
[13] Mahler-Werfel, Mein Leben, S. 146.

staatlichen Europa droht. Von dieser Gruppe will im Grunde niemand etwas wissen; sie wird der Welt aufgezwungen durch eine Minderzahl, mit Gewalt.«[14] Bergs ›Wozzeck‹ machte den Komponisten weltberühmt. Bis zum Boykott durch die Nationalsozialisten ging die Oper über viele deutsche Bühnen. Zum größten Triumph führte sie jedoch Leopold Stokowski 1931 in Philadelphia. Den Welterfolg seiner zweiten, unvollendeten Oper hat Alban Berg nicht mehr erlebt, lediglich die Proben zur Aufführung der ›Lulu‹-Stücke in Wien verfolgen können. Er starb am 23. Dezember 1935 in einer Wiener Klinik an Furunkulose und Blutvergiftung. Theodor W. Adorno, der sein Schüler gewesen war, wurde sein wichtigster Biograph: Interpret und Musikphilosoph der Moderne.

2. Arnold Schönberg hatte seine ›Harmonielehre‹, Wassily Kandinsky seine Schrift ›Über das Geistige in der Kunst‹ bereits abgeschlossen, als 1911 der Gedankenaustausch zwischen ihnen begann. Kandinsky eröffnete die Korrespondenz, nachdem er zusammen mit Franz Marc in München Schönbergs Streichquartett op. 10 und die Klavierstücke op. 11 gehört hatte. »Ich habe«, schrieb er dem ihm fremden Komponisten nach Wien, »eben Ihr Concert hier gehört und habe wirkliche Freude daran gehabt ... Sie haben in Ihren Werken das verwirklicht, wonach ich in freilich unbestimmter Form in der Musik so eine große Sehnsucht hatte. Das selbständige Gehen durch eigene Schicksale, das eigene Leben der einzelnen Stimmen in Ihren Compositionen ist gerade das, was auch ich in malerischer Form zu finden versuche ... Und dieser Weg ist der der ›Dissonanzen in der Kunst‹, ... Und die ›heutige‹ malerische und musikalische Dissonanz ist nichts als die Consonanz von ›morgen‹ ...«[15] Schönberg antwortet sechs Tage später: »Es ist meinen Werken vorläufig versagt, die Massen zu gewinnen. Um so sicherer erobern sie sich die Einzelnen ... Und ich freue mich außerordentlich, wenn es ein Künstler ist, in einer anderen Kunst schaffend, als ich, der Beziehungen zu mir findet ... Ich kann auch nicht glauben, daß die Malerei unbedingt gegenständlich sein muß. Ich glaube sogar bestimmt das Gegenteil ... Aber wenn der Künstler einmal dahin gelangt, in den Rhythmen und Tonwerten nur den Ausdruck innerer Vorgänge, innerer Bilder zu

[14] Hans Pfitzner, Die neue Ästhetik der musikalischen Impotenz. In: Gesammelte Schriften, Bd. 2. Augsburg 1926, S. 115; zitiert nach Schönberg/Kandinsky, Briefe S. 178.

[15] Schönberg/Kandinsky, Briefe, S. 19.

wünschen, dann hat das ›Objekt der Malerei‹ aufgehört bloß dem reproduzierenden Auge anzugehören.«[16] In diesem Tenor programmatischen Einverständnisses vollziehen sich Briefwechsel und persönliches Treffen am Starnberger See (1911) und ein Treffen am Staffelsee (1914), das von beiden Seiten mit vielen komischen Umständlichkeiten der Quartiersuche vorbereitet wurde. Es kommt zu einer überaus ergiebigen freundschaftlichen Kooperation. (In der Schönberg-Festschrift erscheint ein Aufsatz Kandinskys, im ›Blauen Reiter‹ außer Schönbergs Text und Musik auch eine Probe seiner malerischen Arbeit.) Beider synästhetische Begabung, beider Überzeugung von der Übersetzbarkeit einer Kunstgattung in die andere bestärken sie in der Konvergenz ihrer Einsichten und Absichten. Ein wichtiger Denkansatz, worin Schönberg und Kandinsky übereinstimmen und auch mit anderen Expressionisten zusammentreffen, entwickelt sich im Gefolge neuester physikalischer Erkenntnisse. Niels Bohrs Darstellung des Atommodells (1913), die Quantentheorie, die Strahlenphysik, die Lehre der Konvertierbarkeit von Masse und Energie werden in den Künsten analog, mitunter auch ganz buchstäblich aufgefaßt: als »empirische Bestätigung des Übergangs von Materie in Geist«[17]. »Aus den Atomen heraus, nicht an der Oberfläche revoltiert er, erschüttert Begriffe von innen her, daß Sprache wankt ...«[18], sagt Carl Sternheim über die Gedichte Gottfried Benns. Egon Friedell meint, in expressionistischen Bildern »gemalte Relativitätstheorie« zu entdecken[19]. Kandinsky schreibt: »Das Zerfallen des Atoms war in meiner Seele dem Zerfall der ganzen Welt gleich ...«[20] Physikalisch inspiriert ist wohl auch seine Vorstellung von Wellen, Strahlen und »seelischen Vibrationen« in der Kunst. Auch Schönberg »beruft sich auf Einstein als Geistesverwandten«[21]. Man gründete, immer noch in affektiver Abwehr des Materialismus und Positivismus, auf die Lehren der Physik wahrhaftig die Hoffnung, »im 20. Jahrhundert beginne endlich das Zeitalter der großen Geistigkeit«[22]. Nicht nur,

[16] Ebd., S. 21f.
[17] Ebd., S. 185f.
[18] Carl Sternheim, Kampf der Metapher; zitiert nach Anz/Stark, Expressionismus, S. 66.
[19] Friedell, Kulturgeschichte, Bd. 3, S. 564.
[20] Wassily Kandinsky, Rückblicke (1913); zitiert nach Anz/Stark, Expressionismus, S. 126f.
[21] Schönberg/Kandinsky, Briefe, S. 186f.
[22] Vgl. im Anhang Dokumente: Hugo Ball, Kandinsky. Zürich 1917.

aber doch auch in diesem Zusammenhang müssen die Tendenzen zur abstrakten, absoluten Kunst gesehen werden.

In der Übergangsphase von der Gegenständlichkeit zur Abstraktion, also zwischen 1908 und 1913, entstanden zwei hierfür typische Bühnenwerke. Kandinsky schuf ein Bewegungsspiel mit Orchester und Sprechgesang: ›Der gelbe Klang‹ (Uraufführung New York 1972). Schon die Besetzungsliste verrät das entindividualisierte Konzept. Die Mitwirkenden: »Fünf Riesen, Undeutliche Wesen, Tenor, Ein Kind, Ein Mann, Menschen in losem Gewand, Menschen in Trikots, Chor«. Arnold Schönbergs Drama mit Musik op. 18: ›Die glückliche Hand‹ (Uraufführung Wien 1924) führt folgende Personen auf: »Ein Mann, Ein Weib, Ein Herr, Sechs Frauen, Sechs Männer«. Noch vor dem Krieg gibt es Pläne zur Verfilmung, die aber Pläne bleiben. Schönberg verlangt hier »das Gegenteil von dem, was das Kino sonst anstrebt: Höchste Unwirklichkeit«[23]. Kandinsky legt Wert auf das »kosmische Element«, will »Farben hören«, Schönberg will »musizieren mit den Mitteln der Bühne«. So unterschiedlich in den Valeurs beide Bühnenwerke auch sein mögen (Schönbergs Text: »Du Süße, du Schöne! – Nun besitze ich dich für immer!« bietet trotz seiner Verknappung genug symbolistischen Schwulst), so ist dennoch unverkennbar neu der Typ des Farben-Licht-Bewegungsspiels (Lichtregie!) und die Intention, daß sich das »Drama« erst in der Phantasie des Zuschauers ergeben soll. Impulse für das expressionistische Theater (Ernst Barlach, Oskar Kokoschka, Reinhard Johannes Sorge, August Stramm, Kurt Schwitters, Oskar Schlemmer, Lothar Schreyer) gingen davon aus.

Der Krieg hat auch Schönberg und Kandinsky auseinandergerissen. Kandinsky ging in die Schweiz, wurde nach der russischen Oktoberrevolution Professor an der Moskauer Kunstakademie, resignierte dort vor der wachsenden Indoktrination 1921 und kehrte, inzwischen mit Nina von Andreowskij verheiratet, nach Deutschland zurück. In die erste Zeit seines Wirkens am Bauhaus (Weimar/Dessau 1922–1933) fiel, als er eben Schönberg nach Weimar holen wollte, ein tiefes Zerwürfnis. Der Komponist in Wien glaubte plötzlich, in Kandinsky einen Antisemiten sehen zu müssen. Am 19. April 1923 schreibt er dem früheren Freund: »... ich habe gar nichts dagegen, daß man mich mit allen anderen in einen Topf wirft. Denn ich habe

[23] Schönberg/Kandinsky, Briefe, S. 127f.

gesehen, daß auf der Gegenseite ... auch alles in einem Topf ist. Ich habe gesehen, daß einer, mit dem ich gleiches Niveau zu haben glaubte, die Gemeinschaft des Topfes aufgesucht hat; ich habe gehört, daß auch ein Kandinsky in den Handlungen der Juden nur Schlechtes und in ihren schlechten Handlungen nur das Jüdische sieht, und da gebe ich die Hoffnung auf. Es war ein Traum.«[24] Kandinsky antwortet postwendend, »erschüttert und gekränkt«, bemüht um das alte Einvernehmen. In seiner Ratlosigkeit hat er Schönbergs Brief auch dem Bauhausgründer Walter Gropius gezeigt. Daran erinnert sich Nina Kandinsky so: »Gropius wurde blaß und sagte spontan: das ist Alma.«[25] Zum privaten Hintergrund ist folgende Information vonnöten: Alma Mahler (1879–1964), die nach dem Tod Gustav Mahlers eine Liebesbeziehung mit Oskar Kokoschka hatte, war 1915 die Frau des Architekten Walter Gropius geworden. Zur Zeit der Gründung des »Bauhauses« lebte sie jedoch bereits mit Franz Werfel zusammen, den sie nach der endgültigen Trennung von Gropius 1929 heiratete, und mit dem sie 1940 in die Emigration ging (Werfel starb 1945 in Beverly Hills). Alma war eine Künstler-Muse, sehr musikalisch, heißblütig, intrigant und voller Vorurteile. Sie war tapfer im Ertragen von Schicksalsschlägen, andererseits in so hohem Maße egozentrisch, daß die Lektüre ihrer Erinnerungen (darin freilich einem Großteil männlicher und weiblicher Memoirenliteratur verwandt) weithin zur Lektüre ihrer Sympathien und Antipathien wird: sozusagen Wiener Musikgeschichte als Wirkungsgeschichte der Frau Alma. Sie half Alban Berg bei der Finanzierung des ›Wozzeck‹-Klavierauszugs, als sich dafür kein Verleger fand. Sie unterstützte Schönbergs Wirken, zerstörte allerdings dessen Bindung an Richard Strauss, indem sie das Strauß-Wort: »Schönberg solle lieber Schnee schaufeln statt Notenpapier vollzukritzeln«[26], dem Gekränkten hinterbrachte. 1920, zur Zeit des Generalstreiks, ist sie in Weimar bei Gropius. Sie hat ihn überredet, beim Trauerzug für die gefallenen Arbeiter »nicht mitzutun«, obwohl das Bauhaus vollzählig vertreten war. »Ich aber wollte nur, daß er nicht politisiere«. In diesen Tagen trifft sie auch Kandinsky und notiert: »Kandinsky und seine Frau, sonst besonnene Menschen, beschimpften mich auf die gröblichste Wei-

[24] Ebd., S. 91.
[25] Ebd., S. 180f.
[26] Ebd., S. 211, Anm. 8.

se wegen meiner ›Judenliebe‹ ... Ihre Beweisführungen über die Gefährlichkeit des Judentums waren ebenso eng wie platt. Walter Gropius ist aber viel zu gescheit, als daß er ein Antisemit geworden wäre. Er kränkt sich nur über Werfel und hat auch alles Recht dazu!«[27] Wie ihre privaten Verwicklungen den Zwist, den Alma Mahler zwischen Schönberg und Kandinsky geschürt, wenn nicht ausgelöst hat, politisch befrachteten, ist nach alledem leicht vorstellbar. Jahrelange Entfremdung, bedingt durch das Leben in so unterschiedlichen Politsphären wie Moskau und Wien, bewirkte wahrscheinlich, daß Kandinsky und Schönberg das Mißverständnis nicht sofort als absurd entlarven und ausräumen konnten. Eine Wiederannäherung fand erst sieben Jahre später statt.

»Sturm«

»Ihr Dichter seid gegrüßt! Der Maler grüßt Euch. Er schämt sich seiner zähen Farben, seines langsamen, klanglosen Handwerks.«[1] Die Wechselbeziehungen der Künste, die Mehrfachbegabungen der Künstler und die seit Wagner attraktive Idee des Gesamtkunstwerks schlagen zu Buch. Was ist Ursache, was ist Wirkung? »Bayreuth, ein leerer Wahn«, hatte der 24jährige Alban Berg geäußert, als er auf dem Grünen Hügel zum erstenmal den ›Parsifal‹ hörte. Um diese Zeit (1909) sind neueste Bestrebungen auf das Theater als »absolutes Kunstwerk« gerichtet. Auch dem Kino wenden sich wache Köpfe zu. Alfred Döblin rühmt es als das »Theater der kleinen Leute«[2]. August Makke schwärmt: »Im Kinematograph staunt der Professor neben dem Dienstmädchen.«[3] 1913 fertigt der Kameramann Guido Seeber mit seinem »Trickfilm der marschierenden Streichhölzer« den ersten deutschen Experimentalfilm, und im gleichen Jahr regt Kurt Pinthus junge Literaten an, Film-Stücke zu verfassen, die er im ›Kinobuch‹ veröffentlicht – sozusagen Vorformen des Autorenfilms[4]. Ebenfalls 1913 fordert der Architekt

[27] Mahler-Werfel, Mein Leben, S. 122f.

[1] Ludwig Meidner, Im Nacken das Sternenmeer. Rufe eines Malers. Leipzig, München 1918. Zitiert nach Anz/Stark, Expressionismus, S. 543.

[2] Zitiert nach Ulrich Gregor, Film. In: Eberhard Roters (Hrsg.) Berlin 1910–1933 – Die visuellen Künste, S. 183.

[3] August Macke, Die Masken. In: Der Blaue Reiter. München 1912.

[4] Das Kinobuch ist 1963 in Zürich und 1983 in Frankfurt a.M. (Fischer-

Bruno Taut das, was Hermann Muthesius schon zwölf Jahre zuvor unter dem Stichwort »Allgemeinkunst« proklamiert hatte. »Bauen wir zusammen an einem großartigen Bauwerk!, das nicht allein Architektur ist, in dem alles, Malerei, Plastik, alles zusammen eine große Architektur bildet und in dem die Architektur wieder in den anderen Künsten aufgeht.«[5] Alleinheit, Allgemeinkunst, Gesamtkunst, Bauwerk, Bauhütte – man erklärt sich vom Jugendstil bis zum Bauhaus und vom Symbolismus bis zur Neuen Sachlichkeit allemal fürs Große, Ganze. Gerade diese Ganzheitsvisionen erschweren die Orientierung, weil man ihre jeweils unterschiedliche Zusammensetzung nur an den Nahtstellen wahrnehmen kann. Bekommt man schließlich diese in den Blick, stellt sich heraus, daß der Blick, vom Standpunkt des Betrachters bestimmt, die Verhältnisse, indem er sie zuordnen will, gänzlich umzukehren vermag. Es macht einen Unterschied, ob einer den Schönberg-Kreis zur musikalischen Avantgarde zählt, oder ob er ihn, in der Tradition des 19. Jahrhunderts, auf die Frage zurückführt: Mit oder gegen Wagner? (In der Musikwissenschaft ein kontroverses Thema.) Es macht einen Unterschied, ob einer den Jugendstil als kurioses Zwischenspiel oder als Drehscheibe soziokultureller Entwicklungen ansieht, ihn am Ende des 19. oder am Anfang des 20. Jahrhunderts einordnet. Walter Benjamin z.B. weist ihn als »Kollektivtraum vom Goldenen Zeitalter« zurück an die Kunst des 19. Jahrhunderts. Ernst Bloch sagt: »Jugendstil war die Scheinemanzipation eines Bürgertums, das – bald sozialdemokratisch, bald nietzscheanisch aufgestachelt – doch nichts mehr in sich zu emanzipieren fand als Flucht und Ausleben ... als Sumpfschein des gebärenden Anfangs am faulenden Ende.«[6] Es ist schließlich auch auseinanderzuhalten, ob bei einem vom Grundriß bis zur Teekanne durchstilisierten Haus der Ganzheitsgedanke nur dem Haus gilt oder in Erkenntnis der Misere entfremdeter Arbeit auch denen, die das Haus bauen. »Es wird eine Zeit kommen, in der der Künstler nicht mehr jener bohèmehafte, schwammige Anarchist ist – sondern ein heller, gesunder Arbeiter in der kollektivistischen Gesellschaft.«[7] Das jedoch

Taschenbuch 3688) wieder aufgelegt worden. Es enthält Kinostücke von Max Brod, Albert Ehrenstein, Walter Hasenclever, Else Lasker-Schüler u.a.

[5] Bruno Taut, Eine Notwendigkeit; zitiert nach Georg Brühl, Herwarth Walden und ›Der Sturm‹. Köln 1983, S. 318.

[6] Ernst Bloch, Erbschaft dieser Zeit. Frankfurt a.M. 1979, S. 385.

[7] George Grosz u. Wieland Herzfelde, Die Kunst ist in Gefahr (1925); zitiert nach Ronald Hayman, Bertolt Brecht. München 1985, S. 150.

sind Nachkriegskonzepte. Vor 1914, noch im individualistischen Zeitalter, sah man Multikünstler so: »Wir Zwanzigjährigen ahnten damals den Beginn einer neuen Lebensvision: in der das Ich seine Mauern sprengt, die Monade die Fenster der Welt aufreißt und Gemeinschaft hat mit der Magie der Kräfte und Stimmen der ganzen Welt.«[8]

Es ist angebracht, einen Überblick über die tatsächlich bemerkenswert große Zahl multikünstlerischer Talente jener Generation zu geben. Unter 35 noch im 19. Jahrhundert geborenen Künstlern Europas, die in mehreren Ausdrucksmedien ertragreich, ja bahnbrechend gearbeitet haben, sind zwölf Deutsche; diejenigen, die in der traditionellen Kombination Maler, Graphiker und Bildhauer waren (Max Klinger, Max Ernst), zählen wir hier nicht mit auf. Es sind zu nennen:

Hans Arp (1887–1966): Malerei, Skulptur, Literatur – Ernst Barlach (1870–1938): Grafik, Skulptur, Literatur – Peter Behrens (1868–1940): Architektur, Malerei, Design – Albert Paris Gütersloh (1887–1973): Malerei, Literatur, Schauspiel – Oskar Kokoschka (1886–1980): Malerei, Grafik, Literatur – Käthe Kollwitz (1867–1945): Grafik, Skulptur – Alfred Kubin (1877–1959): Malerei, Grafik, Literatur – Bernhard Pankok (1872–1943): Architektur, Malerei, Bühnenausstattung – Oskar Schlemmer (1888–1943): Malerei, Skulptur, Bühnenkunst – Arnold Schönberg (1874–1951): Musik, Malerei – Kurt Schwitters (1887–1948): Malerei, Skulptur, Literatur – Rudolf Steiner (1861–1925): Architektur, Literatur, Skulptur. Dazu die langfristig in Deutschland lebenden Ausländer: Wassily Kandinsky (1866–1944): Malerei, Literatur – der Ungar László Moholy-Nagy (1895–1946): Malerei, Skulptur, Photographie, Film und der Belgier Henry van de Velde (1863–1957): Architektur, Malerei, Design, Buchkunst.

Fast alle waren übrigens Mitarbeiter des ›Sturm‹. Was aber könnte ein Werkverzeichnis aussagen über Herwarth Walden, diesen Multikünstler par excellence? Er war Pianist und komponierte, er schrieb und edierte, er sammelte Bilder und stellte sie aus, er arrangierte Konzerte, Dichterlesungen, Theateraufführungen, Kunstschulen, Kunstsalons und Kampagnen. Er polemisierte, verteidigte, unterstützte, beschützte, haßte, kämpfte, liebte und litt für seine Freunde, seine Überzeugungen, für die

[8] Rudolf Kayser in: Berliner Tageblatt v. 9. 8. 1928; zitiert nach Brühl, Herwarth Walden, S. 23.

expressionistische Kunst. Herwarth Walden (eigentlich Georg Lewin, 1878–1941), Sohn eines jüdischen Arztes, lebte und wirkte in Berlin. Die Ausbildung zum Musiker erhielt er bei Conrad Ansorge, einem Schüler Franz Liszts. Im Anfang organisierte Walden Konzertabende für Richard Strauss. 1904 rief er zur Gründung eines »Vereins für Kunst« auf und präsentierte dort zeitgenössische Dichtung. In den Salons der Kunsthändler Bruno und Paul Cassirer, in den Redaktionen, Zirkeln und Künstlerlokalen war Walden von frühauf ein aktiver Gast und stellte Querverbindungen her. Ehe er 1910 seine eigene Zeitschrift gründete, redigierte er die Bühnenzeitschrift ›Das Theater‹. Dort kam es zu Querelen, weil Walden progressive Autoren druckte (Bang, Blei, Döblin, Frank, Hille, Kurtz, Mynona, Hardekopf, Rubiner und Scheerbart) und sich weigerte, Reklamenotizen redaktionell zu vertreten. So schuf er sein Blatt mit dem Ziel, anstelle des Journalismus und Feuilletonismus wieder »Kultur und die Künste« zu fördern. ›Der Sturm‹ wurde die große Kunst- und Literaturzeitschrift der Avantgarde in Deutschland. Den Namen fand Else Lasker-Schüler, die damals mit Walden verheiratet war. Schon die frühen Hefte tragen auf der Titelseite Tuschzeichnungen von Oskar Kokoschka. Im Oktober 1909 hatte Adolf Loos nach Berlin geschrieben: »Lieber Herr Walden! Maler Kokoschka will in Berlin eine Ausstellung veranstalten. Ich bürge für einen sensationellen Erfolg. Wäre bei Cassirer Platz?«[9] So wird die Verbindung hergestellt und Kokoschka wird Waldens engster Sturm-Freund, in den Jahren 1910–1914 geradezu der Hausmaler des ›Sturm‹. »Ich arbeitete für den ›Sturm‹ auch noch als Hilfsredakteur, Schriftsteller, Reporter, Austräger«, sagte Kokoschka später und nannte diese Jahre die glücklichsten seines Lebens. Viele ›Sturm‹-Künstler hat er für die Serie ›Menschenköpfe‹ porträtiert. Auch zwei seiner literarischen Texte, das Kurzdrama ›Mörder – Hoffnung der Frauen‹ (1907 – vertont von Paul Hindemith 1921) und ›Die träumenden Knaben‹ (1908) – Texte, in denen der junge Kokoschka Sexualität mythisch aufgefaßt und dargestellt hat (Kampf der Geschlechter, Hingabe, Tod und Befreiung), wurden im ›Sturm‹ veröffentlicht.

Herwarth Waldens Lebensbild zeigt mehrere Phasen der Aktivität, die auch geprägt waren durch seine Ehen. In den zwölf Jahren mit Else Lasker-Schüler – Walden heiratete die Dichte-

[9] Ebd., S. 33.

rin, die sich aus unglücklicher Ehe mit einem Arzt befreit hatte, 1901 – stand Zeitschriftenplanung im Vordergrund. Else Lasker-Schüler (1869–1945), deren Scharfsinn, Phantasie und exzentrische Schönheit damals ganz Berlin faszinierten, nannte sich selbst »Jussuf Prinz von Theben«. Gottfried Benn schildert ihr Kostüm: »Mit roter Samtjacke mit Goldknöpfen, dazu eine seidene karierte Hose (schon dies war für ihre Zeit eine ungeheure Provokation), Sandalen mit aufgenähten kleinen Glöckchen, die bei jedem ihrer Schritte klingelten, und dazu eine Unmenge Tand an Armen und um den Hals. Alles dies gekrönt von einer schwarzen Jockeymütze.«[10] Franz Werfel verglich sie mit »Zauberfrau« Alma: »Sie lebt in einer lichten (blonden) Magie, in der viel Vernichtungswille lebt, Trieb zu unterwerfen, aber das alles wolkig, feucht – während ein anderer starker Mensch, die Else Lasker-Schüler, schwarze Magie treibt, die unglaublich viel Hilfsbereitschaft, Trost, Bruderschaft und Liebe enthält, dies alles aber in romantisch-enthusiastischer Trokkenheit und in Unglanz.«[11] Nicht nur eine Anzahl ihrer schönen kühnen Gedichte, auch ihr Schauspiel ›Die Wupper‹ entstand in den ›Sturm‹-Jahren. Darin stellt sie eine Kapitalisten- und eine Proletarierfamilie in nachbarschaftlich-klassengegensätzlicher Verstrickung milieugenau, aber mit entschieden antinaturalistischer szenischer Poesie auf die Bühne. Die Theaterkritik spricht von »Kohlenpottvisionen« einer gebürtigen Wuppertalerin. Sie selbst nannte das Stück »Stadtballade und böse Arbeitermär«. Karl Kraus, der Else Lasker-Schüler entdeckt und hochgeschätzt hat, hörte nie auf, an sie zu erinnern und für sie zu sammeln, als sie nach Palästina emigriert, dort verarmt und hier vergessen war.

Herwarth Walden eröffnete seine ›Sturm‹-Galerie 1912 und löste mit dem »Ersten Deutschen Herbstsalon« 1913 Stürme der Entrüstung aus. Nur wenige erkannten den Rang dieser Ausstellung, die von 75 Künstlern aus zwölf Ländern beschickt war. In seiner großen Zeit als Galerist und Sammler war Walden mit der Schwedin Nell Roslund verheiratet, einer großbürgerlich-repräsentativen und eleganten Frau mit internationalen Verbindungen. Diese zweite Ehe Waldens dauerte von 1912 bis 1924. Die Trennung, auch in politischen Differenzen begründet

[10] Gottfried Benn in Selbstzeugnissen und Bilddokumenten, dargestellt von Walter Leunig. Hamburg 1962, S. 28.
[11] Zitiert in: Alma Mahler-Werfel, Mein Leben. Frankfurt a. M. 1963, S. 83.

– Walden wurde Marxist, sie blieb konservativ –, brachte es mit sich, daß ein Großteil der von Nell Walden finanzierten Bildersammlung mit ihr in die Schweiz ging. Nach dem Zweiten Weltkrieg ist es Nell Walden nicht gelungen, die Sammlung geschlossen einem Museum zu übergeben. 1954 wurde sie in Stuttgart versteigert. Expressionisten, Futuristen, Kubisten, Konstruktivisten, Dadaisten – allen hat Walden eine Plattform bereitet und sie, sofern er Qualität erkannte, ohne dogmatische Enge gefördert. Mit dem Pariser Talentförderer und Kunsthändler Daniel Henry Kahnweiler ist er oft verglichen worden. Im Urteil der Zeitgenossen kommen seine Nase und sein Späherauge immer wieder vor. Paul Klee notiert um 1911: »Er ist wer, aber irgendetwas fehlt. Er liebt die Bilder aber auch gar nicht. Er riecht nur was dran mit seinem guten Riechorgan.«[12] Nahezu Unvereinbares wird ihm attestiert: »Radikale Unversöhnlichkeit«, »leidenschaftliche Zuversicht«, »Hilflosigkeit«, »kühl-enthusiastische Energie«, »edle Naivität«, »Sätze wie Peitschenhiebe« und ein »verklärter Blick«. Moholy-Nagy unterstellte Walden kurzzeitig sogar Spekulantentum: »Herwarth Walden ist Millionär geworden, er hat eine fabelhafte Sammlung – er bekam sie für ein Butterbrot – und kaiserliche Allüren«.

Im Gegensatz zu Franz Pfemferts Zeitschrift ›Aktion‹ war ›Der Sturm‹ vor 1914 unpolitisch. In den zwanziger Jahren bezog auch er linke Position. 1933 emigrierte Herwarth Walden in die Sowjetunion. Seine dritte Frau, eine Russin, starb an Tuberkulose. Die schweren Jahre der Emigration teilte seine vierte Frau Ellen mit ihm. Solange es möglich war, wirkte er in Moskau als Publizist, u.a. für die Antituberkulose-Liga und eine Heilmethode, die sogenannte Methode Friedmann. In diesem praktischen Zusammenhang lautete eine seiner letzten Maximen: »Der Sinn des Lebens ist nicht der Sinn. Der Sinn des Lebens ist das Leben«. Im Zuge der Stalinschen »Säuberungen« wurde Herwarth Walden 1941 verhaftet und starb ein halbes Jahr danach im Gefängnis.

[12] Paul Klee, Tagebücher 1898–1918. Köln 1957, S. 284.

Führ ihn auch in die Stadt,
den unglückseligen Fremdling
Odyssee 17,10

Arthur Holitscher schildert in seinen Erinnerungen an die Münchner Literaten Anfang des Jahrhunderts, wie Max Dauthendey allen Ernstes vorhatte, im Geschäftszentrum Münchens einen Laden zu mieten und dort auf vielen persischen Teppichen und Kissen sitzend den Passanten, die von der Straße hereinkämen, Märchen zu erzählen – »ein Stück Bagdad in der Kaufingerstraße!« Dauthendeys weltfremde Träumereien seien nur intensiver, nicht prinzipiell anders gewesen als die der übrigen »zwischen Empörung, Ekel und Resignation schwankenden« Dichterfreunde. »Im Grunde waren wir ja alle, wie Hamsun es benannt hat, Ausländer des Daseins«, »frierende Fremdlinge«[1]. Aus der benachbarten Metropole Wien meldete Hermann Bahr, wie Dauthendey ein Weitgereister, ganz ähnliche Symptome: Der Großstädter findet sich in ein fremdes Leben eingespannt, für fremde Zwecke gebraucht und verbraucht, bis er schließlich »sich selbst abhandenkommt«[2]. In Berlin, wo sich – nach einem Gedicht Alfred Wolfensteins – Häuser und Straßen »Grau geschwollen wie Gewürgte drängen ... steht doch jeder fern und fühlt: alleine«[3]. Franz Werfel, der Stichwortgeber expressionistischen Lebensgefühls, schreibt die Verse: »Fremde sind wir auf der Erde Alle« und »Niemals im Andern, nie im Ich zu Hause!«[4] Entfremdet in der Welt, entgrenzt in sich selber, geben die Dichter ihre Visionen der Lust und des Schreckens, seufzend, stammelnd, jubelnd, brüllend, manche geschwätzig und manche auch flüsternd, fast erstickt. Wer nicht mit starker Eigenart begabt war, dem bannend unbestechlichen Blick Gottfried Benns oder der lautlosen Beschwörungskraft des Unheimlichen (Georg Trakl), der stimmte ein in »Sturz und Schrei«. Es schwillt und glüht, braust und lodert, peitscht und stürmt heftig in dieser Lyrik. Während lauter Einzelne im Ge-

[1] Arthur Holitscher, Die Münchner Zeit. In: Die Neue Rundschau 35, 1924, S. 389.

[2] Hermann Bahr, Der Betrieb der Großstadt. In: Die Neue Rundschau 23, 1912, S. 698.

[3] Alfred Wolfenstein, Städter. In: Kurt Pinthus (Hrsg.), Menschheitsdämmerung. Ein Dokument des Expressionismus. Hamburg 1955, S. 45f.

[4] Franz Werfel, Einander. Leipzig 1917, S. 60 und S. 46.

dicht Entfremdung artikulieren und sich, da sie ja Cliquen bilden, in dieser Entfremdung untereinander zum Teil ausgezeichnet verstehen, gibt ihnen ihre Sprachtheorie auch schon die Sporen. Pathos nennt sich die Klimazone, in der sie schreiben. Zuchtvolle Strenge, klassisches Maß und Formenkult (George, Hofmannsthal, Rilke) werden verspottet, »von der Gebärde Neuweimars bis zur pragwienerischen Verklärung der Bügelfalte«[5]. Das Zeitalter der lyrischen Flöte sei vorüber, proklamiert Stefan Zweig, »Nicht Flöte sondern Banjo!« Iwan Goll[6]. Dichterwort müsse jetzt aufschäumen, hämmern, elektrisieren. Einen der neuen Zeit angemessenen »Stahl- und Eisenstil« wünscht sich Moeller van den Bruck und preist Walt Whitman als einen Homer der Moderne.

›Weltende‹ heißt das Gedicht, das im Ruf steht, programmatisch den Frühexpressionismus eingeleitet zu haben. Der Dichter Jakob van Hoddis (1887–1942) gehörte zu den Gründern des Berliner »Neuen Clubs« und des »Neopathetischen Cabarets«, war Mitarbeiter an ›Sturm‹ und ›Aktion‹. 1912 zeigten sich Symptome einer Schizophrenie. Nach jahrzehntelangen Irrfahrten durch viele Städte und Heilanstalten kam er 1942 bei der Deportation ums Leben. ›Weltende‹ eröffnet auch bei Pinthus die ›Menschheitsdämmerung‹[7]:

Dem Bürger fliegt vom spitzen Kopf der Hut,
In allen Lüften hallt es wie Geschrei.
Dachdecker stürzen ab und gehn entzwei,
Und an den Küsten – liest man – steigt die Flut.

Der Sturm ist da, die wilden Meere hupfen
An Land, um dicke Dämme zu zerdrücken.
Die meisten Menschen haben einen Schnupfen.
Die Eisenbahnen fallen von den Brücken.

Unschuldsvoll-frech – am Anfang wie Heine, am Ende wie Kästner – bringen diese Reime doch ein Moment des Ungereimten schon mit. Disproportionalität (Schnupfen, Eisenbahnunglück) und Synchronie (Wind im Binnenland, Sturm an der

[5] Rudolf Kurtz, Programmatisches. In: Der Sturm 1, 1910/11; zitiert nach Anz/Stark, Expressionismus, S. 517.
[6] Iwan Goll, Das Wort an sich. Versuch einer neuen Poetik (1921); zitiert nach Anz/Stark, Expressionismus, S. 615.
[7] Jakob van Hoddis, Weltende. In: Pinthus, Menschheitsdämmerung, S. 39.

Küste) erzielen einen Verblüffungseffekt. Montagekunst in Lyrik und Prosa (Döblin) läßt sich vorausahnen. »Wir müssen darauf verzichten, verstanden zu werden«, verkündet 1912 der italienische Futurist Marinetti, einer der großen Anreger im ›Sturm‹-Kreis[8].

Rhythmik, Dynamik, Motorik – kurzum: Inspiration der Sprache durch die Technik – wird, wie es heißt, das Ende aller Parenthesen und sonstigen syntaktischen Umschweife bedeuten, ja das Ende aller Grammatik. Adjektive sollen abgeschafft, Verben nur im Infinitiv gebraucht werden. Analogiekette und Parataxe gelten als Sprachfiguren, die technische Abläufe am besten wiedergeben können. Sprachphilosophische Relevanz für den Expressionismus hatte Fritz Mauthner. Seine Unterscheidung adjektivischer (Sensualismus), substantivischer (Idealismus) und verbalistischer (Evolutionslehre) Systeme und seine Theorie der Loslösung des »Seins« vom »Werden«, des Substantivs vom Verb, entspricht tendenziell dieser literarischen Grammatikzertrümmerung[9]. Am radikalsten hat August Stramm (1874–1915) die Sprache eingedampft, so daß Kritiker ihm zuletzt »lautmimisches Gelalle« vorwarfen und »Dichtung im 200-Kilometer-Tempo«. Hier ein Gedicht des in Rußland gefallenen Reservehauptmanns, der im Zivilberuf Postinspektor war[10]:

PATROUILLE

Die Steine feinden
Fenster grinst Verrat
Äste würgen
Berge Sträucher blättern raschlig
Gellen
Tod.

In ihren Dramen haben besonders Stramm (›Sancta Susanna‹) und Hasenclever (›Die Menschen‹) die Ein-Wort-Technik praktiziert. Virtuose darin war Carl Sternheim (1878–1942). Alle

[8] Filippo Tommaso Marinetti, Die futuristische Literatur. In: Der Sturm 3, 1912/13; zitiert nach Anz/Stark, Expressionismus, S. 608. Vgl. im Anhang Dokument Nr. 4.

[9] Fritz Mauthner, Wörterbuch der Philosophie. Bd. 2, München, Leipzig 1910, S. 399f. u. S. 530f. Vgl. auch Dokument Nr. 12.

[10] August Stramm, Patrouille. In: Pinthus, Menschheitsdämmerung, S. 87.

expressionistischen Stilmittel handhabte er wirkungsvoll. Verben fehlen oft, Artikel fast immer. Der Satzbau wird umgekehrt (»Kam zu mir er«). Die so erreichte steil stilisierte Diktion läßt seine Figuren, diese kläglich-schnöden Vertreter des »Bürgerlichen Heldenlebens«, wie gegen den Strich gekämmt erscheinen. Vielleicht sind sie gerade deshalb bis heute auf dem Theater lebendig geblieben. Man hat, vermutlich zu Recht, behauptet, daß Sternheim nur eines zum Expressionisten fehlte – das Weltveränderungspathos.

Ein Dichter der grelldunklen Großstadtmythen und der Kriegsvisionen lange vor 1914 war Georg Heym. 24jährig ist er (1912) beim Versuch, einen eingebrochenen Schlittschuhläufer zu retten, in der Havel ertrunken. Hier die erste und die zehnte Strophe seines 1911 geschriebenen Gedichts ›Der Krieg‹[11]:

Aufgestanden ist er, welcher lange schlief,
Aufgestanden unten aus Gewölben tief.
In der Dämmrung steht er, groß und unbekannt,
Und den Mond zerdrückt er in der schwarzen Hand.
...
Eine große Stadt versank in gelbem Rauch,
Warf sich lautlos in des Abgrunds Bauch.
Aber riesig über glühnden Trümmern steht,
Der in wilde Himmel dreimal seine Fackel dreht ...

In der Malerei gibt es das gleiche Schreckensmotiv um diese Zeit bei Alfred Kubin und Ludwig Meidner (›Barrikadenkampf‹ 1913). Der Malerclub, dem Meidner angehört hat, gab sich den Namen ›Die Pathetiker‹ (Ausstellung 1912 in der »Sturm«-Galerie). Hier also wieder Pathos im Programm – so wie der Name des Literatenforums »Neopathetisches Cabaret« (gegründet 1910 von Ernst Blass, Kurt Hiller und Jakob van Hoddis) ein programmatischer Name war.

Es ist eine Art Gratwanderung, die dieses Pathos verlangt. Wo Künstler mit Sehergabe auftreten, wird nachträglich gern unterstellt, sie hätten kein Bewußtsein ihres Schaffens gehabt. Umgekehrt stimmt proklamierter Rausch mißtrauisch. (»Schaff dir den Rausch! Du kannst ihn überstehn!«)[12]. War da Origina-

[11] Georg Heym, Der Krieg. In: Pinthus, Menschheitsdämmerung, S. 79. Vgl. auch Barbara Bondy u. Rudolf Goldschmit (Hrsg.), Das Gedichtbuch. Frankfurt a. M. 1970, S. 88. Dort ist das Gedicht mit elf Strophen wiedergegeben.

[12] Walter Hasenclever im Gedichtzyklus ›Der Jüngling‹ (1911–1913); zitiert nach Hasenclever, Gedichte, Dramen, Prosa, S. 17.

litätssucht federführend, »hohles« Pathos? Karl Kraus wollte derartiges erkannt haben und ging nach 1910 hart mit den »Neutönern« ins Gericht, sprach von »Knabenhysterie« und »Pubertätskrisen«, von »Kunstdilettanten« und »Phraseuren«, aus denen »durch Substantivierung von Verben ... sowie durch die Fähigkeit, einen abgegriffenen Singular in einen funkelnagelneuen Plural zu verwandeln, im Handumdrehn ein Expressionist wird«[13]. Es ist statthaft, das Pathos der Pathetiker mit der Zeitformel »Erlebniskultur« in Verbindung zu bringen. Es wäre jedoch fahrlässig, oberhalb einer gewissen Emotionsschwelle das Prinzip Intellektualität zu negieren; ähnlich wie dies beim »Blauen Reiter« nicht anging. Intellektualität wurde hoch bewertet, besonders bei den Literaten. Abgewertet waren Vernunft und Vernünftigkeit. »Geistige« wollten sie sein. So lockerte sich jenes Scharnier, das zwischen dem Subjekt und der Welt vermitteln kann: der Sinn für Übereinkunft, den man auch Realitätssinn nennen mag. »Weltfremder als alle Dichter vor ihnen, warfen (die Expressionisten) ihr eigenes Ich in alle ihre Gestalten, waren unfähig, etwas zu erfassen, was nicht sie selbst waren.«[14] Noch etwas kam hinzu: Intellektuellenschelte, Polemik gegen die »dekadenten«, »wurzellosen«, »blutleeren«, »zersetzenden«, »jüdischen« Autoren, die von national-konservativer Warte aus mit Vorliebe »Zivilisationsliteraten« genannt wurden. Dies trug dazu bei, daß die Beschimpften für sich den Begriff »Geistige« adaptierten. Dieses Ideal involvierte ja nicht nur Kritikfähigkeit, die den Intellektuellen nie abgesprochen wird, sondern auch Verantwortlichkeit. Geist also ja – Vernunft nein! Die Gefahr bodenloser Geistigkeit war gegeben. Es gleicht nun tatsächlich einem artistischen Salto, wie die Programmatiker des Expressionismus wieder Boden unter die Füße zu bekommen suchten. Die Stichworte heißen hier: Aktion, Aktivismus, Tatidealismus, Rat der Geistigen, Bund zum Ziel. Praktisch haben zahlreiche Künstler im Krieg und vor allem nach dem Krieg solcher Zielsetzung entsprochen. Sie wurden Sozialisten, Pazifisten, Nationalbolschewisten, sie wurden politisch. Ausdenker und Wortführer des Tatidealismus war der Berliner Literat Kurt Hiller (1885–1972).

Der Sohn eines Krawattenfabrikanten aus angesehener jüdischer Familie (sein Großonkel Paul Singer war nach 1885 Frak-

[13] Karl Kraus in: Die Fackel; zitiert nach Anz/Stark, Expressionismus, S. 80.

[14] Gerhard Reinboth, Die Betonung der schaffenden Persönlichkeit bei den »Jüngsten« (1920/21); zitiert nach Anz/Stark, Expressionismus, S. 355.

tionsführer der Sozialdemokraten im Reichstag und ab 1900 SPD-Vorsitzender) verkörperte exemplarisch den Typus des Zivilisationsliteraten. Turn- und Singstunde (»Das Wandern ist des Müllers Lust«) waren schon dem Schuljungen zuwider: »Weil Wasser fließt, muß der Mensch doch nicht wandern«, fand er. »Das ist vaterländisch romantisierender Kitsch und Quatsch.«[15] An der Jugendbewegung schien ihm achtenswert deren Gemeinschaftsgeist. Im Gegensatz zu den Freideutschen, Jungdeutschen und Völkischen waren für ihn und seinen Kreis jedoch Philosophie und Literatur Lebenselement. »Alles, was Zupfgeigenhansl hieß, war für uns restlos komisch. Die Natur war uns nicht gleichgültig, doch wir waren aufs betonteste ›asphalten‹.« Hiller studierte Jura und promovierte durch Vermittlung Gustav Radbruchs in Heidelberg mit der Arbeit ›Das Recht über sich selbst‹. Er erörtert darin Aspekte einer wünschenswerten Strafrechtsreform, die Suizidversuch, Tötung auf Verlangen, Abtreibung und Homosexualität freisetzt von Strafverfolgung. Hiller beansprucht für sich, der erste in Deutschland gewesen zu sein, der für eine ersatzlose Streichung des Paragraphen 218 plädierte. Für die Abschaffung des Paragraphen 175 StGB, setzte er sich auch als Betroffener ein. Seine literarischen Aktivitäten waren vielseitig. Er gründete Zirkel und Cabarets (»Gnu«), war Mitarbeiter an der ›Fackel‹, an ›Sturm‹, ›Aktion‹ und an Jacobsohns ›Schaubühne‹. 1912 gab er die erste Anthologie expressionistischer Lyrik unter dem Titel ›Kondor‹ heraus – eine »radikale Sammlung radikaler Strophen«. Daß sie, wie auch die Sammlung ›Mistral‹ (1913), vergessen wurde und vergessen blieb, nachdem Pinthus mit der ›Menschheitsdämmerung‹ so großes Echo fand, kränkte ihn sehr; um so mehr, als etliche der von ihm erstveröffentlichten Dichter auch bei Pinthus vertreten waren. Hillers erfolgreichste Publikationen wurden die Jahrbücher ›Das Ziel. Aufrufe zu tätigem Geist‹, die von 1916 bis 1925 fünfmal erschienen. Darin versammelte er Autoren von Geist und Rang (u. a. Walter Benjamin, Hans Blüher, Eduard David, Hedwig Dohm, Alfred Kerr, Alfred Kubin, Alfred Kurella, Rudolf Leonhard, Rudolf Kayser, Leonard Nelson, Heinrich Mann, Kurt Peschke, Carl von Ossietzky, Helene Stöcker, Frank Thiess und Gustav Wyneken). Er selbst hielt ›Das Ziel‹ für eine »Säkularsache«, die leider behandelt worden sei wie veraltende Belletristik und

[15] Kurt Hiller, Leben gegen die Zeit. Logos. Reinbek 1969, S. 40.

wagte die Hypothese, wenn die Zeitschrift bis 1933 existiert hätte, wäre zwar Hitler nicht verhindert worden, aber die kulturelle Emigration vielleicht weniger zersplittert gewesen. Hillers »Bund zum Ziel« hatte im November 1918 kurz die Chance, analog zu den Arbeiter- und Soldatenräten, unter dem Namen »Rat geistiger Arbeiter« als dritte Kraft installiert zu werden. Zum Programm gehörten da u.a. die große Strafrechtsreform, die Trennung von Kirche und Staat und die Einheitsschule als »Kulturschule« (Wyneken-Modell). Nach dem Scheitern der Novemberrevolution widmete sich Hiller der »Deutschen Friedensgesellschaft« (Friedrich Wilhelm Foerster, Hellmuth von Gerlach, Ludwig Quidde, Helene Stöcker), der Arbeit für die ›Weltbühne‹ und veröffentlichte die Bücher ›Geist werde Herr‹ (1920) und ›Die Verwirklichung des Geistes im Staat‹ (1925). Als Adolf Hitler an die Macht kam, erlitt er Haft und Konzentrationslager (Oranienburg), konnte 1934 nach Prag und 1938 nach London emigrieren und lebte von 1955 bis zu seinem Tod – wieder publizistisch tätig – in Hamburg.

»Denken als Erlebnis« lautete Hillers Maxime. »Sinnlich und skeptisch – das ist die Kunst«, sagte der 26jährige im neugegründeten Cabaret »Gnu«. Weder den »Mathematikern des Denkens« noch den »Harfnern ohne Denkleidenschaft«, sondern »zerebraler Lyrik« wollte man dort ein Forum bieten. »Zerebrale Lyrik« – das hieß für Hiller eine magische Verbindung des Hirns mit dem Herzen. Seine schlagwortprägende Phantasie drückte diesem Ideal den Stempel auf: »Hirnesherz«. Das war nicht nur ein Programm für die Zukunft, es war auch ein Siebverfahren für die Überlieferung. Das meiste fiel durch dieses Sieb, Platon, Kant, Goethe, Heine, Nietzsche und Schopenhauer ausgenommen. Hegel attackierte er wütend. Marx nannte er eine »Melone, gewachsen aus dem Mistbeet Hegel«[16]. Immer polemisch, mitunter sehr zänkisch reagierte er, wenn – was nach seiner eigenen Auskunft etwa alle acht Jahre passierte – ein »Abtrunn« zu beklagen war. Als »Abfall in jedem Sinn« galt dann der ehemals geschätzte Freund und Kampfgefährte. Hillers streitbares Temperament hat ihn, der andererseits eine Integrationsfigur war, immer wieder in Außenseiterpositionen versetzt. In seinen Schriften ist diese Spannung zum System geworden: ›Kultus der Skepsis‹, ›Apologie der Zersetzung‹, ›Apotheose der Desperation‹. Alfred Döblin sagte über ihn

[16] Ebd., S. 193f.

1950: »... er war immer Doktrinär, Rabulist, ein Mann mit Scheuklappen, ein Besserwisser.«[17] Kurt Hillers utopischer Entwurf ›Philosophie des Ziels‹ (1916) dokumentiert eindrucksvoll ein Grundprinzip der Avantgarde, »den Versuch, die ästhetische ... Erfahrung ... ins Praktische zu wenden. Das, was der zweckrationalen Ordnung der bürgerlichen Gesellschaft am meisten widerstreitet, soll zum Organisationsprinzip des Daseins gemacht werden.«[18]

Hiller rechnet zunächst ab mit Metaphysik und Erkenntnistheorie, mit Rationalismus und Irrationalismus. Er will die Welt nicht erklären, sondern verändern durch die »Würde des Wollens«. Er entwirft kein ethisches, aber auch kein musisches Reich der Zukunft. Er will Individualismus und »Ichkultur« überwinden durch den »Zusammenschluß der Geistigen«. Die große »Ich-Erweiterung« im verantwortlichen Fühlen der Eliten soll das Volk zum Bewußtsein seiner Nöte bringen. Es gibt, meint Hiller, zweierlei: »Zu den Ereignissen Worte machen, und durch Worte Ereignisse machen. Reportage und Prophetie; nichts Drittes«. So muß der Literat zum Propheten werden. Redner, Lehrer, Aufklärer, Aufwiegler, Bündegründer, Gesetzgeber, Propheten« werden an die Macht kommen, wenn die Partei der Geistigen erstarkt ist. Diese Partei wird nicht tyrannisch sein, weil das Volk dem Geist »von Anbeginn die Herrschaft stillschweigend übertragen (hat)«. Sozialistisch und pazifistisch wird der Bund der Geistigen wirken, zuerst die Welt bessern und zuletzt die Staaten lenken. Folgt ein 17-Punkte-Programm, dessen interessantester Punkt Nr. 16 ist: »Schaffung eines mit gesetzgebender Gewalt ausgestatteten deutschen Herrenhauses, das aus den geistigen Führern der Nation bestünde«. Anstelle des demokratischen also wieder das aristokratische Prinzip! Auf welche Weise die Elite in die zweite Kammer gewählt, bzw. von wem sie dorthin berufen werden soll, bleibt offen. Daß sich bei aller inhaltlichen Gegensätzlichkeit strukturell hier erstaunliche Parallelen zu den Reformideen Lagardes finden, ist offenkundig. Daß unter den 862 Namen, die das Personenregister in Hillers Autobiographie aufweist, Lagarde nicht erscheint, scheint mir ebenfalls mitteilenswert.

Unter keinem Aspekt war der Expressionismus so breiten- und tiefenwirksam wie im Zeichen des Aufstands gegen die Väter.

[17] Ebd., S. 367.
[18] Peter Bürger, Theorie der Avantgarde. Frankfurt a. M. 1980, S. 44.

Es läge nahe und wäre doch irreleitend, die Bewegung auf diese Wurzel zurückzuführen, weshalb wir nicht zuerst, sondern zuletzt die Literatur ins Auge fassen, die den Generationenkonflikt unmittelbar thematisierte. Außerkünstlerische Initiativen, Parallelerscheinungen im Bereich von Schule und Hochschule kamen hinzu. Wenn es zwischen der literarischen Avantgarde und der Jugendbewegung eine Engführung gab, dann hier – im Protestschub gegen das Patriarchat.

Im Juni 1914 las im literarischen Cabaret »Gnu« ein 24jähriger Student aus seinem Dramenmanuskript und merkte am Echo der Hörer, daß er einen Nerv getroffen hatte: Walter Hasenclever (1890–1940) mit seinem Stück ›Der Sohn‹. Zum Inhalt: Der Sohn, 20 Jahre alt, hat wegen einer verweigerten Mathematikaufgabe das Abitur nicht bestanden und wird zur Strafe vom Vater in Hausarrest gehalten. »Das Fräulein«, seine Gouvernante, muß ihn bewachen, gibt aber als Liebende, die nun auch zur Geliebten wird, den Hausschlüssel heraus. Zweite Station des Ausbruchs in die Freiheit wird »Der Freund«. Ihn begleitet der Sohn nachts heimlich zu einem Anarchistentreffen, das teils Seance, teils Gelage, teils Verschwörerclub, jedenfalls aber keine politische Untergrundorganisation ist, weshalb auch die Polizei ein Auge zudrückt. Wie in Trance hält der Sohn dort seine große rebellische Rede gegen die Tyrannei der Väter. Teichoskopisch wird vom Höhepunkt im Saal berichtet: »›Er ist irre! Er sagt –: er nimmt die Marter unser aller Kindheit auf sich!‹ ›... Weiter, was tut er?‹ ›... Er sagt –: die Väter, die uns peinigen, sollen vor Gericht! Das Publikum rast ––‹ ... ›Bravo! Ein herrlicher Fall!‹ ... ›Da jetzt –‹ ›Was?‹ Er reißt sich die Kleider vom Leibe, er entblößt die Brust. Er zeigt die Striemen, die ihm sein Vater schlug – seine Narben! ... Jetzt – sie ergreifen seine Hände – sie jubeln ihm zu – ›Jetzt hat er gesiegt! Jetzt hat er's vollbracht!‹«[19] Zum Schluß wird im Saal die Marseillaise angestimmt. Den Rest der Nacht verbringt der Sohn mit der Hure Adrienne. Am nächsten Morgen läßt ihn sein Vater verhaften und mit Polizeigewalt nach Hause bringen. Der Freund, ein ausgebrannter Nihilist, will das Empörerblut des Sohnes zur höchsten Wallung bringen, nicht zuletzt in der Hoffnung, daß für ihn selbst noch eine Ekstase dabei herausspringt, und stiftet ihn an zum Vatermord. Der Sohn willigt ein, Vollstrecker und

[19] Walter Hasenclever, Der Sohn. In: Hasenclever, Gedichte, Dramen, Prosa, S. 137.

somit auch Opfer zu werden. Die große Auseinandersetzung – Vater mit Peitsche, Sohn mit Revolver in der Hand – endet jedoch nicht tätlich, wohl aber tödlich. Vom Herzschlag getroffen, bricht der väterliche Tyrann zusammen. Über seiner Leiche wechseln Sohn und Fräulein den letzten Händedruck und »gehen nach verschiedenen Seiten ab«.

Hasenclever hat, wie Schiller, einen feurigen Jüngling auf die Bühne gestellt, der noch in tiefer Demütigung um die Liebe des Vaters fleht, bis der Haß ihn überwältigt. Er hat diesen seinen Carlos jedoch aller individuellen Bestimmtheiten entkleidet, hat ihn archaisiert und stilisiert und eingekleidet in Empörerpathos, so daß ›Der Sohn‹ – wirkungsgeschichtlich eher mit ›Werther‹ als mit ›Don Carlos‹ verwandt – zu einer Seelenmode der Zeit wurde. »Du Landstreicher auf der Straße des Gefühls!«[20] konnte der Vater nicht ganz unbegründet höhnen. Die Tragödie, in der so viele Söhne sich wiederzufinden glaubten, hatte ein reales Pendant im aufsehenerregenden Fall Gross. Der Freud-Schüler, Analytiker und Kulturkritiker Otto Gross, geistig und persönlich den Kreisen der Literatur-Bohème in Prag, Wien, München und Berlin eng verbunden, wurde vom eigenen Vater seiner Freiheit beraubt. Dieser in Wien ansässige einflußreiche Strafrechtler und Kriminologe ließ seinen 36jährigen Sohn Otto im November 1913 verhaften und in eine psychiatrische Anstalt bringen. Erst eine Protestkampagne expressionistischer Zeitschriften konnte seine Freilassung erwirken. Für Hasenclever selbst stand eine außerordentlich harte Jugend im Hintergrund des Dramas. Sein engster Freund und Biograph Kurt Pinthus[21] berichtet, wie der Sohn eines Arztes in Aachen aufwuchs. Aufgrund einer Schwangerschaftspsychose und längerer Klinikaufenthalte entwickelte die Mutter Haßgefühle gegen ihr erstes Kind. Es stellte sich lebenslang keinerlei Beziehung zwischen ihnen her. Glücklicherweise gab es eine liebevolle Großmutter, die auch später seine einzige Verbindung zur Familie blieb. Hasenclevers Vater, der »seine Patienten wie ein Engel, seine Kinder wie ein Wachtmeister traktierte«, war haßerfüllt gegen alles Moderne in Kunst und Wissenschaft. Er unterdrückte alle Neigungen des Sohnes, die in diese Richtung gingen. Zur Schulleistung angetrieben, zum Jurastudium und Diplomatenberuf vorherbestimmt, durfte Walter Hasenclever außer Reisebe-

[20] Ebd., S. 118.
[21] Ebd., S. 9–21.

schreibungen nichts Literarisches lesen, niemals Konzerte oder Theater besuchen. Erst dem 19jährigen Studenten gelang die nächtliche Flucht aus seinem Studienort Lausanne. Auf abenteuerlichen Umwegen kam er nach Leipzig (1910), wo er endlich Literatur studieren, zu leben und zu schreiben anfangen konnte. Sein Elternhaus hat Hasenclever nie wieder betreten. Die für ihn befreienden Leipziger Jahre dauerten bis zum Kriegsausbruch. »Ich werde nie den Geruch von Leipzig vergessen«, schrieb er später, »dies Gemisch von chemischen Produkten, Schornsteinen und feuchter Luft. Die Metropole des deutschen Buchhandels war eine trübe, spießbürgerliche Stadt mit finsteren Bierlokalen ... Und doch – es war immer noch die Stadt des jungen Goethe.«[22] Hasenclever, aufgrund seines Werks von den Nationalsozialisten verfemt, emigrierte 1933 und vergiftete sich 1940 im Internierungslager von Aix-en-Provence mit Veronal. In den drei Jahrzehnten seines fruchtbaren und erfolgreichen Schriftstellerlebens durchlief er kontrastreiche Phasen: ekstatische Jugend – politische Dichtung (›Antigone‹) – mystische Periode (Swedenborg-Übersetzung) bis hin zu den sozialkritischen Komödien (›Ein besserer Herr‹) der zwanziger und frühen dreißiger Jahre. Den Schlagschatten »Sohn« ist er nie losgeworden. Das 1916 in Prag uraufgeführte Stück durfte während des Krieges in Deutschland nicht öffentlich gespielt werden. Inszenierungen ab 1918 (Mannheim und Berlin – Sohn: Ernst Deutsch; Vater: Paul Wegener; Freund: Werner Krauß) machten schlagartig deutlich, was expressionistisches Theater sei. Der Sohn stand stets im Lichtkegel, die übrigen Figuren wurden »sozusagen als Projektionen aus dem Bewußtsein des Sohns, durch Scheinwerfer aus dem Dunkel ins Helle gebracht.«[23] Zwei Jahre vor Hasenclever hatte Reinhard Johannes Sorge (1892–1916) in seinem genialischen Drama ›Der Bettler‹ die Charakterisierung aller Figuren aus der Subjektivität des Helden unternommen. Sorges Vater-Sohn-Stück wurde allerdings nie ein Bühnenerfolg. Der Vater, ein mit grausiger Phantasie entworfener Greis, trommelt wie rasend auf einer Spielzeugtrommel und brütet Pläne aus für gigantische Maschinerien zum »Wohl der Menschheit«. Wenn er für seine Konstruktionszeichnungen rote Tinte braucht, sticht er mit der Reißfeder Vögel an, um deren Blut zu gewinnen. Der Sohn erlöst den

[22] Ebd., S. 57.
[23] Ebd., S. 19–20.

Wahnsinnigen, indem er ihn vergiftet. Bis auf die Hauptpersonen sind die Akteure dieses Stücks, wie bei Schönberg/Kandinsky, Namenlose ohne Eigenschaften. Sie heißen »Gruppenpersonen«, »Nebenpersonen«, »Stumme Personen« oder »Gestalten des Dichters«, der seinerseits, auch noch in sich selbst aufgefächert, keine Identität hat. Die »Entrechtung der Wirklichkeit« auf dem Theater ist vollzogen. Im Umfeld der Psychoanalyse lehnen die expressionistischen Dramatiker jegliche psychologische Motivation ab. In Freuds Zeitschrift ›Imago‹ untersucht Hans Sachs 1917 Hasenclevers ›Sohn‹ und findet bis in die Details das Modell »Ödipus« bestätigt. Dieses Modell liegt auch dem krassesten Stück zugrunde, das nach 1920 ein sensationeller Bühnenerfolg wurde, dem ›Vatermord‹ von Arnolt Bronnen. Hier gipfelt nach heftigen Prügelszenen und hündischen Versöhnungsversuchen eine Kleinbürgertragödie in der Paarung von Mutter und Sohn und in der orgiastisch empfundenen Tötung des Familientyrannen, der von Beruf und Art ein Subalternbeamter gewesen war. Die Fahrt in solche Höllen überrascht nicht so sehr, wenn man den Generationenkonflikt im Drama seit Ibsen verfolgt. Die Väter, so kam es heraus, sind Väter zum Fürchten und zum Verachten. Ihren Söhnen haben sie Banken, Bergwerke und Fabriken vererbt, dazu die Korruption und die Syphilis[24]. Der Protest weitet sich aus auf die gesamte patriarchalische Obrigkeit, auf Staat, Kirche, Schule, Justiz, Militär. Und er wird aggressiv gesteigert durch die Schuldgefühle ödipalen Problembewußtseins. Die Dramen und Erzählungen von Max Brod, Hanns Johst, Georg Kaiser, Ernst Toller, Fritz von Unruh, Jakob Wassermann und Franz Werfel belegen dies vielfältig. Den Vaterhaß der Nachkriegsjugend analysierte der Publizist und Politiker Ernst Niekisch[25]: Durch eine Generation von Bankerotteuren war das Patriarchat unrettbar diskriminiert, das deutsche Volk in eine »proletarisch-koloniale Situation« gebracht und die Jugend um alles betrogen worden: ihre jungen Jahre, ihre Hoffnung, ihr Leben. Unter der großen, heißen Rebellion hatte sich die Eiseskälte der Ent-

[24] Vgl. auch die dramatische Satire von Oskar Panizza, ›Das Liebeskonzil‹ (1894): Gottvater, Jesus, Maria und der Teufel schmieden ein Komplott, um den Ausschweifungen des Renaissance-Klerus Einhalt zu gebieten und schicken die Lustseuche auf die Erde. Wegen Gotteslästerung und Majestätsbeleidigung verurteilt, mußte der Autor ein Jahr ins Gefängnis.

[25] Vgl. Ernst Niekisch, Die Tragödie deutscher Jugend. In: Politische Schriften. Köln, Berlin 1965, S. 43.

fremdung längst angekündigt. Kafka schrieb 1913 ›Das Urteil‹, 1915 ›Die Verwandlung‹ und 1919 die autobiographische Anklageschrift ›Brief an den Vater‹.

Kulturgeschichte, die ja immer auch Mentalitätsgeschichte ist, wird keiner Epoche mit dem Sortiersieb gerecht – hier das Alte, dort das Neue. Auch nicht der chaotischen Phase nach 1918. Weil Krieg war, weil es ein Vorher und Nachher gab für die Überlebenden, und weil dieser Krieg in ihrem Erleben eine gewaltige Zäsur darstellte, werden Kontinuitäten nicht so leicht erkennbar. Vorausgeschickt, daß es sie gab, wie es Brückenschläge, Einbrüche und Umwälzungen gab, versuchen wir zwei Phasen des Expressionismus zusammenfassend zu kennzeichnen: Vor 1914 war eine Zeit großer Utopien – nachher eine Zeit der Heilslehren. Vor 1914 waren es wenige voller Feuer – nachher viele Überhitzte. Vor 1914 war Avantgarde elitär – nachher demokratisiert und auch kommerzialisiert. Vor 1914 gab es einen Erlösungsanspruch der Kunst – nachher dessen Travestie (Dada) und eine »Fetischisierung des Faktischen«[26] (Neue Sachlichkeit, Reportageroman). Vor 1914 ging es um Ideen – Musil meint, der Expressionismus habe Ideen angebellt, »wie ein Hund den Mond anbellt, wobei ihm das Gefühl in der Runde antwortet.«[27] – nach dem Krieg ging es um Ideologien und um Moden. Von Franz Werfel, dem Exponenten expressionistischer Lyrik, stammt auch ein kabarettistischer Abgesang auf die Epoche[28]:

Eucharistisch und tomistisch,
Doch daneben auch marxistisch,
Theosophisch, kommunistisch,
Gotisch kleinstadt-dombau-mystisch,
Aktivistisch, erzbuddhistisch,
Überöstlich taoistisch,
Rettung aus der Zeit-Schlamastik
Suchend in der Negerplastik,
Wort- und Barrikaden wälzend,
Gott und Foxtrott fesch verschmelzend, –

[26] Vgl. Jost Hermand u. Frank Trommler, Die Kultur der Weimarer Republik. München 1978, S. 133–139, 162.

[27] Robert Musil, Symptomen-Theater (Juni 1922); zitiert nach Anz/Stark, Expressionismus, S. 678.

[28] Franz Werfel, Spiegelmensch. Magische Trilogie. München 1920. Gedicht enthalten im II. Teil VIII (Tempelvorhof), S. 130.

Dazu kommt (wenn's oft auch Last ist),
Daß man heute Päderast ist ...
Also lautet spät und früh
Unser seelisches Menu.

5. Kriegserlebnis

»Meine Zeitrechnung beginnt am 4. August 1914. Von da ab stieg das Barometer: 13 Millionen Tote, 11 Millionen Krüppel, 50 Millionen Soldaten, 6 Milliarden Geschosse, 50 Milliarden Kubikmeter Gas. Was ist da persönliche Entwicklung? Niemand entwickelt sich da ›persönlich‹. Da entwickelt etwas anderes ihn.«[1] So die Kriegsbilanz des Regisseurs Erwin Piscator (1893–1966). Zu Anfang las man's anders. Kurz nach Kriegsausbruch erinnert Ferdinand Avenarius an den Jahrestag des Meißnerfestes. Das Gedicht trägt den Titel ›Gruß an die Freideutschen‹ und lautet[2]:

Am zehnten Oktober, denkt Ihr daran?
War das erst voriges Jahr?
Wie mancher reifte schnell zum Mann,
Der da noch Knabe war!
Nun suchen euch unsere Grüße gut
In Frankreich, in Rußland, zur See –
»Und du? ––– Und du?« Fragt nicht! es tut
Soldatentod nicht weh.

»Kriegs-Fahrend-Volk« ist in der Wandervogel-Chronik das Kapitel überschrieben, dem wir dieses Gedicht entnommen haben. Patriotische Lyrik überschwemmte damals den Buch- und Zeitschriftenmarkt. Allein im August 1914 sollen in Deutschland eineinhalb Millionen Kriegsgedichte produziert worden sein[3]. Es bedarf hier keiner Schilderung der Begeisterungsstür-

[1] Erwin Piscator, Das politische Theater (1929); zitiert nach Jost Hermand u. Frank Trommler, Die Kultur der Weimarer Republik. München 1978, S. 134.

[2] Ferdinand Avenarius im Kunstwart (1914). Zitiert nach Gerhard Ziemer u. Hans Wolf (Hrsg.), Wandervogel und Freideutsche Jugend. Bad Godesberg 1961, S. 317.

[3] Vgl. Klaus Vondung, Deutsche Apokalypse 1914. In: Klaus Vondung

me, die die Mobilmachung entfachte. Kulturhistorisch relevant ist allerdings die Frage nach den Gründen. Da geht immer wieder die Rede vom materialistischen Zeitgeist, dessen die Gesellschaft überdrüssig geworden sei, von Banalität, Langeweile, ja Ekel am satten Behagen. Schon 1885 hatte Lagarde der Jugend suggeriert: »Sie will Krieg für ein konkretes Ideal führen, sie will Gefahr, Wagnis, Wunden, Tod, will nicht das Einerlei wiederkäuen, das ihre Großväter bereits gekaut haben.«[4] Man geht jetzt so weit, von »sittlicher Sehnsucht« nach dem »Stahlbad« zu sprechen. Thomas Mann begrüßt die »Heimsuchung« freudig bewegt, nachdem »in der Welt des Friedens« durch »Zersetzungsstoffe der Zivilisation« die Luft stickig geworden sei. Sein Gruß gilt dem »Soldaten im Künstler«[5]. Gerhart Hauptmann, Alfred Döblin, Alfred Kerr, Robert Musil, Ludwig Thoma und sogar Wedekind werfen ihre Stimmen zugunsten des großen kriegerischen Läuterungsprozesses in die Waagschale. Kriegsapologetik findet sich auch bei Stefan George und Hugo von Hofmannsthal. Zu den prominenten Autoren, die sich skeptisch und kritisch äußern, z.B. Heinrich Mann, Karl Kraus, Arthur Schnitzler, zählen die Frauen: Else Lasker-Schüler, Ricarda Huch, Annette Kolb. Ina Seidel andererseits fehlt in keiner Anthologie der Kriegslyrik. Heroische Tugend und Wynekens Formel »Krieg führen für den Geist« motivieren weit über politisch-militärische Ziele hinaus den Patriotismus von 1914. Professoren, Pastoren, Lehrer und Schriftsteller sind es vor allem, die in Kriegs- und Feldpredigten, Vorträgen und Versammlungen das »sinnstiftende Ereignis« feiern. In geschichtsapokalyptischer Sicht deuten sie den Krieg als ein »Weltgericht, das Gott über Deutschlands Feinde verhängt hat. Die Kriegsgegner des Deutschen Reichs werden mittels klassischer apokalyptischer Symbole als Vertreter des schlechthin Bösen gezeichnet und mit dem Satan und Antichrist identifiziert. Die Deutschen, von diesem Feind seit langem bedrängt, erscheinen als ›Gottes Volk‹, das berufen ist, im Auftrag Gottes das ›Weltge-

(Hrsg.), Das wilhelminische Bildungsbürgertum. Zur Sozialgeschichte seiner Ideen. Göttingen 1976, S. 154.

[4] Paul de Lagarde, Über die Klage, daß der deutschen Jugend der Idealismus fehle. In: Deutsche Schriften; zitiert nach Fritz Stern, Kulturpessimismus als politische Gefahr. München 1986, S. 57.

[5] Thomas Mann, Gedanken im Krieg (1914); zitiert nach: Politische Schriften und Reden. Bd. 2 (Das essayistische Werk. Taschenbuchausgabe), S. 7–20; Zitat S. 9f.

richt‹ zu vollstrecken. Da Deutschland als ›Werkzeug Gottes‹ kämpft, gilt sein Sieg als ausgemacht.«[6]

Selbst verankert in der Tradition des deutschen Idealismus, ruft man Fichte, Schelling, Schleiermacher, Hegel, Jahn und Arndt ins Bewußtsein der Öffentlichkeit, ruft den Krieg als Heilsereignis aus (und ruft bei dieser Gelegenheit auch sich selbst in Erinnerung). Der Philosoph Max Scheler bekennt: »Wir waren nicht mehr, was wir so lange waren: Allein!«[7] Unter Kriegsbedingungen erscheint das gerade in der bürgerlichen Akademikerschaft so verbreitete Leiden am Isolationsdruck gelindert. Als Emanation des Volksgeistes begriffen, stiftet der Krieg – wie man hofft – sowohl ein Bündnis zwischen den Führungsschichten im Reich und den Bildungsbürgern als auch zwischen den Bildungsbürgern und der breiten Bevölkerung. Gemeinschaft also wiederzuerlangen und damit eigene Geltung, dies »gipfelte im Wunschbild einer Welt, in der materielle Sachverhalte von sekundärer Bedeutung sind, unter der Geistesherrschaft der Gebildeten«[8].

Die Euphorie hielt nicht lange an. Schon 1915 wurde es stiller um Deutschlands Selbst- und Welterlösungsanspruch, zumindest in den Feuilletons der Zeitungen. Die karge Sprache von Grabkreuzen, Feldpostbriefen und Fronturlaubern begann sich auszuwirken. Viele der anfänglich kriegsbegeisterten Künstler und Autoren schwiegen nun oder schwenkten um. In Pfemferts ›Aktion‹ fanden sie keinen Einlaß. Diese Zeitschrift hatte von Anfang an einen Antikriegskurs gesteuert, im Gegensatz zum damals politisch neutralen ›Sturm‹. Sie umging die strengen Zensurvorschriften geschickt, brachte Gedichte und Texte aus der Leidensperspektive des einzelnen Frontsoldaten und in der Rubrik »Ich schneide die Zeit aus« regelmäßig Pressezitate ohne Kommentar, die sich in ihrer chauvinistischen Sprache und Tendenz selbst entlarven sollten[9]. Für Wilhelm Herzogs Münchner Zeitschrift ›Forum‹ hingegen schlug die letzte Stunde im September 1915. Hier waren ausländische Autoren und Kulturereignisse auch aus den mit Deutschland im Krieg befindlichen Ländern präsentiert worden. Das Bayerische Kriegsministerium ordnete ein Verbot weiteren Erscheinens an: » …

[6] Vondung, Deutsche Apokalypse 1914, a.a.O., S. 156.

[7] Max Scheler, Der Genius des Krieges. In: Die Neue Rundschau 25, 1914, S. 1327; zitiert nach Anz/Stark, Expressionismus, S. 299, Anm. 11.

[8] Vondung, Deutsche Apokalypse 1914, a.a.O, S. 170f.

[9] Vgl. im Anhang Dokumente Nr. 7 u. 8.

Die an den Tatbestand des Landesverrats grenzende unheilvolle Wirkung dieser literarischen Unternehmung kann an der Hand von Äußerungen der Presse des feindlichen Auslands nachgewiesen werden.«[10] Defätismus wurde dem Blatt angekreidet, Schaden für die Landesverteidigung und die öffentliche Sicherheit. Zwei expressionistische Zeitschriften exilierten in die neutrale Schweiz: René Schickele und Franz Blei mit den ›Weißen Blättern‹ 1916 nach Zürich und Ludwig Rubiner mit dem ›Zeit-Echo‹ 1917 nach Bern. Hier wurde pazifistischen Gedanken und Hoffnungen eine Plattform geboten. Hier konnte Annette Kolb das, was in Deutschland nicht anders als in den Staaten seiner Kriegsgegner Heldentum hieß, beim Namen nennen, nämlich: »morden und sich morden (zu) lassen«[11].

Unter den Kriegstoten waren die expressionistischen Maler und Dichter August Macke, Franz Marc, Wilhelm Morgner, Alfred Lichtenstein, Ernst Wilhelm Lotz, Reinhard Johannes Sorge, Ernst Stadler, August Stramm und Georg Trakl. Verwundungen (Kokoschka) und Nervenschocks erlitten Ernst Ludwig Kirchner, Max Beckmann, George Grosz und Walter Hasenclever. Sie mußten psychiatrisch behandelt, dienstuntauglich geschrieben oder, wie Franz Werfel und Alban Berg, in Wach- und Schreibstuben versetzt werden. »Meine Nerven gingen entzwei, ehe ich diesmal Front, verweste Leichen und stechenden Draht sah – vorerst hat man mich unschädlich gemacht, interniert ...«, schrieb Grosz 1917 aus einer Nervenheilanstalt[12]. Kriegsfreiwillige zumeist, sind sie früher oder später alle zu Kriegsgegnern geworden. Besonders engagiert vermittelten George Grosz und Otto Dix das Grauen in ihrer Kunst. In der Literatur hat das Kriegserlebnis zum Teil sehr lange Inkubationszeiten beansprucht. Ludwig Renn und Erich Maria Remarque schrieben ihre Romane erst gegen Ende der zwanziger Jahre (Ludwig Renn, ›Krieg‹ 1928; Erich Maria Remarque, ›Im Westen nichts Neues‹ 1929; verfilmt von Milestone 1930). Beide Bücher wurden Welterfolge. Vier berühmt gewordene Autoren, allesamt der jungen Generation zugehörig, schrieben schon

[10] Vgl. Brief des Kriegsministeriums vom 11. 9. 1915 an den Herausgeber der Zeitschrift Das Forum, Herrn Wilhelm Herzog, betreff Handhabung der Zensur; zitiert nach Anz/Stark, Expressionismus, S. 319f.

[11] Annette Kolb, Erlebnis. In: Die Weißen Blätter 2, 1915; zitiert nach Anz/Stark, Expressionismus, S. 310.

[12] George Grosz, zitiert nach Eberhard Roters, Berlin 1910–1933. Die visuellen Künste. Freiburg i. Br., Berlin 1983, S. 84.

im Krieg über den Krieg und bezogen dabei höchst unterschiedliche Positionen. Walter Flex, Leonhard Frank, Fritz von Unruh und Ernst Jünger – vier Erzähler, vier Temperamente, vier Deutsche: Der »Feldwandervogel«, der mitleidende Pazifist, der mitleidende Frontoffizier und der »Krieger«.

Der Schriftsteller Walter Flex (1887–1917) gehörte zu den Konservativen, die besorgt waren um ein »nationales Gesunden der Deutschen«, und die einen Krieg daher für möglich und nötig hielten. Im Januar 1912 schrieb er in einem Brief zur sich abzeichnenden Krise: »Gott gebe, daß es keine innere wird, sondern eine äußere.«[13] Flex hatte schon als 22jähriger Student Gedichte und Novellen veröffentlicht. Seinen Lebensunterhalt verdiente er als Erzieher und Hauslehrer u. a. in Friedrichsruh bei den Enkeln Otto von Bismarcks. 1914 ging er als Kriegsfreiwilliger zur Infanterie, kämpfte in Frankreich und Rußland, wurde Leutnant und Kompaniechef. Er fiel im Oktober 1917 auf Ösel an der Ostfront. Sein Gedichtband ›Das Volk in Eisen‹ erreichte hohe Auflagen. Zum Erfolgsbuch schlechthin aber wurde seine Erlebniserzählung ›Der Wanderer zwischen beiden Welten‹, erschienen Ende 1916. Dieses Buch trugen, wie es dann sprichwörtlich hieß, die Soldaten im Tornister. Flex' Held, der Theologiestudent und Reserveleutnant Ernst Wurche (1894–1915), zu dessen Andenken das Buch geschrieben ist, hatte in seinem Tornister indessen Goethe-Gedichte, den ›Zarathustra‹ und das Neue Testament. An der lothringischen Front lernen die beiden sich kennen. Auf dem Bahntransport von Metz nach Posen fragt der Ich-Erzähler Flex: »Sind Sie nicht Wandervogel, Wurche? ... und sieh', da hatte ich an die Dinge des Lebens gerührt, die ihm die liebsten waren! Aller Glanz und alles Heil deutscher Zukunft schien ihm aus dem Geist des Wandervogels zu kommen, und wenn ich an ihn denke, der diesen Geist rein und hell verkörperte, so gebe ich ihm recht.«[14] Für Flex heißt das Kriegserlebnis Ernst Wurche. Solange der Freund lebt, ist es hell auch im Unterstand. Nachdem er auf Vorposten gefallen ist, sind die Tage trüb und grau geworden, die Nächte »Totenklage«. Flex' Bild des Jünglings, der »die Anmut des Knaben mit der Würde des Mannes paarte«, spiegelt

[13] Walter Flex, Aus dem Nachlaß (Brief Nr. 21 an Hans Herding). Offenbach 1978, S. 59.

[14] Walter Flex, Der Wanderer zwischen beiden Welten. Ein Kriegserlebnis. Gesammelte Werke, Bd. 1. 9. Aufl. München 1936, S. 196; die folgenden Zitate, ebd., S. 194–263.

den »feinen Kerl«, wie ihn die Jugendbewegung entwickelt hat (»Rein bleiben und reif werden, das ist schönste und schwerste Lebenskunst«) und den beispielgebenden Offizier (»Das Herz seiner Leute muß man haben, dann hat man ganz von selbst Disziplin«). Ein Bild junger Ritterlichkeit (»tanztüchtig« und »waffentüchtig«) plus Innerlichkeit. Ein Bild eben auch aus der Hauslehrerperspektive. Wurches Worte werden für Flex zur »Habe des Herzens«. Ein raunendes »Weißt du noch?« durchzieht die ganze Geschichte: »... wie du singend vor der zum Bad nach den Nettawiesen marschierenden Kompanie herzogst und wie du mit uns ganze Nachmittage im Wasser vertolltest?« Und nach dem Bade die nackte schlanke Gestalt »auf blühendem Grunde« – und von den Lippen »strömten« ihm Psalmverse Davids. Zur Jugendstilästhetik, die man dieser Prosa nachgesagt hat, paßt tatsächlich die Tendenz, das Einfache und Natürliche zu wollen, in der Stilisierung aber neue Künstlichkeit hervorzubringen. Flex beschwichtigt nicht, er »schwichtigt«, er ist nicht ruhig, sondern »geruhig«. Wo er Kampfhandlungen zu schildern hat, beschönigt er zwar nichts, berichtet aber mit ästhetisierender Diskretion. Er entwirft keinerlei Feindbild, beschwört um so mehr den heiligen Ernst des Kampfes. Kriegspropagandistisch wirksam – und das nicht nur im Ersten Weltkrieg – waren eher die Nebensätze; Bemerkungen über den unerfreulichen »Strohtod eines Volkes«, über den Tod, der für »große Seelen das größte Erleben« sei oder die »ewige Jugend des Todes«. In einer Schlüsselszene sagt Wurche: »Einen echten und rechten Sturmangriff zu erleben, ... das muß schön sein. Man erlebt vielleicht nur einen.« Nach Wurches Tod freut sich zu Haus noch die trauernde Mutter, daß er einen erlebt hat, und Flex versteht sie: »Oh, ihr Mütter, ihr deutschen Mütter!« Wurches Grabspruch lautet:

Der Stahl, den Mutters Mund geküßt,
Liegt still und blank zur Seite.
Stromüber gleißt, waldüber grüßt,
Feldüber lockt die Weite ...

Die Weltkriegs- besonders aber die Wandervogeljugend, der Wurche angehört hatte, sah in dem gefallenen Offizier, der »seinen Leuten vorleben« wollte, was schöner und schwerer sei als »vorzusterben«, ihr Idol. Und sie sah im Roman von Walter Flex, seiner Bekenntnisschrift homoerotischer Freundschaftserfahrung, ihre Ideale exemplarisch vertreten. Fazit: ›Der Wanderer zwischen beiden Welten‹ ist kein Buch vom Soldaten des Ersten Weltkriegs. Es ist das Buch vom Wandervogel mit Frontbewährung.

In denkbar größtem Gegensatz dazu steht das literarische Engagement Leonhard Franks. Frank (1882–1961) stammte aus Würzburg und war Sohn eines Tischlergesellen. Er hatte als Mechanikerlehrling, Fabrikarbeiter, Anstreicher, Chauffeur und Hilfskrankenpfleger gearbeitet, ehe er in München zu malen und zu schreiben begann; zu schreiben auch in der Auseinandersetzung mit bitteren Kindheitserfahrungen sozialer Ungerechtigkeit. Für Frank gilt die Umkehrung des über Sternheim Gesagten. Dem expressionistischen Stilwillen hielt er sich nur bedingt, dem Weltveränderungspathos unbedingt verpflichtet. »Wilde Liebe und schmerzdurchtobtes Erbarmen«[15] bewegten ihn, freilich nicht das lyrische Ich, sondern den Erzähler, der andere aufrütteln und zur Umkehr bringen wollte. »Das Nichtvorhandensein der Liebe ist der Feind und die Ursache aller Kriege. Ganz Europa weint, weil ganz Europa nicht mehr lieben kann. Ganz Europa ist wahnsinnig ...«[16] schrieb er. Unbeirrbar in dieser Überzeugung, zog er für sich die Konsequenzen und emigrierte in die Schweiz. Was es für einen gesunden jungen Mann, der nach Art und Herkunft alles andere als ein »wurzelloser Asphaltliterat« war, damals bedeutete zu desertieren, sich der Isolation, ja der Verachtung nahezu all derer auszusetzen, die ihm nahestanden, ist nicht leicht zu ermessen. 1917 erschien in den ›Weißen Blättern‹ Franks Novellenband ›Der Mensch ist gut‹. In Raubdrucken wurde er über die Grenze geschmuggelt, in Gefangenenlagern und Schützengräben gelesen. Es sind straff komponierte, brisant erzählte Geschichten. Etwa die Erzählung aus dem Berliner Leichenschauhaus, wo unter kreisenden Ventilatoren aufgebahrt auf Tafeleis, die Selbstmörder liegen, deren Schicksale der Wärter durchleuchtet[17]. Täglich zehn Neuzugänge im Kriegsjahr 1916: Erhängte, aus dem Fenster Gesprungene, Wasser-, Gift- und Gasleichen. Einberufene, die aus Angst in den Tod gingen, Väter, Mütter und Bräute Gefallener. Oder die Erzählung ›Die Kriegskrüp-

[15] Leonhard Frank, Der Mensch ist gut. Novellen. Zürich 1918; zitiert nach der Ausgabe München 1964, S. 116.

[16] Ebd. (Der Vater), S. 15.

[17] Ebd. (Das Liebespaar), S. 93–120.

pel‹, die aus dem Feldlazarett mit dem Riesenkübel amputierter Arme und Beine, einen Lazarettzug Schwerverwundeter in die Heimat begleitet, wo am Ende die Elendesten – einer ohne Gliedmaßen, nur noch Kopf und Rumpf; einer ohne Augen, Nase und Mund, dessen Gesicht nurmehr eine blicklos vernarbte Fläche darstellt; ein zum ›Rechten Winkel‹ Verkrümmter, der nun kriechen muß wie ein vierbeiniges Tier – auf lampiongeschmücktem Lastwagen durch die Straßen fahren, bis sich in der erschütterten Menge eine Friedensdemonstration bildet, die – so Franks hoffnungsvolle Vision – in revolutionärer Spontaneität alle Dämme der alten Ordnung niederreißt[18]. Wie sein Held, der Stabsarzt das Skalpell, so handhabt der Erzähler seine Mittel, um das Grauen präzise bloßzulegen. Dem automatenhaften Gehorsam, dem kollektiven »Zwangsgeist« gilt sein Zorn, dem mißbrauchten Volk sein Erbarmen. »Was geschieht mit diesem Volke? Warum ruiniert man dieses Volk? Dieses geduldige, fleißige, tüchtige, temperamentlose, gründliche Volk, das protestlos alle Qualen des Daseins trägt und protestlos stirbt, an der Front und in der Stadt ... Wenn es endlich einmal protestiert, wird sein Protest geduldig, fleißig, temperamentlos und ungeheuer blutig sein.«[19]

Der dies prophezeite, ist nach einer Spanne Glück und Erfolg in den zwanziger Jahren, 1933 erneut in die Emigration gegangen (Schweiz, Großbritannien, Frankreich, USA) und erst 17 Jahre später zurückgekehrt, nach München. Einer, der wie er, im Ostblock höchste Auflagen und Ehrungen erhielt, wußte, was es heißt, zu den »heimatlosen Linken« zu gehören. »Deshalb nimmt es nicht wunder, daß der Autor von ›Karl und Anna‹ ... sich auch denen unliebsam machte, denen das Herzblut seiner privaten Erlösungsreligion als Fitnessgetränk für moribunde Rotfrontkämpfer gut war.«[20]

Auch der expressionistische Dramatiker Fritz von Unruh (1885–1970) genoß in den zwanziger Jahren Theaterruhm. Aus der Emigration (Frankreich, USA) ist er erst nach 1960 zurückgekehrt. Seine literarische Wiederentdeckung steht immer noch aus. Unruhs Herkunft aus altem Offiziersadel prädestinierte ihn gewiß nicht zum Pazifisten. Dennoch ging er diesen Weg.

[18] Ebd. (Die Kriegskrüppel), S. 120–171.

[19] Ebd., S. 98.

[20] K.H. Kramberg, Zum 100. Geburtstag des Dichters. In: Süddeutsche Zeitung v. 3. 9. 1982. Titel des Beitrags: Old Shatterhand im letzten Wagen. Leonhard Frank, ein deutscher Held.

Von Kind auf wurde er »erzogen zum Krieg«, erst als Kadett, dann als Gardeleutnant in Potsdam. »Schlicht, sachlich, dumm, preußisch, so wuchsen wir auf«, schrieb er 1925[21]. Einen frühen Theatertriumph hatte er mit seinem Drama ›Offiziere‹ erlebt, einem Zeitstück, orientiert an Kleists ›Prinz von Homburg‹, das Max Reinhardt 1911 in Berlin inszenierte. 1914 erfaßte auch ihn die patriotische Begeisterung. Der Schock einer schweren Verwundung und das Erwachen, nackt auf einem Leichenfeld, da man ihn für tot gehalten hatte, bedeuteten für Unruh dann eine Art »zweiter Geburt«[22]. Fortan hielt er alle vaterländische Heldenverklärung für lügenhaftes Dekor. Wieder genesen, bekommt er 1916 einen Auftrag der Obersten Heeresleitung, die Schlacht vor Verdun, an der er teilgenommen hatte, literarisch zu bearbeiten. Ein Dokument tapferen Durchhaltewillens wurde erwartet. Statt dessen entlarvt Unruh in der Erzählung ›Opfergang‹ das Leiden unter der Heldenmaske. Er verflicht einzelne Soldatenschicksale zu einer subtil komponierten Gruppenstudie, die von der Anmarsch-Euphorie über alle Stadien des tapferen Trotzes, des Zynismus und der Resignation in die Erkenntnis mündet, daß Krieg sinnlos ist. Wie Frank die Degradierung des Menschen zum »seelenlosen Automaten« beklagt, so auch Unruh: »Häkchen sind wir, ... Schrauben und Schräubchen in dreifacher, vierfacher, sechsfacher, ja millionenfacher Ausfertigung.« Wie bei Frank ersteht auch hier am Ende, in der Agonie, eine Vision der Hoffnung und des Lebens. Unruhs »Gegenlesart des Krieges« fand nicht den Beifall der Auftraggeber. Die Erzählung erhielt Zensurverbot, der Autor wurde vor ein Kriegsgericht gestellt und wäre wohl exekutiert worden, wenn sich nicht ein General couragiert für ihn verwendet hätte.

Für Ernst Jünger (geb. 1895) waren Überdruß und Langeweile am bürgerlich gesicherten Dasein die Triebkräfte, sich als Kriegsfreiwilliger zu melden. Er hatte ja schon mit 18 Jahren in der Fremdenlegion das Abenteuer gesucht. Im Feld fand er eine Möglichkeit gesteigerter Existenz. Entsprechend faßte er seine Nahkampfeinsätze, Verwundungen und Tapferkeitsauszeichnungen auf. »Im Lauf von vier Jahren schmolz das Feuer ein

[21] Fritz von Unruh, Flügel der Nike. Sämtliche Werke. Bd. 7, Berlin 1970, S. 39.

[22] Vgl. hier und im folgenden Manfred Durzak, Fritz von Unruh und Ernst Jünger oder: Das Janusgesicht der deutschen Literatur. In: L' 80. Zeitschrift für Politik und Literatur, Heft 36, Dezember 1985, S. 116–140.

immer reineres, immer kühneres Kriegertum heraus«, heißt es in der Erzählung ›Sturm‹. Die technisierte Kriegführung, die er in seinen Schriften immer wieder erörtert, bringt auch ihn zu der Erkenntnis, daß der Einzelne an Bedeutung verliert, daß er immer rücksichtsloser auf die »Funktion einer spezialisierten Zelle beschränkt« wird[23]. Jünger zieht daraus jedoch nicht die Folgerung des Mitleids mit den Mißbrauchten der Materialschlacht, sondern die Folgerung des Ansporns für sich selbst. Ihn interessiert die »heroische Individuation«, die Urerfahrung, die einer, der sich als Kämpfer versteht, sogar den technischen Gegebenheiten des 20. Jahrhunderts abtrotzen kann. Politische Motive oder gar Haß auf den einzelnen Franzosen oder Engländer finden sich auch bei Jünger nicht, um so mehr der Sinn für das archaische Kampferlebnis. »So entzündeten sich die verborgenen Kräfte des Blutes zur Wiedergeburt von Zuständen, die schon sehr fern im Dämmern lagen. Das Ungeteilte, der Ursprung wurde lebendig und schrie nach Entladung, nach einfacher und wilder Tat. Das war ein schönes, kräftiges Gefühl, ein Sichwiederfinden aus dem qualvollen Unsinn der Vernunft.«[24] In Gegnerschaft zur Vernunft mitnichten ein Einzelgänger, vollzog Jünger seine Individuation, indem er sich als Krieger-Künstler profilierte und stilisierte. Seine Frontaufzeichnungen brachte er 1920 unter dem Titel ›In Stahlgewittern‹ im Selbstverlag heraus (2000 Exemplare) und gewann später mit diesem Buch ein großes Publikum. Was Jünger vertritt, ist das Kriegserlebnis eines Solisten, und anders hätte es nie gelesen werden sollen! Er selbst sagte: »Im Grunde erlebt jeder seinen eigenen Krieg.«[25]

Welche Front- und Verlusterfahrungen die Einzelnen auch gemacht haben mochten, für die Nation insgesamt wurde zum prägenden Kriegserlebnis die Fallhöhe aus der Siegessicherheit in die Niederlage. Patriotische Vaterlandsverteidiger waren ausmarschiert, Abgemusterte, Entlassene, Invaliden, Zerbrochene, Desperados, Meuterer, Revolutionäre aber auch »im Felde Unbesiegte« kehrten heim. Hier empfanden viele die Niederlage als so ungeheuerlich, daß sie sie nicht wahrhaben wollten; mit allen bekannten Folgen dieser Realitätsverdrängung. Der Schock ist nicht zuletzt ein Kulturschock gewesen. An keinem

[23] Ernst Jünger, Sturm. Sämtliche Werke. Bd. 15. Stuttgart 1978, S. 9–74; Zitat S. 15.
[24] Ebd., S. 67.
[25] Ebd., S. 31.

Phänomen wird das so deutlich wie am Erfolg des 1918 erschienen Buches von Oswald Spengler ›Der Untergang des Abendlandes‹. Der Buchtitel traf so sehr das allgemeine Lebensgefühl, daß das Buch selbst, wie die Presse bald bemerkte, teils gar nicht erst gelesen, teils mißverstanden wurde. »Denn es entspricht dem Allgemeingefühl sehr weiter Kreise, bei dem tragischen Bewußtsein des politischen deutschen Zusammenbruchs die vermeintliche Aussicht auf den notwendigen Untergang des großen europäischen Kulturganzen als tröstlich zu empfinden. So konnte Spengler (auch dem Ausland gegenüber) zum erklärten Wortführer eines besiegten Deutschlands werden, das gelähmt vom Pessimismus, fatalistisch der hereinbrechenden Nacht entgegenträumt.«[26] Einen »fatalen Fatalisten« schilt Thomas Mann den Autor und einen »Snob«, weil er als letzter Sproß des zivilisatorisch-wissenschaftsgläubigen 19. Jahrhunderts »heimlich ein konservativer Kulturmensch« zu sein vorgebe[27]. Besonders sein Resümee: »Wir müssen das Notwendige wollen oder nichts«, kreidet er Spengler an. Spengler Zweckpessimismus vorzuwerfen, was häufig geschah, war unangebracht, da er sein Werk vor dem Krieg konzipiert und die Niederschrift 1917 abgeschlossen hatte (der zweite Band erschien 1922)[28]. ›Umrisse einer Morphologie der Weltgeschichte‹ lautet der Untertitel. Er verrät schon den organologischen Ansatz des gewaltigen wissenschaftlich-weltanschaulichen Unternehmens. Am Beispiel der ägyptischen, babylonischen, indischen, chinesischen, antiken, arabischen, mexikanischen und christlich-abendländischen Kulturen entfaltet Spengler seine Zyklus-theorie: Die »Geistesepochen« folgen alle demselben Gesetz, durchlaufen Jugend, Reife, Blüte, Alter und Verfall – gleichzeitig oder ungleichzeitig, in jedem Fall, ohne einander zu berühren oder zu beeinflussen – es sind »fensterlose Monaden«. Zwei Aspekte der Spenglerschen »Kosmologie« erregten die Zeitgenossen in besonderem Maße. Einmal die These, daß nach Ablauf des Lebenszyklus eine Kultur unrettbar ins Fellachentum

[26] Manfred Schroeter, Der Streit um Spengler. Kritik seiner Kritiker. München 1922, S. 5.

[27] Vgl. Thomas Mann, Über die Lehre Spenglers (1924); zitiert nach: Schriften und Reden zur Literatur, Kunst und Philosophie. Bd. 1 (Das essayistische Werk. Taschenbuchausgabe), S. 223–229; Zitat S. 225 u. 229.

[28] Oswald Spengler, Der Untergang des Abendlandes. Umrisse einer Morphologie der Weltgeschichte. Bd. 1: Gestalt und Wirklichkeit. München 1920, Bd. 2: Welthistorische Perspektiven. München 1922.

zurücksinken muß, daß ausgelebte Kulturen zuvor aber eine zivilisatorische Phase durchlaufen, deren Dauer von der Außenstützung durch imperiale Schutzmächte abhängt. Exakt dieser Weltenstunde des Übergangs vom einen zum anderen fühlte man sich ausgeliefert. Zum zweiten prophezeite Spengler das Heraufkommen eines neuen, des russischen Kulturkreises. Dies befeuerte abermals die alte Kontroverse: Kultur contra Zivilisation.

6. Pionier und Werkstatt

Werkbund vor 1914

»Zu den lästigsten Vorstellungen gehört die Unterscheidung: Kultur gegen Zivilisation, auf die man bei jedem Schritt stößt.« Dieser Eröffnungssatz eines Essays von Alfred Döblin[1] soll, wie es üblich ist, wenn einer ein Plädoyer vorhat, zunächst entschärfen und beiseite schaffen, was seiner Argumentation im Wege steht. Ohne übrigens auf Spengler einzugehen, definiert Döblin hier Kultur als »Scholastik-Humanismus« und nennt »Civilisation durch das Erbe der Vergangenheit verdorben«. Döblin hält den Antagonismus als solchen für obsolet. Was er sucht und ortet, ist eine »neue Kraft«. Diese, so meint er, verlangt die Bereitschaft, technisch-naturwissenschaftliche Erkenntnisse und Praktiken nicht nur zu nutzen, sondern umzusetzen in Erlebnisweisen: »Die seelischen Konsequenzen des Kopernikus sind noch nicht gezogen.« Statt »Entseelung« aufgrund moderner Technik postuliert er »Umseelung«. Sein Plädoyer gilt einer Urbanität, die man durchaus auch großstädtische Zivilisation nennen kann: »Die Städte sind der Korallenstock für das Kollektivwesen Mensch.« Eine Phidias-Säule »anzuhimmeln« und »die Untergrundbahn ein bloßes Verkehrsmittel zu nennen«, hält er, der den Kölner Dom nicht mehr bewundern mag als die Dynamomaschine und die Traubenzuckersynthese, für Unfug. Wie schon Marinetti und dann vor allem die russischen Revolutionskünstler (Malewitsch, Lissitz-

[1] Alfred Döblin, Der Geist des naturalistischen Zeitalters. In: Die Neue Rundschau 35, 1924, S. 1275–1293; Hier auch die folgenden Zitate belegt.

ky, Tatlin) sieht er in Eisenbahnschienen und Telephonkabeln »neuerweckte Sinnesorgane«. Döblin, der bald ›Berlin Alexanderplatz‹ schreiben wird, den Roman, von dem er selbst sagt, daß darin »die Stimme der Massen die eigentliche epische Person sei«, bejaht »Gesellschaftsarbeit« auch in der Kunst. Hier steht er im Vorauskonsens mit Walter Benjamin: »Die Masse ist eine matrix, aus der gegenwärtig alles gewohnte Verhalten Kunstwerken gegenüber neugeboren hervorgeht. Die Quantität ist in Qualität umgeschlagen.«[2] Benjamin geht es in seiner dialektischen Theorie emanzipatorischer Rezeption, Produktion und Reproduktion (Photographie, Film) um den Warenwert der Kunst. Den Pionieren am Anfang des Jahrhunderts, von denen hier zu berichten ist, ging es um den Kunstwert der Waren.

Ein gutes Wegstück im Zusammenwirken von Kunst, Handwerk und Industrie war schon zurückgelegt, da veröffentlichte Henry van de Velde eine kleine Besinnungs- und Bekenntnisschrift. Sie erschien als Nr. 3 (nach Rilkes ›Cornet‹ und einer Novelle von Cervantes) in der auch buchkünstlerisch berühmt gewordenen »Insel-Bücherei« in Leipzig. Van de Velde schreibt: »Im dritten Viertel des letzten Jahrhunderts erreichten wir den tiefsten Stand der Erniedrigung in Geschmack und Impotenz ... Meine Generation hat zu Beginn ihres Mannesalters den Druck empfunden, unter Menschen von getrübter Intelligenz leben zu müssen, die mit den organischen Elementen der Architektur spielten, wie Kinder mit Bauklötzen, die Säulen und Bögen, Giebel und Gesimse aufeinandersetzten ohne irgendwelchen Sinn und Grund, ohne Konsequenzen ... Heutzutage mag es scheinen, daß alles sich von selbst versteht und daß es sehr überflüssig sei, zu fordern: ›Du sollst diese Formen und Konstruktionen aller Gegenstände nur im Sinne ihrer strengsten Logik und Daseinsberechtigung erfassen. Du sollst diese Formen und Konstruktionen dem wesentlichen Gebrauch des Materials, das du anwendest, anpassen und unterordnen. Und wenn dich der Wunsch beseelt, diese Formen und Konstruktionen zu verschönern, so gib dich diesem Verlangen nur insoweit hin, als du das Recht und das wesentliche Aussehen dieser Formen und Konstruktionen beibehalten kannst.‹«[3] Dies

[2] Walter Benjamin, Das Kunstwerk im Zeitalter seiner technischen Reproduzierbarkeit (1936); zitiert nach der Ausgabe Frankfurt a. M. 1977, S. 39.

[3] Henry van de Velde, AMO – CREDO. Leipzig 1912, S. 8–11.

war van de Veldes persönliches Credo, es war aber auch Gründungsimpuls und Grundprinzip des »Deutschen Werkbunds«, zu dessen Initiatoren er gehörte. Rund hundert Künstler, Kunstfreunde, Kritiker und Hersteller riefen 1907 in München den Bund ins Leben. Auslösend hatte eine Rede gewirkt, in der Hermann Muthesius an der Berliner Handelshochschule für angewandte Kunst, das Kopieren historischer Formen anprangerte und behauptete, es demoralisiere Produzenten und Konsumenten gleichermaßen. Ein Proteststurm im »Fachverband für die wirtschaftlichen Interessen des Kunstgewerbes« war die Folge. Vor allem aus den fortschrittlichen Dresdener Werkstätten rekrutierten sich daraufhin jene Künstler und Möbelhersteller, die einen neuen Interessenverband und ein neues Forum für ihre gestalterischen Ideen schaffen wollten. Eine gewisse Vorbildfunktion hatte die von William Morris inspirierte »Arts-and-Crafts«-Bewegung in England. Deren antiindustrielle und antikapitalistische Zielsetzung und deren Organisationsform in Handwerker-Gilden übernahmen die Werkbundler jedoch nicht. Vielmehr ging es den Deutschen darum, handwerkliche Produkte und maschinell gefertigte Einrichtungsgegenstände durch Einfachheit zu »veredeln«. Wirtschaftliche Motive, nämlich auf dem internationalen Markt konkurrenzfähiger zu werden und beim begüterten einheimischen Bürgertum die Vorherrschaft der Möblierung nach britischem Muster zurückzudrängen, waren dabei ebenso maßgebend wie ideelle. Man wollte, wie es hieß, »die sittlichen und vaterländischen Gefühle für Qualitätsarbeit« mobilisieren, wollte der deutschen Kultur ihre »sittlich-ästhetische Harmonie« wiedergeben. »Der Bund«, so sagte die Satzung, »will eine Auswahl treffen unter dem Besten, was Kunst, Industrie, Handwerk und die aktiven handwerklichen Kräfte hervorbringen; er will die in der Welt der Arbeit bestehenden Bemühungen um Qualitätsarbeit koordinieren; er ist Sammelpunkt für alle, die fähig und gewillt sind, Qualitätsarbeit zu leisten.«[4] »Qualitätsarbeit« – das war der gemeinsame Nenner. Schweren Zerreißproben über zweieinhalb Jahrzehnte ausgesetzt, hat der Begriff und damit die Sache doch sehr respektablen Erfolg gehabt. Sternheim hat das Thema Schundwarenfabrikation sogar auf die Bühne gebracht. In seinem Stück ›1913‹ führt der Konzernchef Maske mit seiner machtgierigen

[4] Zitiert nach Leonardo Benevolo, Geschichte der Architektur des 19. und 20. Jahrhunderts. München 1982, Bd. 2, S. 7f.

Tochter Sofie diesen Dialog: »Was sagst du zu einem Streik der Konsumenten?« – »Aus welchen Ursachen heraus?« – »Aus einer sittlichen Forderung. Jeder Verbraucher sparte ein wenig, nur einen Schuhknopf, einen Nagel, ein Stück Papier ---« – »Warum sollte er, da wir sie immer billiger produzieren?« – »Weil ihm der Dreck ... endlich zum Hals heraushängt, weil er vielleicht wieder einmal Anständiges in der Hand haben will ...« – »Man kann nicht mit zwei Prinzipien arbeiten, die einander widersprechen. Wir dringen auf Simplizität, Massen, nicht Maßgeschäft. Alles Besondere ist uns Greuel, da es aufhält.« – »Das sehe ich, Toren. In den Glaswerken triumphiert die Glühlampe aus schlechtem Glas, zu zehn Millionen gepreßt, und die Qualität der Mikroskope ist zum Gotterbarmen. Ich habe mich stets diesem Drang entgegengestellt.« – »Solche Gedanken finde ich im Gegenteil ganz neu an dir; ... Unsere Generation hat den Industriestaat fertig von euch übernommen und lehnt für seine Basis alle Verantwortlichkeit weit von sich ab.«[5]

Vielfältige Talente und Initiativen brachten die Gründerväter unter das gemeinsame Dach des »Deutschen Werkbunds«. Außer Muthesius und van de Velde waren dies die Architekten Bruno Paul, Peter Behrens, Theodor Fischer, Fritz Schumacher und Richard Riemerschmid – in der Rolle eines ideologischen Förderers der Verleger Eugen Diederichs und, anhaltend engagiert und einflußreich, der Publizist und Politiker Friedrich Naumann. Peter Bruckmann, Silberwarenfabrikant aus Heilbronn, führte von 1907 bis 1934 kontinuierlich den Vorsitz oder Vizevorsitz. Der Münchner Richard Riemerschmid (1868 bis 1957) hatte schon auf großen internationalen Ausstellungen Möbelentwürfe und ganze Salons präsentiert, hatte – exemplarisch für ein Gesamtkonzept im Jugendstil – 1901 das Schauspielhaus in München ausgebaut, die »Vereinigten Werkstätten für Kunst und Handwerk« mitbegründet und 1906 in Dresden sein sogenanntes »Maschinenmöbelprogramm« vorgestellt, als Muthesius in der erwähnten Rede ihn als Wegbereiter gediegener Formgebung rühmte. Naumann taufte die zur Serienfertigung bestimmten Naturholzmöbel »Hausgestühl« und widmete Riemerschmids Erfindung eine Schrift: ›Der Geist im Hausgestühl‹. Um diese Zeit wandte sich Riemerschmid sacht vom Jugendstil ab und griff Elemente der Volkskunst auf. Dies war nicht die erste Umorientierung im Werk dieses Künstlers, der

[5] Carl Sternheim, 1913. Schauspiel. Stuttgart 1975, S. 47f.

ein Dreivierteljahrhundert Kunst- und Architekturentwicklung in sich ausgetragen und mitgeprägt hat. In seinen Anfängen als Maler (merkwürdigerweise kamen mehrere Werkbundarchitekten von der Malerei her, während die »Brücke«-Maler zuerst Architektur studierten), war Riemerschmid Hans Thoma nahe. Programmatisch für den neuen Stil der Zeitschrift ›Jugend‹ wirkte 1896 sein Gemälde ›Garten Eden‹. Es war als Triptychon gestaltet. Adam und Eva auf je einer Seite rahmen den Garten im breiten Mittelfeld, mit Hügel, Fluß und Lebensbaum ein. Der Ankauf des Bildes durch die Dresdener Gemäldegalerie führte 1897 zu heftigen Kontroversen im sächsischen Landtag, »wobei besonders die grelle Farbigkeit, die hellroten Bäume ... der Heiligenschein um einen Baum, noch dazu den Baum des Sündenfalls, vielen als Blasphemie« erschienen[6]. Der Verwaltung der Kgl. Sammlungen wurde dringend empfohlen, künftig vom Erwerb moderner Kunst abzusehen. Riemerschmids Naturmystik fand andererseits großen Anklang. ›Garten Eden‹ wurde in der Lebensreformbewegung geradezu ein Kultbild.

Unter allen Architekten und Innenarchitekten, die durch ihre Pläne, Entwürfe und Bauten dem »Deutschen Werkbund« zum Erfolg verhalfen, ragt Peter Behrens heraus[7]. Er schuf nicht nur Industrie-Architektur, sondern war auch Formgeber von Industrieerzeugnissen – der erste Designer also, den es in Deutschland gab. Der Pionier hatte hier begreiflicherweise weniger Kämpfe zu führen als die Kollegen, die im traditionsreichen Kunsthandwerk alte Zöpfe abzuschneiden bemüht waren. Für Elektrogeräte, von der Turbine bis zum Bügeleisen, gab es ja jetzt erst so etwas wie ein Styling. Walther Rathenau hatte Behrens in die Direktion der AEG geholt. Weder Techniker noch Kaufmann – auch dies eine Novität –, konnte der »AEG-Gestalter« von dieser Position aus dem Werkbund Boden gewinnen, was er in so hohem Maße tat, daß man ihm den Beinamen »Mr. Werkbund« verlieh. Die größte Resonanz durch Reden und Schriften verdankte der Werkbund Friedrich Naumann. Seine sozial-christliche Zeitschrift ›Die Hilfe‹ hatte mit Kunstkritiken und Ausstellungsberichten dem Werkbundgedanken

[6] Vgl. Winfried Nerdinger, Richard Riemerschmid. Vom Jugendstil zum Werkbund. Werke und Dokumente. Ausstellungskatalog der Architektursammlung der Technischen Universität München und des Münchner Stadtmuseums. München 1982, S. 90.

[7] Vgl. hier und im folgenden Joan Campbell, Der Deutsche Werkbund. Stuttgart 1981, S. 37f.

sozusagen schon vorgearbeitet. Die Naumann-Variante des Werkbund-Prinzips »Qualität« war von Anfang an sozialpolitisch angereichert. Im Bündnis mit der Maschine, nicht gegen sie gerichtet, wünschte er die »Würde der Arbeit« dadurch wiederherzustellen, daß der Wert des Werkstücks den Wert der Arbeitskraft anhebe. Naumann meinte, dies werde die Arbeiterschaft entproletarisieren. In der Außenwirkung setzte er den Werkbund als Zeichen deutscher Wirtschaftskraft hoch an, verglich ihn gelegentlich sogar mit dem Deutschen Flottenverein. Zu den Werkbund-Gegnern zählten außer breiten Schichten reaktionären Bürgertums auch einige Prominente. Adolf Loos fand, im Gegensatz zum Initiator der »Wiener Werkstätten« Josef Hoffmann, einen Werkbund schon deswegen unangebracht, weil angewandte Kunst eine »Monstrosität« sei. Er postulierte, daß Form und Funktion einander bedingen, »ganz ohne die Einmischung des Künstlers«. Für Werner Sombart hatte der Werkbund den Beigeschmack des Utopischen. Mit der Industrialisierung müsse man sich abfinden, deren kulturelle Auswirkungen aber nicht in Euphorie ummünzen. Übermäßigen Nachdruck auf die künstlerische Seite des Lebens zu legen, versklave den Menschen und wirke zersetzend auf die »höheren Werte«: »Wärmflaschen und Regenschirme sind nicht Dinge künstlerischer Betrachtung.« Man belasse sie besser im »ruhmlosen Schatten« ihrer Nützlichkeit.

Durchaus kooperativ war das Verhältnis des Deutschen Werkbunds zu den bereits bestehenden Vereinigungen, wie etwa dem Bund Heimatschutz, der modernes, funktionales Bauen sorgsam und harmonisch in die »ererbte Landschaft« eingefügt sehen wollte. Mit dem Dürerbund stimmte man mindestens in der Patristik überein. Lichtwarks Lehre: »Die Zukunft unserer Industrie wird mit davon abhängen, ob wir entschlossen und im Stande sind, der nächsten Generation eine sorgfältige künstlerische Erziehung des Auges und der Empfindung angedeihen zu lassen. Bisher haben wir nur für die Ausbildung von Künstlern gesorgt«[8], wirkte wegweisend. Auch Langbehns Schlachtrufe gegen den Materialismus im Namen der Kunst, fanden Gehör, hier wie dort, bei Avenarius wie bei Muthesius. Mitgliedschaft in beiden Bünden war recht häufig. Im Gegensatz zum Dürerbund, dem jeder beitreten konnte, nahm jedoch der Werkbund nur diejenigen bei sich auf, die im Bereich Kunst, Handwerk

[8] Zitiert nach Benevolo, Geschichte der Architektur, Bd. 2, S. 11.

oder Design tätig waren und die er selbst aufgefordert hatte. So kam es im Werkbund zu einer elitären, im Dürerbund einer breiten mittelständischen Zusammensetzung, mit übrigens hohem Anteil an Lehrern.

Die allgemeine Prosperität der Vorkriegsjahre kam dem Deutschen Werkbund sehr zugute. Von 1912 bis 1914 verdoppelte sich seine Mitgliederzahl auf 1870. Organisationen und Institutionen wie Handels- und Handwerkskammern hatten sich ihm angeschlossen. Öffentliche Aufträge gingen zunehmend an Werkbund-Mitglieder. Armee, Marine und Zivilbehörden wurden in Ausstattungsfragen beraten, Ämter und Botschaften neu gestaltet. Der »Norddeutsche Lloyd« und die »Hapag« zogen Werkbund-Architekten als Schiffsausstatter heran (Hermann Muthesius, Bruno Paul, Paul Troost). Peter Behrens, Hans Poelzig und Walter Gropius errichteten Industriebauten. Kaufhäuser, Lagerhäuser und Bürohäuser entstanden unter dem Einfluß des Werkbunds. Mäzene stellten sich ein. Karl Ernst Osthaus förderte ideell und finanziell ein »Deutsches Museum für Kunst in Handel und Gewerbe« in Hagen, Robert Bosch in Stuttgart wurde ebenfalls Werkbund-Anhänger. Pädagogisch gedieh die Arbeit, nachdem der Lichtwark-Gefährte Georg Kerschensteiner zum Werkbund gestoßen war und eine Reform der Kunstgewerbeschulen ansteuerte. Auch die Publikums-Strategien zeitigten Erfolg. Gropius, damals Behrens-Mitarbeiter, organisierte eine Wanderausstellung vorbildlicher Fabrikwaren. Bis nach Newark/New Jersey erstreckte sich die Ausstellungstätigkeit des Werkbunds. Um geschmacksbildend auf die Konsumenten einzuwirken, wurden Einzelhandelskurse veranstaltet. Von 1909 bis 1910 nahmen 5000 deutsche Verkäufer und Verkäuferinnen an den Schulungen zum Thema Warenqualität teil. Schaufensterdekoration wurde Ausbildungsfach an einer Spezialschule und Konsumverhalten ein Schwerpunkt in der Publizistik. In großer Auflage erschien ein illustrierter Ratgeber für den Einkauf von Geschirr und anderem Hausgerät, das der Werkbund nun jährlich herausgab: »Das Deutsche Warenbuch.«

Als Zielgruppe galt das gebildete Großstadtbürgertum. Man hoffte, es werde erzieherisch »nach unten« wirken. Der Naumannschüler Theodor Heuss wandte sich auch an die Intellektuellen. Ihr Sparsamkeitsfanatismus und ihre Mißachtung materieller Güter seien keineswegs Zeichen höherer Sittlichkeit, sondern bedeuteten einen Mangel an Kultur. Bei den Besitzbürgern andererseits sah sich der Werkbund folgender Schwierigkeit gegenüber: Er hatte Waren empfohlen, die sich in Form und Material durch Beständigkeit auszeichneten, deren Prägung modern und doch zeitlos war. Das Modebewußtsein, die »Neuerungssucht« dieser Schicht wehrte sich aber dagegen, jahrelang aus derselben Teetasse zu trinken oder aberhundert Klavierstunden auf einem Stuhl auszusitzen – und sei es der berühmte, preisgekrönte Musikzimmerstuhl von Riemerschmid. Hinzu kam, daß die vom Werkbund erschlossenen Marktanteile ja auch durch Stagnation gefährdet wären, wenn Qualitätswaren, versehen mit werkbundlichem Endgültigkeitssiegel, ihre Hersteller gewissermaßen matt setzten für die Zukunft. Um Typen und Normen entspann sich ein Prinzipienstreit, der während der großen Kölner Werkbund-Ausstellung im Sommer 1914 offen ausbrach: Typisierung gegen Individualismus, Muthesius gegen van de Velde. Hermann Muthesius hatte vor allem die Exportqualität deutscher Waren im Blick, Henry van de Velde hingegen die Freiheit des Künstlers. Muthesius setzte auf Breitenwirkung, die durch Qualitätsnormen gesichert werden müsse, van de Velde und auf seiner Seite auch Walter Gropius, August Endell, Hermann Obrist und Bruno Taut meinten, man solle nicht in den für Deutschland typischen Glauben verfallen, Organisation sei ein Allheilmittel. Ästhetische Fragen könnten nur von Individuen, nicht von Organisationen gelöst werden und schon gar nicht per Erlaß. Die Künstler-Individualisten sahen das »Gespenst des alten Musterzeichners« auferstehen. Daß sich gerade die Architekten auf van de Veldes Seite schlugen, war nicht unbedingt, und schon gar nicht bei Taut und Gropius, stilistisch begründet. Sie wollten nur nicht gegängelt werden. Ohnehin konnte der Streit um Exportqualität ihnen wenig bringen, da ihre Arbeit ja doch im Lande blieb. Und es ärgerte sie schon länger, daß Architektur, die »Königin der Künste«, im Werkbund eher zweitrangig behandelt wurde. Der Streit endete mit einem Kompromiß, der sich zunächst nicht bewähren mußte, weil der Krieg ausbrach. Auf der Ausstellung, deren Niveau dadurch litt, daß Industrie-Interessen sehr stark berücksichtigt wurden, erregten einige Architekturwerke Bewunderung: der Glaspavillon von Bruno Taut, das Fabrik- und Verwaltungsgebäude von Walter Gropius und das Werkbund-Theater von Henry van de Velde – ein schwungvoller Bau in gebändigtem Jugendstil, der später abgerissen wurde. Um ein Haar hätte der Belgier an dieser betont nationalen Schau überhaupt nicht mitwirken dürfen. Es war Konrad Adenauer, der seinen Einfluß als Kölner Bürgermeister zu van de Veldes Gunsten geltend machte.

Während des Krieges mehr und mehr dazu gezwungen, Sparsamkeitsprogramme einzuhalten (bittere Aktualität gewann die Gestaltung von Grabmälern), verstrickte sich der Deutsche Werkbund um so extensiver in Richtungskämpfe ideologischer Art. Die Kontroverse zwischen Nationalisten und Internationalisten wurde auch genährt durch ehrgeizige Pläne des damaligen Geschäftsführers Ernst Jäckh[9]. Weithin übereinstimmend mit Friedrich Naumann, betrieb Jäckh über Kanäle der Diplomatie den Mitteleuropa-Gedanken (Deutsches Reich, Österreich, Balkan, Türkei) und verfocht gegen Kriegsende eine Vision: »Werkbund-Völkerbund«.

Gartenstadt Hellerau

Obwohl der Vorkriegs-Werkbund wesentlich pragmatischer operierte als der Werkbund nach 1918, war doch gerade in seiner Frühzeit ein Entwurf gefaßt und auch realisiert worden, der weit über ästhetisch-praktische Ziele hinausgreifend einer sozialen Idee folgte. Gewissermaßen in Sach- und Personalunion der Gartenstadtbewegung mit dem Deutschen Werkbund, entstand bei Dresden die Gartenstadt Hellerau. Ihre Gründer hatten nicht weniger als »eine Synthese von Lebens-, Sozial- und Kulturreform« im Blick[1]. »Eine Gartenstadt«, so sagt Paragraph 1 der Satzung der Deutschen Gartenstadtgesellschaft (1907), »ist eine planmäßig gestaltete Siedlung auf wohlfeilem Gelände, das dauernd in Obereigentum der Gemeinschaft gehalten wird, derart, daß jede Spekulation auf dem Grund und Boden dauernd unmöglich ist. Sie ist ein neuer Stadttypus, der eine durchgreifende Wohnungsreform ermöglicht, für Industrie und Handwerk vorteilhafte Produktionsbedingungen gewährleistet und einen großen Teil seines Gebietes dauernd dem Garten- und Ackerbau sichert.«[2] Das Mietskasernenelend, die un-

[9] Vgl. Ernst Jäckh, Der Goldene Pflug. Lebensernte eines Weltbürgers. Stuttgart 1954, S. 202f. und Ernst Jäckh, Das Größere Mitteleuropa. Ein Werkbund-Vortrag. Flugschriften der Deutschen Politik, Bd. 2. Weimar, Berlin 1916, S. 5–6.

[1] Zitiert nach Helga Bleckwenn, Ein Impuls aus Dresden. Erinnerung an die Gartenstadt Hellerau. In: Süddeutsche Zeitung v. 10./11. November 1984.

[2] Zitiert nach Wolfram Lübbeke, Städtebauliche Ensembles in Bayern

gesunde luft- und lichtlose Enge in den Arbeiterwohnvierteln der Großstädte hatte vielfältige Siedlungsbewegungen ausgelöst. Die Gartenstadtbewegung als eine ihrer Varianten, nahm Anregungen anderer auf, modifizierte aber auch ihre Konzepte anhand mißlicher Erfahrungen, die anderswo gemacht worden waren. Helga Bleckwenn erinnert »an einige bedeutende Ansätze zur Zeit der Jahrhundertwende: Der Gründer der Zeiss-Stiftung in Jena, Ernst Abbe, bot ein geglücktes Modell betrieblicher Neuordnung; Adolf Damaschke, ein Mitarbeiter Friedrich Naumanns, forderte Bodenreform gegen Mietspekulation, die Siedlungsgenossenschaften des Nationalökonomen Franz Oppenheimer wurden richtungweisend für die Planung jüdischer Siedlungen.«[3] Besonders in zwei Punkten zeichneten sich Gartenstädte etwa im Vergleich zu den sogenannten Fabrikherrensiedlungen aus: in ihrer genossenschaftlichen Organisation und in ihrem Heimatwert, der dadurch erreicht wurde, daß die Arbeiterfamilie ihr einmal bezogenes Haus nicht räumen mußte, wenn das Beschäftigungsverhältnis aus Alters- oder sonstigen Gründen gelöst war. In Hellerau wagte man darüber hinaus noch ein Experiment der Mitbestimmung. Eine Fragebogenaktion ermittelte die Wohnwünsche der künftigen Bezieher, und diese wurden gleich in die Planung und Raumaufteilung einbezogen. Es war wohl das erstemal, daß Arbeiter, die für 200 bis 600 Mark Jahresmiete ein Reihenhaus mit eigenem Garten bewohnen konnten, um ihre Meinung gefragt wurden[4]. Im Fall Hellerau waren dies überwiegend die Arbeiter und Angestellten einer Möbelfabrik mit angeschlossenen Werkstätten. Die Firma gehörte dem gelernten Tischler Karl Schmidt. Er hatte in England die »Arts-and-Crafts«-Bewegung kennengelernt und dann in Dresden die »Dresdener Werkstätten« aufgebaut. Zusammen mit seinem Schwager Richard Riemerschmid faßte er den Plan, eine Wohn- und Produktionsstätte im Grünen zu errichten, die einen urbanen Charakter haben, neben der Arbeiterkolonie auch eine Villenkolonie enthalten und vor allem auch kulturellem Leben gewidmete Gemeinschaftseinrichtungen aufweisen sollte. Das sozial-kulturelle Engagement Naumanns und des jungen Werkbund-Geschäftsführers Wolf Dohrn (er kam 1914

(XXXI): Gartenstadt Nürnberg. In: Bayerische Staatszeitung 34, Febr. 1985, S. 9–11.

[3] Bleckwenn, Ein Impuls aus Dresden.

[4] Vgl. Kristiana Hartmann, Deutsche Gartenstadtbewegung – Kulturpolitik und Gesellschaftsreform. München 1976, S. 49f.

bei einem Bergunfall ums Leben) brachte dem Projekt Hellerau bedeutenden Zuwachs an Reformwillen. Naumann nannte seinen Schüler Dohrn einen »Menschenfischer der neuen Idee«[5].

Die Idee, die in Deutschland von Theodor Fritsch (›Die Stadt der Zukunft‹, 1897) und in England von Ebenezer Howard (›Garden Cities of Tomorrow‹, 1898) entwickelt und in der Londoner Vorstadt Letchworth (1903) auch schon in die Tat umgesetzt worden war, wurde in Hellerau realisierbar, weil man, wie Dohrn es formuliert hat, »mit dem Idealismus des echten Geschäftssinnes«[6] vorging. Karl Schmidt erwarb 130 Hektar Gelände von 73 verschiedenen Grundbesitzern – etwa 7 Kilometer von Dresden entfernt –, das wegen der Nähe eines Truppenübungsplatzes bisher unbesiedelt war. Es gelang ihm, bei den Banken und bei wohlhabenden Freunden Naumanns das Grundkapital zusammenzubringen. Den künftigen Villenbesitzern wurde durch eine Art Erbpachtsystem von vornherein jede Möglichkeit der Bodenspekulation genommen. Die stadtplanerische Aufgabe übernahm Richard Riemerschmid. Verkehrs- und Wohnstraßen sollten deutlich getrennt geführt werden. Dem hügeligen Gelände angepaßt, entstand ein anmutig-idyllisches System der »krummen Wege«. Ein System übrigens, das auch in anderen Gartenstädten (Nürnberg, geplant von Riemerschmid 1909, war die nächste) und Vorortkolonien übernommen wurde. An der Tendenz, vom rechtwinkligen Straßenraster wegzukommen, läßt sich, wie an manch anderen Beispielen, die politisch-weltanschauliche Ambivalenz der neuen Formen feststellen. Konservativer Interpretation zufolge ging es hier um eine »Wiedergeburt der Altstadt vor den Toren«, progressiv verstanden führte dies zu kreisgeometrischen Konsequenzen. Die Verfasserin entsinnt sich einer dem Funktionalismus der zwanziger Jahre verpflichteten Wohnanlage in Leipzig, mit dem charakteristischen Namen »Rundling«. In Hellerau bauten außer Riemerschmid auch Muthesius und Heinrich Tessenow. »So unübersehbar die stilistischen Differenzen, etwa zwischen der Landhausgemütlichkeit Riemerschmids und der modernen Formstrenge Tessenows, so beträchtlich die Unterschiede in den finanziellen Voraussetzungen – Großzügigkeit der Einzelhäuser, Sparsamkeit in jedem Detail bei der Planung der Arbeiterwohnungen – waren, es überwogen

[5] Bleckwenn, Ein Impuls aus Dresden.
[6] Vgl. Nerdinger, Richard Riemerschmid, S. 400.

doch die Gemeinsamkeiten, die von Zeitgenossen als »Hellerauer Stil« identifiziert wurden: »die Gliederung der Fronten durch Erker, Vorsprünge, Gauben, die Einheitlichkeit der Farbgebung. Rote Ziegeldächer, ockerfarbener Anstrich, weiße Fensterrahmen, grüne Läden sollten auch optisch mit der natürlichen Umgebung harmonieren. Architektur war hier als Raumkunst verstanden.«[7]

1909 zogen die ersten Bewohner in Hellerau ein, 1914 betrug die Einwohnerzahl 2000. Bürger, Künstler und Arbeiter wohnten und arbeiteten in »einem Milieu«. Sozialreformerisch gedacht waren gemeinschaftliche Waschhäuser und Großküchen. Letztere wurden nicht realisiert. Wo immer geplant war, Kommunität am Herd und am Eßtisch zu praktizieren – und es gab viele Wohn- und Siedlungsprojekte mit diesem Ansatz –, scheiterte der Versuch an familiären Eßgewohnheiten und am hausfraulichen Individualismus. Das Kulturzentrum in Hellerau entstand 1912, mit Reformschule und Festspielhaus. Man hatte den Genfer Musikpädagogen und Begründer der Rhythmischen Gymnastik Jacques Dalcroze für Hellerau gewonnen. Nach seiner Methode wurden Körperbildung und Ausdruckstanz unterrichtet und in festlichen Inszenierungen, »immaterialisiert« durch Vorhänge und Lichteffekte, auch dem Publikum nahegebracht. Glucks ›Orpheus und Eurydike‹ (1912) und Claudels ›Verkündigung‹ (1913) brachten prominente Gäste in die Gartenstadt, darunter Claudel selbst, Martin Buber, Shaw, Rilke und Kafka. Die internationale Schülerschar an der »Bildungsanstalt Jacques Dalcroze« gewann dem Ort kulturelle Anziehungskraft. Rudolf Bode, Mary Wigman und Gret Palucca, die später Tanz- und Gymnastik-Schulen eröffneten, hatten in und von Hellerau gelernt. In der Künstlerkolonie nahmen der Verleger Jakob Hegner, der Schriftsteller Emil Strauß und der Bühnenbildner Alfons Paquet ihren Wohnsitz. Anfang der zwanziger Jahre sollte und wollte der Schulreformer Alexander Neill (»Summerhill«) die »Private Schule Hellerau« übernehmen, was jedoch an den wirtschaftlichen Problemen der Inflationszeit scheiterte. Die Gewerbeschule wurde 1928 aufgegeben. Die Blütezeit Helleraus als eines kleinen Kulturzentrums war zu Ende gegangen. Zur bündischen Jugend zählende Gruppen, die »Artamanen«, erprobten hier eine Zeitlang »bäuerliche Siedlungsarbeit«. »Von den früheren Projekten blieben eine gemä-

[7] Bleckwenn, Ein Impuls aus Dresden.

ßigt moderne, inzwischen von Nachgründungen eingeholte und vom Dessauer Bauhaus überholte Siedlung und eine Möbelfabrik.«[8] Die Fabrik, inzwischen ein Volkseigener Betrieb, stellt weiterhin Möbel her, der Ort ist wohlerhalten und bewohnt. 1955 wurde Hellerau unter Denkmalschutz gestellt.

Werkbund nach 1918

Die Kriegs- und Nachkriegsentwicklung im »Deutschen Werkbund« war zunächst durch zentrifugale Kräfte gekennzeichnet. Nicht nur nationale und internationale Einstellungen standen gegeneinander, auch traditionalistische und modernistische. Joan Campbell registriert eine »zunehmende Entfremdung der Avantgarde ... Ehrgeizige junge Künstler fühlten sich immer heftiger von dem überhandnehmenden Nationalismus, Utilitarismus und Materialismus abgestoßen, kümmerten sich immer weniger um praktische Formprobleme und suchten lieber ihre eigenen tiefsten Empfindungen über Mensch und Gesellschaft ... zum Ausdruck zu bringen.«[1] Vieler Herz schlug nun »links«, in entschiedenem Antikapitalismus. In einer Vorstandssitzung (1919) nannte Gropius die alten Werkbundziele versuchten »Geschmacksimperialismus« und meinte, Kunst und Industrie sollten nichts mehr miteinander zu tun haben. Taut ging noch weiter mit seinem Verdikt: »Geldverdienen ist immer eine schmutzige Angelegenheit.«[2] In Clubs und Bünden, vor allem im »Arbeitsrat für Kunst« (Gropius wollte ihn zeitweise mit dem Werkbund fusionieren) und in der »Novembergruppe« schlossen sich radikale Künstler zusammen. Ihr Sprachrohr wurde die spätexpressionistische Zeitschrift ›Der Cicerone‹. Auf der Gegenseite wurde Peter Behrens mit seinem »Bund deutscher Gelehrter und Künstler« zum Anhänger und Förderer der Konservativen Revolution. Hier nahm (wie dann in der »Deutschen Gesellschaft« und im »Juniclub«) Elitebewußtsein Formen des Führerprinzips vorweg. Auch Karl Scheffler versuchte den Werkbund in dieser Richtung zu beeinflussen. Sein 1920 gegründeter »Bund zur Erneuerung wirtschaftlicher Sitte und Verantwortung«, dem Friedrich Meinecke und Walther Rathenau zeitweilig angehörten, fand Beifall bei

[1] Joan Campbell, Der Deutsche Werkbund. Stuttgart 1981, S. 99.
[2] Vgl. ebd., S. 155, Anm. 57.

Jäckh und Behrens. Rechte und Linke aber trafen sich nach 1918 in einer Art Maschinenstürmerei. Heinrich Tessenow erklärte sich gegen Großstadt und Maschine aus neo-konservativem Impuls. Gropius, Taut und Adolf Behne taten gleiches aus sozialistischen Überzeugungen, denen ein neuer Irrationalismus beigemischt war. Die Architekten entdeckten plötzlich wieder das Handwerk, entwickelten geradezu einen Handwerkskult und schwärmten für die Dombauhütten des Mittelalters. Einerseits sollte das Kunstwerk wieder Ergebnis kollektiver Arbeit werden, andererseits sollte das Werkstück von der Planung bis zur Fertigung in einer Hand liegen.

Auf der Werkbund-Jahrestagung 1922 sollte und wollte Gerhart Hauptmann die Festrede halten, zuerst mit dem Titel ›Die heilige Hand‹, dann ›Die denkende Hand‹. Schließlich sagte er ab, und Bruckmann sprang in die Bresche. Eine Unio mystica der Künstler und Arbeiter schwebte damals vielen vor. Die Vereinigung »Meisterring« trat an mit der Absicht, Verschulung abzubauen und das vorindustrielle Meister-Lehrling-Verhältnis neu zu installieren. Der Glaube an die »Schöpferkraft des Volkes« wurde da mitunter zum Argument und zum Streitpunkt. Edwin Redslob, der seit 1920 den zu Koordinationszwecken geschaffenen Posten eines Reichskunstwarts bekleidete – Kulturhoheit lag nach der Weimarer Verfassung bei den Ländern –, vertrat die Ansicht, als Qualitätsnachweis genüge Heimatstolz und Verwurzelung im bodenständigen Kunsthandwerk. Riemerschmid als Werkbund-Vorsitzender bestand jedoch auf den alten Anforderungen. Die »Arbeitsgemeinschaft für Handwerkskultur« und der für völkische Kunst eintretende »Werdandi-Bund« wandten sich nach einer Phase der Kooperation enttäuscht vom Werkbund wieder ab. Ausschlaggebend für diese Entwicklung war der wirtschaftliche Aufschwung nach 1923. Zuvor hatte es kaum Rohstoffe und Bauaufträge gegeben. Nun rückte moderne Industrieform in der Gunst der Werkbundler wieder vor. Die große Frage: Kunst im Bund mit dem Handwerk oder im Bund mit der Maschine? – sie war in Holland, Italien und vor allem in der Sowjetunion längst progressiv entschieden – wurde nun auch in Deutschland zu den Akten gelegt. Gropius, wegen seiner persönlichen Ausstrahlung und seiner Sachautorität von Paul Klee »der Silberprinz« genannt, vollzog abermals eine Kehrtwendung. In einer Werkbund-Rede 1923 gab er die Parole aus: ›Kunst und Technik – eine neue Einheit‹. Behrens hatte bereits verlautbart: »Entweder moderne

Industrietechnik – oder wirtschaftlicher Ruin!«[3] Von 1919 bis 1921 war Hans Poelzig, der »Liebling der Avantgarde«, »Deutschlands führender Baumeister«, mit seiner Integrationskraft imstande gewesen, den Werkbund durch chaotische Zeitläufte zu steuern und war dabei besonders von Theodor Heuss unterstützt worden. Poelzigs Vermächtnis für den Werkbund hieß »Treuepflicht zu Funktion, Material und Form!« Nach einem Zwischenspiel der alten Garde kamen im Werkbund-Vorstand Mitte der zwanziger Jahre jüngere Kräfte zum Zug. Ludwig Mies van der Rohe und Hans Scharoun standen ein für die Neue Sachlichkeit. Dieser von Otto Dix geprägte Begriff war bekannt geworden durch den Direktor der Mannheimer Kunsthalle Gustav Hartlaub, der eine Ausstellung seines Hauses unter dem Titel »Neue Sachlichkeit« präsentiert hatte. In freundschaftlich kollegialem Zusammenwirken des Werkbunds mit dem Berliner Architektenforum »Der Ring« und dem »Bund Deutscher Architekten« (BDA) wurden moderne Stadtplanung und funktionale Architektur, industrielle Formgebung und Ausstellungsarbeit vorangebracht. Große Resonanz im Publikum fand die 1927 eröffnete »Weißenhof-Siedlung«, mit 60 Wohnblocks und Einfamilienhäusern von 16 in- und ausländischen Architekten errichtet, in Stuttgart. Flachdach, Stahl und Glas waren nun nahezu populär geworden. Mies van der Rohe warnte vor einer Repertoire-Architektur: »Nicht auf das ›was‹, sondern einzig auf das ›wie‹ kommt es an ... Ob wir hoch oder flach bauen, mit Stahl und Glas bauen, besagt nichts über den Wert dieses Bauens ... Die Neue Zeit ist eine Tatsache; sie existiert ganz unabhängig davon, ob wir ja oder nein zu ihr sagen.«[4] Zur Zeit dieser Äußerung war freilich eine neue Zeit anderer Art im Anbruch. »Deutsches Holz für Hausbau und Wohnung« sollte Glas und Beton zurückdrängen, »organisches Bauen unter Führung der nordischen Rasse« die Neue Sachlichkeit überwinden. Politisch war der »Deutsche Werkbund« in den zwanziger Jahren abstinent gewesen und auf die Diktatur so schlecht vorbereitet, daß er ihr nach etlichen Anpassungsbemühungen erlag. 1933 ging er auf im nationalsozialistischen »Kampfbund für Deutsche Kultur«. Joan Campbell resümiert: »Da sie verfehlt hatten, der Demokratie rechtzeitig beizuspringen, fügten sich die Werkbund-Mitglieder in ihrer Mehrheit der

[3] Peter Behrens in: Die Form, Nr. 1, 1922; S. 5–7. zitiert nach Campbell, Werkbund, S. 207.

[4] Ebd., S. 284.

Zerstörung der politischen Ordnung, unter deren Bürgschaft geistiger und künstlerischer Freiheit die Weimarer Kultur so kurze Zeit geblüht hatte.«[5]

Bauhaus

Das weltberühmte Bauhaus, vom Werkbund oft und gern als sein Geschöpf reklamiert, entstand nach Kriegsende in Weimar. Walter Gropius war zum Leiter der Sächsischen Hochschule für Bildende Kunst wie auch zum Leiter der Sächsischen Kunstgewerbeschule – ehemals van de Veldes Schule – berufen worden. Beide Anstalten legte er zusammen unter dem Namen »Staatliches Bauhaus in Weimar.«[1] Zum Mitarbeiterstab der frühen Jahre gehörten der Formgestalter Hans Itten, der Bildhauer Gerhard Marcks und die Maler Lyonel Feininger, Paul Klee, Georg Muche, Kandinsky, Moholy-Nagy und Oskar Schlemmer. Die mindestens dreijährige Ausbildung bestand aus einer Vorlehre, die Formproblemen und Materialkenntnissen gewidmet war; danach arbeitete der Student wahlweise in der Töpferei, Weberei, Stein-, Holz-, Glas- oder Metallwerkstatt und erwarb ein Handwerksdiplom. Bauplanung und Konstruktion bildeten den Abschluß eines in jeder Phase praxisnahen Studiengangs. Durch die in den Werkstätten gefertigten Modelle und Patente, die als Prototypen an die Industrie verkauft werden konnten, sicherte sich das Bauhaus nach der Inflation Einkünfte, die auch für viele Schüler eine Existenzgrundlage bildeten. Dies, auch dies meinte Gropius mit seinem Feldzug gegen den Akademismus: »Die Erziehung der Akademien hatte zur Wirkung, daß sich ein breites Kunstproletariat entwickelte, das schutzlos dem sozialen Elend preisgegeben war, weil es, in einen Genietraum eingelullt, zum Künstlerdünkel erzogen wurde ... Sein Können war lediglich zeichnerisch-malerischer Art, ohne Bindung an die Realitäten des Stoffes, der Technik, der Wirtschaft, und endete darum in ästhetischer Spekulation ...«[2] So war es konsequent, daß am Bauhaus statt des üblichen Professorentitels die Lehrkräfte »Meister« genannt wurden. In seinem Selbstverständnis weit mehr als eine Schule, durch Bauhüt-

[5] Ebd., S. 368.

[1] Vgl. im Anhang das Dokument Nr. 14.

[2] Gropius, zitiert nach Benevolo, Geschichte der Architektur, Bd. 2, S. 51.

tengeist, Bohème, Vegetarismus, sozialrevolutionären Elan und andere Begeisterungen zur Gemeinschaft verschworen, galt dem Bauhaus menschliche Qualität nicht weniger als Kunst und Können. Paul Klee verlangte den ganzen Einsatz der Persönlichkeit: »Dadurch verwandelt sich das künstlerische Engagement in ein moralisches.«[3] Hans Itten, nicht nur ein Anhänger fernöstlicher Lehren, sondern auch deren Vermittler, ein Pädagoge, der die Studenten faszinierte, wurde der Guru des Bauhauses. Im Vorkurs ließ er die Schüler, um deren Materialgefühl und Kreativität zu entwickeln, aus Holz, Gips, Glas, Binsen und sogar Briketts Formen bilden – Spielstunden der Imagination und der Selbsterkenntnis[4]. Ittens Nachfolger Josef Albers, der erste Bauhausschüler, der hier den Meistertitel erworben hatte, entwickelte die Methode und fand bald Bewunderer und Nachahmer an anderen Kunstschulen inner- und außerhalb Deutschlands. Albers pflegte – wir folgen hier der amüsanten Schilderung des New Yorker Essayisten und Romanciers Tom Wolfe – einen Stoß Zeitungen auf den Tisch zu legen und zu sagen, er werde in einer Stunde wiederkommen und die inzwischen verfertigten Kunstwerke prüfen. Bei seiner Rückkehr fand er gotische Schlösser, Schiffe, Flugzeuge, Büsten, Vögel, Züge, Bahnhöfe vor, alles aus Zeitungspapier – fabelhafte Sachen. Aber da war meist auch ein Student, vielleicht ein Photograph oder auch ein Glasbläser, der hatte einfach ein Stück Zeitung genommen, es in der Mitte gefaltet und aufgestellt wie ein Zelt. Albers ergriff die Kathedrale und das Flugzeug und sagte: »Dies sollte eigentlich aus Stein oder Metall gemacht sein.« Dann nahm er das Zelt: »Aber dies hier – dies ist mit Leib und Seele aus Papier. Papier kann man falten, ohne daß es bricht. Papier hat Spannkraft, und mit diesen beiden schmalen Kanten überspannt es eine große Fläche.« Wie schön! Wie einfach! »Es war, als ob in dumpfen Köpfen das erste Licht aufleuchtete.«[5] Wolfe polemisiert, aus der Sicht der Postmoderne, im folgenden gegen 40 Jahre »Haut- und Knochen-Architektur« in Amerika, die er auf einen Kolonialkomplex seiner Landsleute gegenüber den »weißen Göttern« des Bauhauses, Gropius, Mies und Le Corbusier, zurückführt.

[3] Vgl. ebd., S. 69.

[4] Vgl. Hans M. Wingler, The Bauhaus. Weimar-Dessau-Berlin-Chicago. Cambridge, Mass. 1980. (Deutsch: Das Bauhaus. Köln 1968). Kapitel: Ursprung und Geschichte des Bauhauses, S. 3–11.

[5] Vgl. Tom Wolfe, From Bauhaus to Our House. New York 1981, S. 12–14.

(Walter Gropius und Ludwig Mies van der Rohe lebten und wirkten beide ab 1937 in den USA.)

An Bauen war gar nicht zu denken, als die Studenten in Weimar sich ins Zeitungspapier vertieften, an Warenverkauf auch nur sehr bedingt. Die Weimarer Bürgerschaft schüttelte den Kopf darüber, daß bei so viel propagandistischem Aufwand und vor allem staatlich subventioniertem Werkstättenbetrieb, nicht viel mehr herauskam als Teegläser, Schachfiguren, Wandteppiche. Es waren arme Zeiten. Die Bevölkerung litt unter Hunger und Arbeitslosigkeit. Um so befremdlicher der festliche Lärm, die sonderbare Kostümierung, die »nichtsnutzige« Malerei dort, im Bauhaus. Man vermutete allermindestens anarchistische Umtriebe. Die gab es eigentlich erst gegen Ende des Jahrzehnts in Dessau, als unter der permissiven Leitung von Hannes Meyer anarchistisch-marxistische Richtungskämpfe innerhalb der Studentenschaft das Bauhaus an den Rand politischer Selbstzerfleischung gebracht haben.

1923, zu früh nach Gropius' Meinung, wird eine Bauhaus-Woche veranstaltet, wohl auch gedacht als Leistungsschau zur Beruhigung gehässiger Kritik im Fach- und Laienpublikum. Es ist gerade Werkbund-Tagung in Weimar. Berühmte Gäste reisen an, unter ihnen Marc Chagall, Piet Mondrian und Albert Einstein. Schülerarbeiten aller Kurse und Werkstätten zeigt die Ausstellung; Kunst am Bau demonstrieren die Reliefs und Wandgemälde nach Entwürfen von Oskar Schlemmer. Schlemmers ›Triadisches Ballett‹ wird uraufgeführt, dazu gibt es Konzerte, Vorträge, Lesungen, Jazz. Auf dem Gelände »Am Horn« ist unter Georg Muches Leitplanung der Prototyp eines Hauses errichtet worden. Vorgefertigt in den Bauhaus-Werkstätten und ausgestattet mit Möbeln von Marcel Breuer, soll es, sobald das die Wirtschaftslage erlaubt, in Serie gehen. Der eineinhalbgeschossige, über quadratischer Grundfläche aufgeführte Flachbau, dessen zentraler Wohnraum zusätzliches Oberlicht durch ein Fensterband unter dem Dach erhält, ist als »Zelle« konzipiert. Er wird gewissermaßen zur Urzelle des Bauhaus-Stils und auch der Klischeevorstellungen, die sich das große Publikum sehr bald davon macht. Die Festwoche findet viel Beifall, aber auch ihre Spötter. Paul Westheim schreibt: »... am Bauhaus quält man sich damit, Quadrate nach der Idee zu stilisieren. Drei Tage Weimar, und man kann auf Lebenszeit kein Quadrat mehr sehen ... Das höchste Bauhausgefühl: das individuelle Quadrat. Talent ist Quadrat, Genie das absolute Quadrat. Die

Leute vom ›Stijl‹ zeigen in Jena eine Protestausstellung: sie behaupten, die einzig wahren Quadrate zu haben.«[6] Die Leute vom »Stijl« – das sind die Anhänger Theo van Doesburgs, die sich in Weimar angesiedelt haben und mit ihren radikal konstruktivistischen Ideen »konkreter Kunst«, einer Malerei und Architektur aus streng geometrischen Formen und nach strengem Farbkanon zusammengesetzt, erheblichen Einfluß auf die Studentenschaft am Bauhaus gewinnen. Die Parole »Kunst und Technik – eine neue Einheit«, ist ausgegeben. ›Sturm‹-Expressionismus und ›Blauer Reiter‹ sind verblaßt, überholt auch die in der expressionistischen Architektur so beliebten Höhlenformen und Kristallstrukturen. Bruno Taut hatte während des Krieges seine Visionen »Stadtkrone« und »Alpine Architektur« entworfen, Hans Poelzig 1919 Max Reinhardts Großes Schauspielhaus in Berlin als »Raumhöhle« gestaltet und stalaktitenartig ausgekleidet. Wie schon Heckel und Kirchner variierte auch Feininger das Prismatische. Feiningers Titelbild für das Bauhausprogramm 1919 war der Holzschnitt einer Kathedrale, durchkreuzt und überhöht von Sternstrahlen. »Statt Kathedralen – die Wohnmaschine, statt Ornamentationen sachliche Objekte, die Zwecken dienen!«[7], notiert Oskar Schlemmer 1922. Der neue Trend zeitigt Risse in der Gemeinschaft des Bauhauses. Besonders die Maler bilden eine Fraktion der Entfremdeten, weil künstlerische Autonomie wieder einmal der zivilisatorischen Technik untergeordnet werden soll. Schlimmer als die internen Mißhelligkeiten wirken Attacken von draußen sich aus. Sie reichen von der Frage, warum in aller Welt eine Schule für bildende Kunst Musikunterricht erteilen und eine Bühne unterhalten will, bis zu politischen Kampagnen.

1924 gibt es in der Thüringischen Landesregierung einen Rechtsruck. Völkische Kritik am Bauhaus wird zum Anlaß genommen, die Mittel drastisch zu kürzen. Ohnehin hatte Gropius mit dem Budget immer Schwierigkeiten gehabt und die Probleme unterschätzt, die sich aus der Kombination einer staatlichen Schule mit kommerziell arbeitenden Werkstätten ergeben. So kommt eine Anzahl von Gründen zusammen, das Bauhaus in Weimar zu schließen. Glücklicherweise bietet Des-

[6] Paul Westheim in: Kunstblatt (1923); zitiert nach Kulturtagebuch. Braunschweig 1984, S. 247.

[7] Oskar Schlemmer, Tagebuch 1922; zitiert nach Joan Campbell, Der Deutsche Werkbund. Stuttgart 1981, S. 227.

sau eine neue Chance. Der genius loci, Fürst Pücklers Parks und die Junkers-Werke sowie eine aufgeschlossene Stadtverwaltung geben dem Bauhaus in seiner zweiten Phase günstige Startbedingungen. In Dessau verlagern sich, auch dank allgemein konsolidierter Wirtschaft, die Schwerpunkte auf Architektur und Stadtplanung. Das Bauhaus wird zum Bau-Haus, besonders deutlich ausgeprägt in den letzten Jahren (1930 bis 1933), als Mies van der Rohe die Leitung übernommen hat. Nach hoffnungslosen Versuchen, im Hitler-Reich weiter zu existieren, löst sich das Institut, nunmehr in Berlin, im Juli 1933 selbst auf. Den Nationalsozialisten galt es von Anbeginn als gefährliche »Brutstätte des Bolschewismus«.

Walter Gropius hatte sein Führungsamt 1928 niedergelegt. Dem Schöpfer und Steuermann des Bauhauses war es gelungen, der Gesellschaft wichtige Wege modernen Selbstverständnisses zu erschließen. »Die Lösung liegt in einer Änderung der Einstellung des Individuums zu seiner Arbeit, nicht in den äußeren Umständen,« schrieb er in der Überzeugung, daß die verschiedenen Künste »kommensurabel und konfrontabel« bleiben müssen. Nur nach erneuerter Formensprache zu suchen, hieße vorwegnehmen oder gar vortäuschen, worauf alles ankommt: geduldige Arbeit. Denn Reform kann kein Fertigprodukt sein – Reform ist ein Prozeß. So verstanden, hat man Gropius mit Recht einen »Überwinder der Avantgarde« genannt[8].

[8] Zitiert nach Benevolo, Geschichte der Architektur, Bd. 2, S. 60 u. 62.

Nicht nur, weil es Chronistenpflicht ist, soll als Schlußwort jener Satz aufgenommen werden, mit dem Wassily Kandinsky am 24. April 1923 seine Antwort auf Schönbergs zynisch-verzweifelten Brief beschloß; »Es ist kein großes Glück, Jude, Russe, Deutscher, Europäer zu sein. Besser ist Mensch. Aber wir sollen doch zum ›Übermensch‹ streben. Das ist die Pflicht der wenigen.«[1] Warum, fragen die Nachgeborenen, mußte es fünfzig Jahre hindurch unter diesem oder jenem Vorzeichen immer wieder der »Übermensch« sein? War »Mensch« zu wenig? War der brüderliche Expressionisten-Ruf »O, Mensch!« nicht mit derselben pathetischen Energie aufgeladen wie die Hoffnung auf den »Übermenschen«? Und war vielleicht sogar das »Deutschtum«, die »Deutschheit«, die »deutsche Sendung« aus ähnlicher Energiequelle gespeist?

Wenn es stimmt, daß innerhalb einer Generation weit mehr gemeinsam gefühlt als gedacht wird, und wenn es weiter stimmt, daß nie stärker gefühlt wurde als zu Beginn des 20. Jahrhunderts, dann mußte – welcher Himmel auch immer ihn geschickt hat – ein Brecht kommen und mahnen: »Allem, was du empfindest, gib die kleinste Größe«.[2] Seit dem »Übermenschen« der »Untermensch« entgegengesetzt wurde, seit Auschwitz und Hiroschima geschehen sind, seit »wir mehr herstellen als vorstellen können«, ist Utopie hoffnungslos geworden. Günter Anders nennt uns, die wir in solcher Diskrepanz leben, »invertierte Utopisten«[3].

Unsere Großeltern um 1910 dürfen eines glückverlorenen Staunens ernüchterter Enkel sicher sein.

[1] Arnold Schönberg, Wassily Kandinsky, Briefe, Bilder und Dokumente. München 1983, S. 93.

[2] Bertolt Brecht, Werke. Band 9 (Gedichte 2). Frankfurt am Main 1967, S. 749.

[3] Vgl. dazu Günter Anders, Brecht konnte mich nicht riechen. Ein ZEIT-Gespräch: Günter Anders / Fritz J. Raddatz. In: DIE ZEIT v. 22. 3. 1985.

1. Ida Hofmann-Oedenkoven, Monte Verità (1906)

Quelle: Ida Hofmann-Oedenkoven, Monte Verità. Wahrheit ohne Dichtung. Lorch 1906, S. 50–51.

Die heutigen Tags viel besprochene und höchstens auf einen relativen Standpunkt der Richtigkeit gebrachte Ernährungsfrage bildet auch in unserer Mitte oft das Tagesgespräch. Nach meiner Anschauung spielt die Pflege und Beachtung des Körpers eine ebenso wichtige Rolle im täglichen Leben als die Pflege des ihn ergänzenden Geistes; ich widme daher auch diesem Kapitel einige Worte. Neben der Voraussetzung, daß erkenntnisreifere Menschen die ausschließliche Fruchtnahrung als die ihnen von der Natur bestimmte und bekömmlichste Ernährungsweise betrachten, erübrigt doch noch die Frage, ob hier in naturgesetzlicher Entwicklung, Erkenntnis und Ausführung gleichen Schritt zu halten haben oder in welches Verhältnis beide miteinander zu bringen seien, ohne nach irgendeiner Richtung hin Schaden zu erzeugen.

Wir haben seit Beginn unseres Unternehmens, Frühjahr 1901, die Fruchtnahrung in reichhaltigster Auswahl besonders berücksichtigt – es wurde einmal des Tages gekocht und zwar hauptsächlich Gemüse (mit Ausschluß sämtlicher Kohlarten, der Kartoffel und der Zwiebel) – sowie Hülsenfrüchte zur Abwechslung. Es ist Allen bei uns, ohne Ausnahme, unmöglich, sich dauernd an die ausschließliche Fruchtnahrung zu halten (wiewohl ihr Wert periodischer Durchführung zwecks Heilung unübertroffen bleibt); den Meisten fällt es schwer, die gewohnten Gemüse zu meiden, besonders seitdem im Herbst 1902 der vollkommene Ausschluß tierischer Nahrungsmittel beschlossen wird. Es stellt sich, wohl durch die Obstsäure bedingt, ein wahrer Kartoffelhunger ein, den der Brotgenuß nicht ersetzt. Die Neigung, sich andere Lebensmittel, ob heimlich oder zugestandener Weise, auswärts zuzuführen, greift um sich; bei diesen Gelegenheiten wird des »Beliebten« gewöhnlich zu viel genossen und die Folgen davon machen sich durch Magenverstimmungen geltend. Endlich werden von Henri als stärkstem Gegner des zum Ausschluß Bestimmten, Kartoffeln auf das Menu gesetzt;

nach und nach treten auch Blumenkohl, Spargel, Artischocken und Bohnen sowie Ersatz für tierisches Fett durch Kokos- und Haselnußbutter hinzu. Daß diese Einführungen im Allgemeinen große Befriedigung hervorriefen, muß ich als Tatsache erwähnen, denn es handelt sich darum, ob, trotz aller Schätzung des Prinzips, nicht auch die Befriedigung der Geschmacksnerven berücksichtigt werden, ob die Entwöhnung von bisherigen Nahrungs- und Genußmitteln nicht vielmehr eine sehr allmähliche und das Maß derselben nicht der Vernunft und der Beschaffenheit jedes Individuums überlassen bleiben muß.

2. Herwarth Walden, Café Größenwahn (1911)

Quelle: Thomas Anz und Michael Stark (Hrsg.), Expressionismus. Manifeste und Dokumente zur deutschen Literatur 1910–1920. Stuttgart 1982, S. 394–396.

»Wir lassen nunmehr den Bericht unseres eigens entsandten xw-Spezialberichterstatters über das Café Größenwahn folgen. Derselbe schreibt uns über dasselbe«

Café Größenwahn

Dort, wo die Joachimsthalerstraße den Kurfürstendamm schneidet, haben sie den Sitz der Hölle aufgeschlagen. Noch rasch vor seinem Tode hat Messel das Café erbaut, und Cassirer hat die Wände mit Klimtschen Satanswerken ringsum behängt. Die Fußböden sind mit Mosaiken ausgelegt, auf denen Hodlers anatomische Selbstherrlichkeit lagert. Getische und Gestühle und alles Geschirr und Geräte, der letzte Schrei der Wiener Werkstätten.

Scheu und geängstigt hastet der schlichte Bürger am Höllenpfuhl vorbei. Der ehrbare Kaufmann, der sparsame Rentier, der mutige Offizier, der tiefe Gelehrte, der berufene Theaterdirektor, der standesbewußte Schauspieler, der sich Zeit lassende Handwerker, der herkömmliche Maler, der klassische Dichter, der rasende Fuhrmann, der treue Dramaturg, der tennisverdammte Demi-Jüngling, die handkoffertragende Jungfrau, und last not least der bescheidene Lumpensammler werfen einen scheuen Blick durch die revolutionären Scheiben und empfehlen ihre Seele Wildenbruch und allen guten Geistern der großen Kunstausstellung. Bleicher Schauer rieselt durch ihr normales

Gebein, durch ihr gesundes Blut. Tief im Innern haben sie dämonische Gestalten sitzen sehen. Männer mit langen Haaren, schlangenhaft geringelten Locken, wildflatternden Kravatten, sezessionistischen Socken und alkoholfreien Unterhosen leben sich aus. Drücken sich bedeutsam in die Sofaecken, bespiegeln sich selbst und gegenseitig, schleudern sich biertonnengroße Weihgefäße um die stefangeorgeschen Ohrmuscheln, und bringen durch ruchloses, dekadentes Kaffeetrinken die deutsche Kunst an den Rand des Abgrunds. Gurgelnde, röchelnde Pereatrufe auf Schiller und Konsorten unterbrechen die Stille des modernen Denkens, und Holz und Schlafs *Familie Selicke* ist der Gral der Tafelrunde.

Ermunternd, erweckend, aufreizend und zum ewigen Haß gegen Weimar mahnend, schreitet Arno Holz selbst von Tisch zu Tisch, und die Modernen küssen des Meisters Hände. Krachend fliegen die Tagesblätter in die Ecken, die Brockhausbände mit Goethe und Schiller sind verbrannt, aber von Hand zu Hand gehen die gesammelten Werke Alfred Momberts. Altenberg kann leider das Reisen nicht vertragen, aber Hermann Bahr kommt zweimal in der Woche herüber, und Alfred Kerr steht in ununterbrochener telephonischer Verbindung mit der modernen Clique, während Karl Kraus von der Wiener *Fackel* Depeschen sendet. Dann schwirrt es in Telephon- und Telegraphendrähten von Ibsen und Hauptmann, von Strindberg und Wedekind, von Hofmannsthal und Maeterlinck, von Shaw und d'Annunzio.

So vergeht der Tag, bis abends die große Orgie der täglichen modernen Nacht beginnt: die markzerfressende Zersetzungsarbeit der Caféhausliteraten. Dann kommt es herangekrochen aus Wilmersdorf und Halensee, sezessionistisches Gewürm, krankhaft Empfindende, bizarre Gesellen, »vom Größenwahn« geschlagene. Und es beginnt ein irrsinniges Lallen. Klein Eyolfschen Banalitäten werden Shakespeares unsterblichste Wortspiele geopfert. Hauptmanns naturalistische Platitüden Schillers Betrachtungen über die Lebenskraft der Sonne vorgezogen. Lerchenjubel, wogendes Ährenfeld, braune Scholle, schmucke Bauerndirnen, der Schrei der Möwe und all die tausend Vögel, die in der Brust der *heimatkünstlichen Menschen* singen, alle die alten geheiligten Güter der Kunst werden verlacht und verhöhnt. Scheerbarts Muse wird mit metaphysischer Inbrunst abgeknutscht. Heinrich Manns Romane in den unmöglichen Melodien Herwarth Waldens gesungen.

Und um Mitternacht hebt an das große Opfer der gegenseitigen Beweihräucherung: ein gigantisches Überschreien, Einandervorlesen; tolle Wortgebilde durchdringen die Lüfte. Sätze, die man weder bei Schiller noch bei Goethe findet, unverständliches Gestammle, französische, italienische Wortkonstruktionen ohne germanische Deutlichkeit, unreife Ansichten über Grillparzer und Hebbel. Junge Fante, die nie den Ernst des Lebens kennen gelernt haben, entziehen sich weimarscher Zucht und weigern sich, in fünffüßigen Jamben zu dichten. Auf kristallenen Schalen werden die wertvollsten unaufgeklärten Dramen in Lilasamt und Silberschnitt gebunden herumgereicht. Kaffee rinnt auf Kaffee, nur selten vom schlichten Selters unterbrochen. Der Taumel wächst. Baudelaire, Verlaine und Flaubert werden in eine einzige Silbe geschweißt, Monet wird zu Manet und Manet zu Monet. Peter Hille wird durch Tischrükken herangeholt, Begrüßungstelegramme werden gesandt an Paul Claudel und Thaddäus Rittner. Und nachdem Else Lasker-Schüler sechs Gedichte vorgelesen hat, in denen sich nichts reimt und keine Verbindung mit Heine oder Busse-Palma zu finden ist, läuten fingerfertige Jünglinge zum Beardsley-Dienst. Und während Speisen- und Getränkekarten, Tage-, Wochen- und Monatsblätter, Wände und Marmorplatten mit schamlosen amourösen Verrenkungen gedeckt werden, kauern sezessionistische Maler auf der Treppe und verzeichnen anatomisch feststehende Tatsachen. Lovis Corinth stöhnt nach degoutanten Vorwürfen. Oskar Kokoschka hat sich etwas Straßenstaub mitgebracht, den er für ein Kolossalgemälde braucht. Max Pechstein hält Menschenleiber für Paletten. Wild dröhnt die Tschudikantate. Hungrige verlangen Speisekarten mit Peter Behrens-Typen. Aber anstatt zu essen schreien sie unaufhörlich Greco, Greco – a bas Velasquez! und Minderjährige bringen Hochs auf Munch und Julius Meier-Graefe aus. Und dann spreizt der Wahnsinn der Moderne seine Fangarme aus: lange Arme, viel länger als anatomisch denkbar und erweislich wahr ist, mit Flederhänden, die es so wenig gibt als das Wort selbst, und Neo-Krallen: weißlich grüner Gischt tritt den Besessenen vor den Mund, ihre Augen werden van-Goghisch grün, was sich durch Lichtreflexe allerdings *erklären* läßt ...

Und die beliebtesten Genien, in ihren respektiven Heimen aufgescheucht und an ihren traditionellsten Gefühlen verhindert, brechen auf und suchen das Land, wo der koffeinfreie Kaffee gedeiht und der koholhaltige Kohol.

3. Ernst Blass, Vor-Worte
Gesprochen zur Eröffnung des Literarischen Cabarets GNU in Berlin am 2. November 1911.

Quelle: Thomas Anz und Michael Stark (Hrsg.), Expressionismus. Manifeste und Dokumente zur deutschen Literatur 1910–1920. Stuttgart 1982, S. 441–443.

I.
Bei Christian Morgenstern gibt es ein Wiesel; das sitzt auf einem Kiesel, inmitten Bachgeriesel. Für dies Verhalten des Tiers glaubt der Dichter an keinen andern Grund, als den Reimgrund. Er glaubt schlechterdings, das Tier handle so um des Reimes willen.

So das Wiesel. Was nun das GNU anlangt, meine sehr Geehrten, so ist es zunächst ein seiner Plakatwirkung wegen sympathisches ... und ein haariges Tier; vom Forscher »Catoblepas Gnu Sund« geheißen. Ein Wildgeschöpf, doch aus der Antilopenrasse, trägt es einen weißlichen Kinnbart und ist, sagt Meyers Konversationslexikon, in seinem Wesen absonderlich. Es lebt (absonderlich) in Südafrika.

Eine wuchtige Antilope. Etwas Feines, dem die Schlagkraft ausgegangen ist. Dies die literarische Formel für das GNU.

II.
Zoologische Details habe ich mitgeteilt, nicht nur, um mich des Wohlwollens eventueller Positivisten, so unter Ihnen sein mögen, zu versichern; sondern noch aus einem andern Grunde. Sie werden fühlen, welche Leichtigkeit es für mich wäre, eine Beziehung zwischen der wuchtigen Antilope, will sagen: jener schlagkraftvollen Feinheit, die literarische Formel für das Gnu ist, und unserm Cabaret herauszuheben. Nachdem Sie es gefühlt, schenke ich mir Näheres, zufrieden es angedeutet zu haben, und komme auf den Untertitel »Literarisches Cabaret«.

III.
Wir wollen demnach, zunächst diesen Winter, literarische Cabaretabende geben. Einfach, um Dinge zu propagieren, auf deren Propagierung, und um Dinge zu bekämpfen, auf deren Bekämpfung es uns anzukommen scheint. Um gehört zu werden. Um mitzuwirken, unsrerseits, an der Kultivierung einzelner Lebenskreise. Um das zu sagen, was wir zu sagen haben.

Und: um mitzusiegen.

IV.
Wir wollen, des Näheren, ein Ethos des Erkennens, der Redlichkeit, der Lügenfeindlichkeit verfechten, gelehrt durch die großen Beispiele Ibsens, Alfred Kerrs; und Nietzsches, der über die »Hinterweltler« das Wort prägte: »Wütend hassen sie den Erkennenden und jene jüngste der Tugenden, welche heißt: Redlichkeit. Rückwärts blicken sie immer nach dunklen Zeiten: Da freilich war Wahn und Glaube ein ander Ding; Raserei der Vernunft war Gottähnlichkeit, und Zweifel Sünde«. Man muß morsche Gebäude, so den Blick ins Weite verwehren, umlegen; mulmige Begeisterungen durch Fragen zerlöchern. Beispielsweise, die Frage stellen: warum soll man dumpf, hingerissen *gläubig* sein, so: die eigne Beschränktheit verehrend? Es ist Schwindel, wenn einer Masse die selbst gefühlte Beschränktheit als Stärke, Tiefe, Pflicht aufgeredet wird. Warum gilt nicht lieber als Pflicht, das, was man *weiß,* zu glauben; nichts zu verschweigen und nichts hinzuzusetzen?

Wir werden ferner *den* einen Idioten nennen, der es wagt, einem Neurastheniker etwa Mangel an Löwenwucht vorzuwerfen. Ein Neurastheniker ist in jedem einzelnen Fall klüger als ein Löwe. *Groß ist, was am Feinsten, vorgeschrittensten ist; nichts Dumpf-Heroisches – und nicht was als enorme Raumvorstellung imponiert.*

Wir wollen die Frage stellen, welchen Sinn es habe, Keuschheit oder Haltung zu fordern. Und ob es geistreich ist, da wir morgen tot sein werden, heute nicht rot zu sein.

Es kommt darauf an, mulmige Enthusiasmen fortgesetzt durch Fragen zu zerlöchern; aus dem Wege zu räumen; *um eine haltbare Grundlage zu schaffen – für Vermehrung der Glückschancen von Menschen.* Durchaus auch Dinge zu propagieren, die selbstverständlich sind; weil gerade *die* durch dumme und falsche Ansichten oft verdrängt werden; weil oft falschere Ansichten als feinere verkauft werden – von einer *neuen Gauneration.*

Es gilt z.B. Front zu machen gegen eine Kunscht des Rückwärtsertums; die von der Verfeinerung, als besonders fein, zur Massenwirkung zurückstrebt; die statt ein Theater für *den* letzten, beseeltesten, tiefsten Menschen zu wollen, den Ehrgeiz bekennt, ein Theater der fünftausend Schlachtermeister vom Stapel zu lassen.

Es gilt auch Front zu machen gegen eine Sorte von Schriftstellern, die solche Bewegungen propagieren. Gegen Menschen, die eigentlich keine sind, vielmehr Leichen mit Ideen; gegen eine Sorte von Blindschleichen, Dunstkopen, Brechmittelmäßigen. Man muß solche Erscheinungen zurückdrängen, damit die geistige Luft besser wird; damit man atmen kann, leben, glücklicher sein. Auf nichts kommt es so sehr an wie hierauf. Wir wollen mitarbeiten an der Zurückdrängung der Dummheit; an der Bildung eines Lebens und einer Kunst für aufrichtige Menschenseelen, an der Auffindung einiger haltbarer Grundpunkte, von denen aus ein Steigen der Glückschancen für Menschen ... zu berechnen und zu realisieren ist.

4. Filippo Tommaso Marinetti, Manifest des Futurismus (1912)

Quelle: Thomas Anz und Michael Stark (Hrsg.), Expressionismus. Manifeste und Dokumente zur deutschen Literatur 1910–1920. Stuttgart 1982, S. 588–591.

1 Wir wollen die Liebe zur Gefahr singen, die gewohnheitsmäßige Energie und die Tollkühnheit.

2 Die Hauptelemente unserer Poesie werden der Mut, die Kühnheit und die Empörung sein.

3 Wie die Literatur bisher die nachdenkliche Unbeweglichkeit, die Ekstase, den Schlummer gepriesen hat, so wollen wir die aggressive Bewegung, die fiebrige Schlaflosigkeit, den gymnastischen Schritt, den gefahrvollen Sprung, die Ohrfeige und den Faustschlag preisen.

4 Wir erklären, daß der Glanz der Welt sich um eine neue Schönheit bereichert hat: um die Schönheit der Schnelligkeit. Ein Rennautomobil, dessen Wagenkasten mit großen Rohren bepackt sind, die Schlangen mit explosivem Atem gleichen, ein heulendes Automobil, das auf Kartätschen zu laufen scheint, ist schöner als der »Sieg bei Samothrake«.

5 Wir wollen den Mann preisen, der am Lenkrad sitzt, dessen gedachte Achse die auf den Umkreis ihrer Planetenbahn geschleuderte Erde durchbohrt.

6 Der Dichter muß sich mit Wärme ausgeben, mit glanzvoller Verschwendung, um den begeisterten Eifer der Uranfänglichen zu vergrößern.

7 Nur im Kampf ist Schönheit. Kein Meisterwerk ohne aggressives Moment. Die Dichtung muß ein heftiger Ansturm

gegen unbekannte Kräfte sein, um sie aufzufordern sich vor den Menschen zu legen.

8 Wir sind auf dem äußersten Vorgebirge der Jahrhunderte! ... Wozu hinter uns blicken, da wir gerade die geheimnisvollen Tore des Unmöglichen brechen? Zeit und Raum sind gestern dahinaufgegangen. Wir leben schon im Absoluten, denn wir haben schon die ewige, allgegenwärtige Schnelligkeit geschaffen.

9 Wir wollen den Krieg preisen, – diese einzige Hygiene der Welt – den Militarismus, den Patriotismus, die zerstörende Geste der Anarchisten, die schönen Gedanken, die töten, und die Verachtung des Weibes.

10 Wir wollen die Museen, die Bibliotheken zerstören, den Moralismus bekämpfen, den Feminismus und alle opportunistischen und Nützlichkeit bezweckenden Feigheiten.

11 Wir werden die arbeitbewegten Mengen, das Vergnügen, die Empörung singen, die vielfarbigen, die vieltönigen Brandungen der Revolutionen in den modernen Hauptstädten; die nächtliche Vibration der Arsenale und Zimmerplätze unter ihren heftigen, elektrischen Monden; die gefräßigen Bahnhöfe voller rauchender Schlangen; die durch ihre Rauchfäden an die Wolken gehängten Fabriken; die gymnastisch hüpfenden Brükken über der Messerschmiede der sonndurchflimmernden Flüsse; die abenteuerlichen Dampfer, die den Horizont wittern; die breitbrüstigen Lokomotiven, die auf den Schienen stampfen wie riesige, mit langen Röhren gezügelte Stahlrosse, und den gleitenden Flug der Aeroplane, deren Schraube knattert wie eine im Winde wehende Flagge und die klatscht wie eine beifallstobende Menge.

In Italien veröffentlichen wir dieses feurige, gewaltige Manifest, durch das wir heute den *Futurismus* schaffen, weil wir Italien von seinem Krebs von Professoren, Archäologen, Ciceronen und Antiquaren befreien wollen.

Italien ist lange genug der große Markt der Trödler gewesen. Wir wollen es von den unzähligen Museen befreien, die es wie unzählige Kirchhöfe bedecken.

Museen, Kirchhöfe! ... Wirklich identisch sind sie im finsteren Berühren ihrer Körper, die einander nicht kennen. Öffentliche Schlafstellen, wo man auf ewig verhaßten und unbekannten Wesen gegenüber schläft. Reziprokes Ungestüm der Maler, die sich mit Linien- und Farbenschlägen gegenseitig in demselben Museum töten.

Man besuche sie jedes Jahr, wie man alljährlich die Gräber

seiner Lieben besucht ... Einverstanden! ... Man lege meinetwegen jährlich der »Gioconda« Blumen zu Füßen, wir verstehen es! ... Aber täglich unsere Traurigkeit, unseren zerbrechlichen Mut und unsere Unruhe in die Museen spazieren führen, das lassen wir nicht zu! ... Will man sich denn vergiften? Will man verwesen?

Was kann man gut an einem alten Bilde finden, wenn nicht die mühseligen Verrenkungen des Künstlers, der sich bemüht, die undurchdringbaren Tore zu durchdringen, nur weil er wünscht seinen Traum auszudrücken?

Ein altes Bild bewundern heißt unsere Empfindsamkeit auf eine Totenurne verschwenden, statt sie nach vorn zu schleudern mit heftigen Stößen, die schöpfen und tatkräftig sind. Will man denn so seine besten Kräfte durch die Bewunderung des Vergangenen verschwenden, um gänzlich erschöpft, geschwächt zu sein?

In Wirklichkeit ist der tägliche Besuch der Museen, der Bibliotheken, der Akademien (dieser Friedhöfe verlorener Anstrengungen, dieser Golgatha gekreuzigter Träume, dieser Register gebrochenen Schwunges) für den Künstler dasselbe, was verlängerte Vormundschaft für intelligente, an ihrem Talent berauschte Jünglinge ist.

Für Tatkranke, Invaliden und Gefangene, meinetwegen. Es ist vielleicht ein Balsam für ihre Wunden, die bewunderungswürdige Vergangenheit, da ihnen die Zukunft versagt ist ... Aber wir wollen so etwas nicht, wir jungen, starken, lebendigen Futuristen!

Laßt sie doch kommen, die guten Brandstifter mit den karbolduftenden Fingern! ... Da sind sie! Da sind sie ja! ... Steckt doch die Bibliotheken in Brand! Leitet die Kanäle ab, um die Museen zu überschwemmen! ... Ha! Laßt sie dahintreiben, die glorreichen Bilder! Nehmt Spitzhacken und Hammer! Untergrabt die Grundmauern der hochehrwürdigen Städte!

Die Ältesten von uns sind dreißig Jahre alt; wir können also wenigstens zehn Jahre unsere Pflicht tun. Sind wir vierzig Jahre, so mögen Jüngere und Tapfere uns in den Papierkorb werfen wie unnütze Manuskripte! Von weither werden sie uns entgegenkommen, tanzend nach dem leichten Rhythmus ihrer ersten Gedichte. Mit ihren hakenförmigen Fingern werden sie in die Luft kritzeln und vor den Türen der Akademien den guten Geruch unserer verwesenden Geister einatmen, die schon den Katakomben der Bibliotheken versprochen sind.

Aber wir werden nicht da sein. Sie werden uns in einer Winternacht mitten auf dem Lande vor einem düsteren Hangar finden bei unseren bebenden Aeroplanen; und wir werden uns gerade über dem Feuer unserer Bücher von heute die Hände wärmen und hoch wird die Flamme aus ihnen unter dem Fluge ihrer Bilder herausschlagen.

Sie werden uns umringen, keuchend vor Angst und Ärger, und verzweifelt durch unseren stolzen unermüdlichen Mut; sie werden sich auf uns stürzen mit ebenso viel Haß, wie ihr Herz trunken von Liebe und Bewunderung für uns sein wird. Und die starke, heilige Ungerechtigkeit wird hell aus ihren Augen strahlen. Denn Kunst kann nur Gewalt, Grausamkeit sein.

Die Ältesten von uns sind dreißig Jahre alt, und doch haben wir schon Schätze vergeudet. Schätze der Kraft, Liebe, Mut und strengen Willen, eilig, im Delirium, ohne zu rechnen, im Handumdrehen, zum Atemverlieren.

Blickt uns an! Wir sind nicht außer Atem ... Unser Herz ist nicht im mindesten erschöpft! Denn Feuer, Haß, Schnelligkeit ernähren es! ... Das setzt euch in Erstaunen? Ja, weil ihr euch nicht einmal erinnert gelebt zu haben. Auf dem Gipfel der Welt stehend schleudern wir noch einmal unsere Herausforderung den Sternen zu!

Eure Einwürfe? Genug, genug! Versteht sich! Wir wissen sehr gut, was unsere schöne falsche Intelligenz uns bestätigt. – Wir sind nur, sagt sie, der Inbegriff und die Verlängerung unserer Ahnen. – Vielleicht! Meinetwegen! ... Was tuts? ... Aber wir wollen nicht begreifen. Wiederholt ja nicht diese infamen Worte! Kopf hoch! Das ist besser!

Auf dem Gipfel der Welt stehend schleudern wir noch einmal unsere Herausforderung den Sternen zu!

5. Hans Blüher, Die deutsche Wandervogelbewegung als erotisches Phänomen (1912)

Quelle: Hans Blüher, Die deutsche Wandervogelbewegung als erotisches Phänomen. Berlin o. J., S. 30–111 (Auszüge).

Und in der Tat kann man sagen, daß, sosehr die Wandervogeljugend das Weib entbehren konnte, so wenig den Knaben und

Jüngling. Das ist eigentlich eine Trivialität, denn der ganze Wandervogel bestand ja aus Knaben und Jünglingen; das Entscheidende liegt nur darin, daß der Zusammenhang zwischen diesen in einem gesetzmäßigen erotischen Verhalten zu suchen ist, und dieses wieder eine besondere Gesetzmäßigkeit mit dem zum Weibe aufweist. Das wäre dann die Sexualtheorie der Wandervogelbewegung.

Die empirischen Tatsachen, auf die sich eine solche Theorie stützt, sind nun zunächst folgende: während des ganzen Verlaufes der Wandervogel-Geschichte konnte man bemerken, daß die Centren und Wirbelpunkte der Bewegung vielfach von jungen Männern belegt waren, deren Liebesleben sich ganz oder fast ganz zum eignen Geschlechte richtete. Es waren Menschen von antiker Liebesstimmung, Menschen, für die der Wert des Weibes in der äußersten Ecke des Bewußtseins lag, und die ihre ganze Kraft dem jüngeren männlichen Geschlechte und seiner Förderung widmeten. Man hat für diesen Sexualtypus, der in der hellenischen Antike ziemlich unbetitelt hinleben konnte, in der Moderne den Ausdruck »Homosexuelle« geprägt. So unbestreitbar dieser in der Theorie ist, denn er gibt die Richtung des Sexuallebens an, so unliebsam macht er sich beim Gebrauch. Er wird nämlich fast stets statt direktiv, intensiv angewandt und daher klingt es so, als ob für diese Menschen ihre »Homosexualität« das wichtigste und fast ausschließliche Interesse sei, auf das alles andere auf möglichst kurzem Wege hinausläuft. In Wirklichkeit liegt es aber so, daß dieser Ausdruck »homosexuell« für sie genau so viel und so wenig sagt, wie für die Normalen »heterosexuell«; mit anderen Worten: man darf nicht vergessen, daß nur das Liebesobjekt ein anderes ist, nicht aber das Liebesverhalten, und daß alle feinen und feinsten seelischen Stimmungen, alle Hingabe und Opferfreudigkeit bei ihnen genau so vorhanden sind, wie bei der landläufigen Liebe. Ich will daher diesen so kompromittierten Ausdruck »Homosexualität« nicht mehr gebrauchen, es sei denn nur im Sinne der Richtungsangabe, und dafür das Wort »Inversion« d.h. Einlenkung, Umlenkung, Abbiegung aus der Freudschen Schule übernehmen.

Die Invertierten spielten also im Wandervogel eine nicht zu übersehende Rolle, und die Bewegung ist ohne sie überhaupt undenkbar, da niemand diese Arbeitsleistung für die Jugend freiwillig und oft ohne Dank übernommen hätte, der nicht den heimlichen Zwang des Anziehungsgesetzes, unter dem er stand, und den Erfolg einer glücklich ausgelösten Liebesspannung für sich hätte in Anspruch nehmen können. Wer hinter die Kulissen dieses phantastischen Jugenddramas sehen durfte, der konnte bemerken, wie diese Menschenart stets am Ruder war. Wenn sie abtraten, kamen immer wieder neue, die ebenso fühlten; keiner wußte es, nur ihre Vertrautesten. Die freundliebenden Naturen hat es immer wieder an die Spitze gedrängt und in den meisten Fällen bewährten sie sich ausgezeichnet. Sie stürmten vor und mußten fallen wie die Offiziere in der Schlacht, denn die öffentliche Meinung stürzte sich über sie her, wenn man sie erkannte ...

Ich will den schärfsten Einwand, den man gegen meine bisherigen Aufstellungen erheben kann, gleich selbst machen: unter den Jugendführern im Alter von 20 bis 30 Jahren, die der Bewegung den größten Schwung gegeben haben, befanden sich zwar ganz zweifellos typische Voll-Invertierte, die ihren Geschlechtscharakter mit Bewußtsein bildeten, und dadurch zu einer hohen Blüte ihrer Persönlichkeit kamen; diese billigten auch konsequenterweise jede Äußerung ihres invertierten Liebeslebens bei sich und anderen. Dicht neben diesen aber standen und arbeiteten eine mindestens ebenso große Anzahl Führer, die sich in gleicher Weise bei der Jugend betätigten, die ihre ganze Kraft in ihren Dienst stellten, ohne auf Dank zu sehen, von denen man durchaus nicht sagen kann, daß sie an Eifer den Invertierten nachgestanden hätten: die aber erstens einmal keine deutlich wahrnehmbaren sinnlichen Aggressionen der Jugend gegenüber begingen und zweitens sogar aufs Schärfste gegen alles, was irgendwie in diese Richtung schlug, ankämpften; sie benutzten geräuschvoll und offen jede Gelegenheit, die sich zu einem Angriff auf die »Homosexualität« bot, mit sichtlichem Interesse. – Und beide Typen arbeiten für dieselbe männliche Jugend, beide fördern sie, und beide begeistern!

Dieser Einwand aus der Erfahrung ist allerdings von entscheidender Wichtigkeit, und wenn es mir nicht gelingt, den letzterwähnten Verfolgungstyp als einen Spezialfall der durch meine Sexual-Theorie bestimmten Fälle zu beweisen, so würde diese an einer bedenklichen Einseitigkeit leiden ...

Nicht zu übergehen ist die Physiognomie; der dem Verfolgungstyp entgegengesetzte, der bewußt sich entwickelnde antike Liebesmensch und Vollinvertierte hat es im Wandervogel vielfach zu einer erstaunlichen Männerschönheit gebracht; ein großer Teil dieser Leute waren Beispiele edelster Rassenbildung, das Gesicht und der ganze Schädelbau war ruhig geformt. Ich habe in privaten Briefen der Wandervögel, in denen von diesen Männerhelden die Rede war, oft die begeistertsten Preisungen ihrer Schönheit gefunden; der Eine, schon in Mannesjahren, empfing die stets für ihn bereite Ehrung u. a. dadurch, daß man die pronomina, die für seinen Namen standen, groß schrieb, also »Er« und »Ihm«. Ganz im Gegensatz dazu stand der Verfolgungstyp: der Gesichtsausdruck war durchweg unsicher, nicht selten verschlagen, immer unruhig, die Augen irr; Zucken im Gesicht fand man häufig, ferner hastiges unsicheres Sprechen, oft bis zum Sprachfehler gesteigert. Wer es versteht, die sexuelle Betätigung aus dem Gesicht zu lesen, mußte hier vielfach auf den Onanisten schließen, und es ist merkwürdig, wie leicht und häufig darauf geschlossen wurde, obwohl doch keiner darüber etwas wußte. – Charakteristisch ist noch das zeitweilige Auftreten von Handlungsweisen, die, wenn auch hier stets in verbildeter Form, sonst dem Männerhelden zuzuschreiben sind: Plötzliches Gerührtwerden vom Anblicke der Jugend am nächtlichen Feuer, bis zu Tränen; stürmische Freundschaftsbezeugungen übertriebener Art; Verlangen nach einem Ringkampf und Ähnliches. Dann wieder auffallende Kälte und Haß. Kurzum, man konnte nichts Widerspruchsvolleres im Wandervogel finden, als diesen Verfolgungstyp ...

Der Verfolgungstyp ist keine Ausnahme oder gar ein haltbarer Einwand gegen die sexuelle Theorie der Wandervogelbewegung, (wonach diese das Produkt einer über das normale Maß hinausgehenden sexuellen Inversion ist) sondern im Gegenteil gerade eine Bestätigung derselben, nur in pathologischer Form.

Die Wandervogelbewegung hat eine Entdeckerrolle gespielt. Sie hat eine mächtige, bisher verdrängte Gefühlslage aufgerührt, und indem sie selbst unter einem tragischen Erkenntnisvorgange zu zucken und zu bluten hatte, es doch Einigen gezeigt, wie es mit diesem nicht unwichtigen Gute bestellt ist. Bei der Aufdeckung des verdrängten Sexual-Materials und der dabei entstehenden heftigen Gemütserregung schossen die beiden Gegentypen wie feindliche Brüder aus dem Boden und sahen sich vernichtend an: der Männerheld und der Verfolgungstyp, d. h. der Gesunde und der Erkrankte. Aber sie sind bisher noch nicht als Blutsbrüder erkannt worden, die ihre Kraft aus derselben Quelle schöpfen; – man kam nur soweit, den Letzteren einen Heuchler zu nennen, womit moralisch viel, biologisch garnichts gesagt ist.

So oft man die völkische Bedeutung der Wandervogelbewegung, was Heimatkunde und Rassensinn anbetrifft, gepriesen hat, die nötigste von allen hat man übersehen, ja man hat sie geflissentlich beiseite geschoben, weil sie an den schamhaftesten Wurzeln der Kultur lag. Es ist verfehlt, in der gleichgeschlechtlichen Liebe nichts mehr, als eine besondere Genußart zu sehen, die man aus Gründen der Billigkeit tolerieren muß. Die Wandervogelbewegung, die stets offene Türen für ihre Umgebung gehabt hat, zeigt, daß sie vielmehr ein wirkliches Gut ist, ja ein Allgemeingut.

Die Menschheit ist an der Menschenliebe interessiert. Aber diese wird naturgemäß erst dann eine nennenswerte Ausbreitung erlangen, wenn ihre biologischen Grundlagen, die Sexualität, keine Verpönungen und plumpen Anzüglichkeiten mehr von Seiten bestimmter machthabender Verbildungen des Geistes, vor allen der Religionen, wird zu fürchten haben.

Die werdende Menschenliebe auf dem Gebiete der gleichgeschlechtlichen Erotik zu beobachten ist ja bisher nur den Wenigen vergönnt gewesen, deren Freiheit von jeglichem Aberglauben ihnen einen giltigen Paß in das Vertrauensgebiet der Invertierten verschaffte. Diese lieben ja nicht nur einen Einzelnen, sondern sie haben eine bei weitem innigere Zuneigung zum ganzen männlichen Geschlechte, dem sie gewissermaßen dankbar dafür sind, daß ihr Liebling ihm angehört. Sie haben den Männern gegenüber eine tiefere Art von Ritterlichkeit, wohl entsprechend der, die man sonst nur Frauen entgegenbringt, aber natürlich in männlicher Nuance ohne Süßlichkeit. Es ist oft rührend, zu sehen, wie solch ein Mensch sich um andere bemüht, die für ihn nie als Objekte seiner Liebessehnsucht in Betracht kommen können, für die sie aber ein offenes Herz haben, eben, weil sie dem geliebten Geschlechte angehören. Sie helfen und dienen und beraten, bringen Opfer mit einer Herzlichkeit, die dem Unkundigen sonderbar vorkommt und für die nur der eine Erklärung findet, dem die Gemütslage dieser Menschen bekannt ist.

Magnus Hirschfeld macht in einem seiner Aufsätze einmal die sehr feine Bemerkung, daß die Homosexuellen aus besserem Stande dadurch, daß sie oft Lieblinge aus einfachem haben, mit ihrer Liebe zu den nützlichsten Förderern der Ausgleichung der

Klassengegensätze werden. Das ist eine Beobachtung von seltenem Wert und trifft die richtige Stelle; denn bei der invertierten Erotik, die keine Geld- und Ehespekulation kennt, ist die Liebe, wenn sie einmal da ist, auch ein fraglos lauteres Gefühl, das nur um seiner selbst willen besteht und keine sozial schädlichen Nebenabsichten haben kann.

Das wäre die positive Seite, der Gewinneintrag fürs Volksleben. Die negative ist nicht minder wichtig: die Verlustergänzung. Da nach den Forschungen Freuds sich bei den Neurotikern auf psychoanalytischem Wege stets ein mehr oder minder starker invertierter Einschlag aufzeigen läßt, der bei mißglückter Verdrängung die Krankheit mit hat produzieren helfen, so wird die Freigabe des invertierten Liebeskomplexes zu einer psycho-sanitären Forderung im Interesse des Volktumes.

Die Kultur der letzten zwei Jahrtausende hat unter anderen den schweren sexuellen Mißgriff begangen, daß sie die Inversion mit unter die ordinären, ziemlich kulturlosen Perversionen gezählt und ihre Verdrängung gefordert hat. Das mußte ein teilweises sexuelles Scheitern zur Folge haben, denn die geschlechtliche Inversion ist ein selbständiges kulturtragendes Triebgebiet und ihre zwangsweise Verdrängung muß sich an der psychischen Gesundheit des Volkes rächen. Der Umstand nun, daß die in einander übergreifenden Krankheitserscheinungen der Nervosität, Neurasthenie, Hysterie und jeder Art Neurose nicht deutlich begrenzt auftreten, sondern daß sie mehr oder weniger Jedem anhaften, gewissermaßen eine Kulturvolks-Krankheit sind, die den Lebensmut herabmindern, stimmt gut mit der Tatsache der prinzipiellen Bisexualität zusammen, und wenn diese Krankheiten nach Freuds Untersuchungen sich stets irgendwie an invertiertes Verdrängungsmaterial anschließen, so würde ihnen ein Teil ihrer Bedingungen genommen werden, wenn man den auf dem invertierten Triebleben lastenden unerträglichen Verdrängungsbefehl aufhöbe. Die Neurosen sind, um einen Ausdruck Freuds zu gebrauchen, »das Negativ der Perversionen« – und auch der Inversion – und es würde daher eine Aufgabe der sexuellen Kulturpolitik sein, diese Negative wieder in Positive umzusetzen, respektive ihre Bildung überhaupt zu verhindern. Die ihnen zugrunde liegenden invertierten Triebregungen dürften also nur soweit verdrängt werden, wie es das wirkliche Kulturbedürfnis im einzelnen Falle erfordert, sie müßten prinzipiell angewandt und sublimiert werden. Sie mit Stumpf und Stiel ausrotten zu wollen und sie zu verpönen, kann aber nur zum Unheil für ein Volk ausschlagen.

6. Protestbriefe zu Blüher (1913)

Quelle: Werner Kindt (Hrsg.), Die deutsche Jugendbewegung. Quellenschriften, Bd. 2: Wandervogel und Freideutsche Jugend 1896–1919. Düsseldorf, Köln 1968, S. 246–251 (Auszüge)

Protest gegen Blüher

Blühers ›Wandervogel. Geschichte einer Jugendbewegung‹ ist ein Flecken auf dem Ehrenschilde des »Wandervogels«. Wir protestieren dagegen, das Buch ein »Wandervogel-Buch« nennen zu hören, wir verlangen vom Herausgeber unserer Monatszeitschrift, daß die Anpreisung des Blüher-Buches nicht mehr unter den Anzeigen von Wandervogel-Dingen zu finden sei. *Denn Blühers Geist ist nicht Geist von unserm Geist.* Mag Blüher immerhin an der Wiege des Wandervogels gestanden haben – es gibt nicht nur im Märchen Taufpaten, die durch ein unheiliges Geschenk die heilsamen Gaben der andern Feen zu nichte machen wollen.

Blühers Buch gehört in keines Wandervogels Hände – schon nach dem Lesen des ersten Bandes lehnen wir einen zweiten oder dritten von vornherein ab. – Blühers Geist ist nicht Geist von unserem Geist. Wer es verspüren will, der atme eine Stunde lang die Luft seines Buches – und atme dann nur für fünf Minuten die Luft in Friebus' ›Kapuziner-Predigt‹. Ist es nicht, als käme man aus erschlaffender Treibhausluft plötzlich in herbe, aber reine Höhenluft? In was für Luft gedeiht aber unser Wandervogel?

Hört aber auch im einzelnen, warum wir Blühers ›Geschichte einer Jugendbewegung‹ nicht unser nennen dürfen noch können!

Blühers Buch hat keine deutsche Seele – der Wandervogel aber *ist deutsche Seele.* Die deutsche Seele ist echt und wahr. Mag sich Blüher auch hinter dem Wort des Rembrandtdeutschen verstecken und sich damit verteidigen, daß der Geschichtsforscher dem Gange der Geschichte ein wenig vorgreifen darf und soll, mag er seine Subjektivität als »wissenschaftliches Mittel« anpreisen, – eine Subjektivität, die feststehende Tatsachen dauernd – absichtlich oder unabsichtlich – in so magische Beleuchtungen rückt, daß sie verschwommen und verworren erscheinen *müssen*, ist Ausfluß einer nicht in Wahrheit und Echtheit gegründeten Persönlichkeit.

Nur verwischt und verschoben erscheint die Tatsache, daß unsere Wandervogel-Patriarchen Fischer und Breuer im Gegensatz zu wüsten Gesellen, deren Zuchtlosigkeit und Anarchie Blüher als Wandervogelgeist anpreisen will, den Geist innerster Reinheit, innerster sittlicher Verantwortlichkeit in der Jugend haben großziehen wollen. Die Namen tüchtiger Wandervögel fehlen. Im Schmerz über die Leiden eines Gurlitt, windet sich Blühers Buch; es verschweigt die Leiden, die Gurlitt erzeugte.

Ja, der Wandervogelgeist ist der der Romantik. Aber er ist deutsche Romantik. Deutsche Romantik ist niemals hetzend, aufrührerisch. Das deutsche Volkslied, das ›Leben eines Taugenichts‹, Eichendorffs Waldlieder, Nietzsches ›Zarathustra‹ – das alles ist deutsche Romantik vom einfachsten bis zum höchsten. Der deutsch-romantische Geist weiß nichts von der »verbrecherischen Nüance« Blühers.

Die Seele der deutschen Jugend ist gerecht. Die Seele des Blüher-Buches ist in höchstem Maße ungerecht. Wie geistvoll weiß Blüher zu plädieren für Nichteinmischung Erwachsener in Angelegenheiten der Jugend. Und sie hat recht, dafür ihrem glänzenden, zur Begeisterung hinreißenden Verteidiger zu danken. Aber die deutsche Jugend ist darüber hinaus auch gerecht. Sie erkennt das schlichte Gebot der Billigkeit an: wie du mir, so ich dir. Wie sie Ehrfurcht verlangt vor ihrer Seele, so steht sie aber auch in Ehrfurcht vor den Seelen von Männern, die ihre Jugend noch nicht erleben kann. Sie schämt sich des Blüher-Buch-Geistes, der es wagt, auf den Seelen reifer und reicher Männer (Paulsen, Kant) mit unreinen und unreifen Fingern zu spielen und diese edeln Instrumente zu Disharmonien, die aus der Seele des Spielers kommen, zu mißbrauchen. Darüber muß der Jugend Gerechtigkeitssinn zur Empörung entflammen.

Und nie und nimmer ist die deutsche Seele zynisch gewesen. Darf ein Wandervogel schweigen zu dieser Äußerung höchster Frivolität, daß der Unterschied zwischen »Ehrenmann und Verbrecher« dem Unterschied zwischen »Durchgekommenen« und »Abgefaßten« nahe komme? Darf er schweigen zu dem Wort: »Die Erwachsenen können nur deswegen Vorbilder sein, weil sie schweigen dürfen«? – Ist das Wandervogelgeist? O, dann schlage Friebus' Bußpredigt mit Keulenschlägen drein!

Undeutsch ist von jeher der Anarchismus gewesen, den Blüher als Wandervogelgeist ausgibt, undeutsch das Erzieherideal, das er uns in Gurlitt verkörpern will. Undeutsch und zersetzend ist ein Unterricht, »der eine Untergrabung der ererbten Heiligtümer« bedeutet, der »Andeutungen, Aphorismen, kurze begeisternde Gedankenblitze revolutionärer Art« gibt, der es versteht, »freigeistige Gesinnung in Wasserfällen von Spott und geistreichem Hohn auf den bisherigen Staat zu gießen«. Weiß Blüher nicht, was er tut? Er mag tun, was er will, aber er darf die Schutzmarke deutschen Wandervogelgeistes nicht mißbrauchen.

Endlich – die Seele der männlichen Jugend ist keusch; sie verhüllt sich gern, besonders ihr Leid.

Des Weibes Keuschheit geht auf ihren Leib,
Des Mannes Keuschheit geht auf seine Seele – (Hebbel)

Das, Blüher, ist deutsch. Du aber hängst das ärgste Leid dem Wandervogel als Aushängeschild um: das Zerwürfnis mit Vater und Mutter. Du sagst wörtlich: »Wo Vater und Sohn ganz und gar einig lebten, der Vater seinen Charakter dem Sohne widerstandslos zu übertragen vermochte (welch Widersinn! ist das überhaupt möglich? Und gäbe es nur Väter, die diesen Widersinn für möglich hielten?) und dieser stolz war auf das Erbe der Väter (sollen sie das nicht immer? sollen Eure Söhne, Wandervögel, Eure Erbschaft verachten lernen?), *da gab es keinen Boden für den Wandervogel.«*

Noch schlimmer ist das Spottgedicht eines Wandervogels auf seinen Vater, das Du bewunderst. Noch trauriger die Behauptung: »Im Wandervogel hat es immer eine nicht geringe Anzahl von jungen Menschen gegeben, die für ihre Eltern nichts weiter übrig hatten, als Haß und Verachtung, bis sie eine stumpfe Gleichgültigkeit erlöste. So *rühmst* du, Blüher, vom Wandervogel? Fühlst du nicht, daß du da eine (zum mindesten gesagt) ungeheure Subjektivität bekundest – fühlst du nicht, daß der Jüngling, der solche Tragik wirklich durchlebte, sein Leid verschließen würde, daß seine Seele die Keuschheit besäße, sich zu verhüllen – daß es für ihn nicht möglich wäre, sein Erlebnis durch Eintritt in den »Wandervogel« zu dokumentieren?

Höre doch die Scharen von Wandervögeln, deren Väter mit

ihnen leben und erleben, deren Mütter sich tief mitfreuen, selbst wenn ihre Söhne ihre Erlebnisse nur andeuten. Und darauf sind auch echte Wandervögel stolz.

Was wir gesagt haben, genügt nicht, um uns mit dem ganzen Inhalt des Blüher-Buches auseinanderzusetzen. Es genügt aber, um zu zeigen, daß wir Wandervögel nichts mit dem Buche zu tun haben wollen. Wohl zeigt uns Blüher, daß er den Stimmen der Natur da draußen zu horchen versteht – aber für die Natur des Edelmenschen hat sein Geist kein Ohr, seine Seele keinen Resonanzboden. Er ist *nicht* unser.

Frankfurt a. O. K. Boesch

Nein, nein! Das ist nicht unser Wandervogel!

Gar oft haben wir zusammengesessen, wenn wir von froher Fahrt wieder mit Singsang zur Stadt hineinmarschiert waren. Die Buben gingen heim zu Muttern und wir Führer und Studenteles krochen zusammen auf eine winklige Bude, zogen die Vorhänge vors Fenster, steckten eine lieblich duftende Wachskerze an, die dem Raum ein gedämpftes Licht gab. Die große Bürgeler Tante voll Kakao stellten wir auf den Tisch und verbrachten mit Erzählung, Scherz und Lautenspiel einen schönen trauten Abend. Und dieweil nun unser altes Jena grad ein Durchgangsort für so vielerlei fahrendes Volk ist, so saß da manch liebes Mal eine auserlesene Gesellschaft zusammen. Alte, alte Knaben aus Urwandervogelzeiten. Und wie man nun gern am Abend vom Vergangenen redete, so wurden da allerlei Mordsmären aus den ersten Zeiten des Wandervogel aufgetischt.

Froh und fröhlich und heiter waren solche Abende.

Einmal war ich mit einem Freunde zusammen. Es wurde aus einer gekneteten sogenannten ›Geschichte der Wandervogelbewegung‹ vorgelesen.

Da war es, als würde es dumpf und schwül im Zimmer.

Bald hörten wir auf.

Schweigen.

Du? Ist der Blüher ein Jude?

Weiß ich nicht.

Ich glaube, in dieser Frage ist alles Lob und aller Tadel ausgesprochen zu dem Buche, in dem Herr Blüher, ein ehemaliger Wandervogel, glaubt, eine Geschichte unserer Bewegung gegeben zu haben. Die meisten von Euch werden die Ankündigung des Buches ja schon in der Zeitung gelesen haben.

Der Wandervogel, den Herr Blüher da geboren hat, nein, der hat nie gelebt und hätte auch nie leben können, er hätte nie unter einer *deutschen* Jugend leben können. Denn noch ist die deutsche Jugend gesunder. Als Tendenzschrift für die Idee des letzten Teiles ist das Buch ein Meisterwerk. Zugegeben.

Freuen können wir uns nur, daß nach dem Urteil des Herrn Blüher unser jetziger Wandervogel all die Werte verloren hat, die in seiner Meinung das Wesentliche und Große unserer Bewegung sind. Denn: es bleibt immer etwas hängen, und selbst wenn man die Geschichte nur als Dichtung auffaßt, es möchte einem doch manchmal bitter aufstoßen, wenn einem nachgesagt würde, man selbst lebte in der stickigen Luft dieser Dichtung.

Ihr Zeitschriftenleiter! Schnapsreklamen und Heiratsannoncen nehmt ihr nicht auf, weil ihr wißt, welche Verantwortung ihr der Jugend gegenüber habt. Werdet ihr Euch über das Buch des Herrn Blüher klar!

Schade ist nur, daß die breite Öffentlichkeit und Leute, die den Wandervogel nicht genau genug kennen, leicht den Eindruck bekommen, hier die wirkliche Geschichte unserer Bewegung vor sich zu haben. Und da, ihr Wandervogelführer, fängt eure Aufgabe an. Baut ihr ab und zu mal einen Aufsatz für die Zeitschriften, damit nicht fremde Leute unter der Überschrift ›Wandervogel‹ Lobreden, seitenlange Lobreden auf sich selbst zu halten brauchen.

An Herrn Blühers Buch kann man nicht warm werden. Vielleicht hat er es erwartet und beabsichtigt, daß er eine scharfe Kritik erführe, weil Bücher, die einmal ›von der Zensur verboten‹ waren, die schnellsten Abnehmer finden. Auf die Wandervögel, die das Buch noch nicht kennen, mag diese Besprechung nicht die unbeabsichtigte Wirkung haben, sie mögen zeigen, daß sie besser erzogen sind, als der neugierige Pöbel. Wer mit dem Buch noch nicht hereingefallen ist, der kaufe sich für das Geld lieber ein Buch aus der Sammlung ›Die Welt des Schönen‹, Sondergruppe der ›Blauen Bücher‹. Da hat er etwas für sein deutsches Gemüt.

Jena — Georg Schmidt

Freie Schulgemeinde und Wandervogel

Im Organ des Bundes für Freie Schulgemeinden ›Die Freie Schulgemeinde‹, Jg. III, Heft 2 vom Januar 1913 (Verlag von Eugen Diederichs in Jena) hat der Herausgeber und Begründer der Freien Schulgemeinde, Dr. G. Wyneken, zum Wandervogel Stellung genommen. Er hat uns seinen Aufsatz bereits im Revisionsexemplar zugehen lassen, mit der Bitte, uns in *unserer* Zeitschrift dazu zu äußern. Das mag geschehen, wiewohl es mir persönlich vornehmer erschienen wäre, man hätte uns dazu die ›Freie Schulgemeinde‹ angeboten, für deren Leser doch Wyneken seinen Aufsatz geschrieben hat. Doch sei dem, wie ihm sei!

Wenn ich zu irgendeiner Bewegung Stellung nehme, dann suche ich diese Bewegung selbst genau kennen zu lernen. Ist es mir nicht möglich, sie persönlich kennen zu lernen, dann suche ich mir ein möglichst genaues Bild von ihr zu machen aus den über sie erschienenen Veröffentlichungen, und zwar aus denen ›Für‹ und ›Wider‹. Und ich werde dabei am höchsten für meine Zwecke die Veröffentlichungen bewerten, die von den Urhebern dieser Bewegung herrühren, soweit sie noch mitten in ihr stehen. Stehen sie nicht mehr mitten in ihr, dann ist es nur zu leicht erklärlich, daß sie die Sache, die sie selbst mitgeschaffen, herabsetzen – denn die Scheidung der Gemüter erfolgte meistens im Kampfe. (Gerade das konnte und mußte Wyneken vor allem wissen!) Stehen sie noch mitten in ihr, dann pflege ich einige Prozent für die nie auszuschließende Schönerfärbung abzuziehen. Aber ich komme auf diese Weise zu einem immerhin ziemlich brauchbaren und treffenden Urteil.

Wie nimmt nun Wyneken zum Wandervogel Stellung?

Er verdankt den bestimmenden Eindruck vom Wesen des Wandervogels Hans Blühers Geschichte, Teil I. So schreibt er selbst.

Wir könnten allein deshalb Wynekens Stellungnahme zu uns ignorieren. Denn dieses Blüher-Buch ist *nicht unser Buch, ist nicht unsere Geschichte.* Dieses Blüher-Buch ist eine Waffe, die uns todwund machen sollte, die es aber nicht konnte, nicht kann, nie können wird, denn wir sind zu stark.

Ich bedaure es deshalb, daß Wyneken seinen Freunden empfiehlt, sich durch dieses Buch »eine glückliche Stunde seltener Art« bereiten zu lassen. Einem wahren Deutschen kann dieses Buch kaum glückliche Stunden bereiten. Er wird gar bald merken, woher der Wind weht. Es gibt etwas wie einen Kampf zwischen Germanentum und einer anderen Rasse! Das möge man nicht vergessen. Dieser Kampf läßt sich nicht einfach wegleugnen.

Mag Wyneken und seinen Freunden Blühers Geschichte unserer Bewegung gefallen – wir können es ihm und ihnen natürlich nicht verbieten, und wir wollen ihnen dieses Buch auch durchaus nicht vergällen. Mag es seine Freunde holen, woher es will! Aber durfte er selbst sein Urteil aufbauen auf ein Buch, für das ihm (nach seinem eigenen Geständnis) selbst jedes Mittel fehlt, eine Entscheidung zu treffen zwischen dem, was Wahrheit, was Dichtung ist? Wir meinen: nein. Und wir lehnen es mit aller Entschiedenheit ab, uns Blüher als einen Homer unserer Taten hinstellen zu lassen. Wir bedürfen eines solchen Homers noch nicht!

Wyneken baut auf ihn auf. Wir können es ihm nicht verwehren. Er teilt dieses und jenes aus Blühers Buch mit. Er freut sich, bei Blüher das Wort »Jugendkultur« wiederzufinden, das er als erster in die Diskussion geworfen zu haben glaubt.

Und er kritisiert.

Was kritisiert Wyneken an unserer Bewegung auf Grund seiner Kenntnis derselben aus dem Blüher-Buche?

Er kritisiert unser Verhältnis zur Volkskunst, zur Volkskultur als ein Kunstprodukt.

Unser Kunstgenuß scheint ihm bloßer Stimmungsgenuß, und zwar ein ziemlich bequemer und billiger. Er zeichnet das Bild ungefähr so: die Freie Schulgemeinde läßt das Wesen der Kunst in seiner ganzen Heiligkeit in den jungen Seelen aufleuchten, wir überliefern zu beliebigem Spiel und Genuß allerlei Splitter und Abfälle der Kunst. Die Einstellung ist eine ganz verschiedene, und darauf kommt es an.

Wyneken kann es behaupten. Beweisen kann er es nicht. Mich dünkt es leichter, zu beweisen, daß die Freie Schulgemeinde in Gefahr ist, ein Über-Ästhetentum heranzuzüchten, während wir auch hier die Gesunden sind.

Wir Wandervögel wissen zu gut, was wir Hunderten von Jungen und Mädchen geben konnten und geben können. Wir geben ihnen unser bestes. Wir machen sie frei, lassen sie frei werden. Wir lehren sie nicht in behaglichem Frieden Natur, Spiel und Tanz genießen. Wir lehren sie das Leben in seiner ganzen drängenden Fülle und Mannigfaltigkeit, das Leben mit seinem mannigfachen Kampf. Abstreiten kann uns das nur, wer uns nicht kennt. Das Blüher-Buch aber lehrt niemanden uns kennen!

Wir sitzen nicht heimatlos in unseren Heimen und Nestern. Wir wissen: noch ist nicht alles, wie wir es wollen. Darum arbeiten wir ja unablässig. Wir arbeiten mit den Besten und für die Besten.

Unsere bisherige Kultur soll nach Wyneken zu Mittelmäßigkeit, Banalität und Kitsch führen (›wenn man sie ganz ernst nehmen und konsequent fortentwickeln wollte‹). Abwarten! Und noch einmal: abwarten! Wir lieben keine Prophezeiungen! Wir werden uns durchzusetzen wissen. Wir werden das, mag man uns auch auf anderer Seite idyllisch-sentimentale Behaglichkeit vorwerfen.

Wie eigen unsere Besten dastehen in ihren Ansichten, das scheint mir nur der eine Umstand zu beweisen: trotz ›Kunstwart‹, trotz Freier Schulgemeinde lehnen sie Spitteler ab. Sie lassen sich nicht eine Richtung *aufzwingen.* Sie suchen selbst und wählen selbst.

Und wenn da allein der konträre oder polare Gegensatz liegt, mir persönlich wäre es recht, wenn er immer bestehen bliebe!

Wir wollen uns gern mit der Idee der Freien Schulgemeinde beschäftigen. Manch einer unter uns hat das schon recht eingehend getan. Man möge es uns aber nicht verargen, wenn wir zu der Ansicht kommen, daß *unsere* Bewegung *die umfassendere, die gesundere,* ist. Uns ist das Blühersche Buch ein krankes Buch. Und wir verstehen nicht recht, wie man auf ihm aufbauen kann.

Wir fühlen uns vielleicht zu deutsch; möglich, daß da der Gegensatz zu suchen ist!

Also: beschäftigen mit der Idee der Freien Schulgemeinde! Aber man möge uns nicht vordozieren, man möge uns unsere Entwicklung lassen. Und wenn man uns und unsere Bewegung kritisieren will – und das gilt für alle – dann tue man es nicht auf Grund einseitiger Darstellungen, dann tue man es nicht auf Grund (in ihrem innersten Kern) uns feindlicher Darstellungen.

Wyneken und die Freie Schulgemeinde werden nicht wünschen, auf Grund von Äußerungen von Lietz, Geheeb u. a. beurteilt zu werden – *wir* wünschen nicht auf Grund der Äußerungen eines Blüher beurteilt zu werden!

Jena Karl Wilker

Bundesrundbrief zu Blüher   Frankfurt a. M., im Februar 1913

An sämtliche Herren Schulleiter

Durch Prospekte mit der Aufschrift ›Die deutsche Wandervogelbewegung als erotisches Phänomen‹, welche an Schulleiter, Eltern und Lehrer verbreitet wurden, könnte der Anschein erweckt werden, als stehe der Verfasser, ein Herr *Hans Blüher*, dem Wandervogel in irgendeiner Weise nahe. Wir stellen fest, daß die Bundesleitung des Altwandervogels, dem Herr *Blüher* früher angehörte, durch Rundschreiben zur Kenntnis bringt, daß vor Jahren schon Herr *Blüher* wegen seiner mehr als merkwürdigen Anschauungen aus den Reihen des Wandervogels ausgeschlossen ist.

Wir legen ferner namens der Bundesleitung des Wandervogels E. V. auf das Entschiedenste Verwahrung dagegen ein, daß die von Herrn *Blüher* als Leitmotiv für *jegliche* Jugendbewegung, also auch für den Wandervogel, angenommene allgemeine homosexuelle Anlage im Wandervogel bodenständig ist oder gewesen ist, und erklären, daß wir jeden, der homosexuellen Neigungen huldigt, sofort und dauernd aus dem Wandervogel entfernen würden.

Daß derartige Bücher, die ausschließlich ein ärztliches Interesse für die psychische Beurteilung des Verfassers besitzen, nicht in die Hände von jungen Leuten gehören, ist selbstverständlich.

Wir hoffen, daß die gesamte übrige deutsche Jugendbewegung, welche durch ›die neue Ethik‹ in gleicher Weise getroffen wird, ebenso wie wir jede Gemeinschaft mit dem Verfasser und dem Inhalte des Buches ablehnt und bitten ergebenst, diesen unsern Standpunkt bei den Herren Lehrern Ihrer Anstalt bekannt geben zu wollen.

Die Bundesleitung des Wandervogels e. V.

Sanitätsrat Dr. Koenig, Stadtarzt der Stadt Frankfurt a. M.
Dr. Ludwig, Oberlehrer am Königl. Gymnasium, Mülheim a. R.
W. Soostmann, Mittelschullehrer Osnabrück
W. Weber, stud. phil.

7. Franz Pfemfert, Die Besessenen (1914)

Quelle: Die Aktion. Wochenschrift für Politik, Literatur, Kunst. 4. Jg., 1. August 1914, Sp. 671f.

Die Besessenen

I

Das also ist die Kulturhöhe, die wir erreichten: Hunderttausende, die gesündesten, wertvollsten und wertevollsten Kräfte, zittern, daß ein Ungefähr, ein Wink der Regierer Europas, eine Böswilligkeit oder eine sadistische Laune, ein Cäsarenwahn oder eine Geschäftsspekulation, ein hohles Wort oder ein vager Ehrbegriff, sie morgen aus ihrem Heim jagt, hinweg von Weib und Kind, hinweg von Vater und Mutter, hinweg von allem mühselig Aufgebauten, in den Tod. Der irre Zufall kann heute, kann morgen, kann jede Minute rufen, und alle, alle werden kommen. Der Not gehorchend – aber gehorchend. Anfangs werden sie heulen, da sie ihr bißchen Erdenglück zusammenbrechen sehen, – bald jedoch werden sie, wenn auch nicht mit ganz sauberer Unterwäsche, vom allgemeinen Taumel besessen sein und besinnungslos morden und ermordet werden.

II

Es ist dumm, ein Wort der Vernunft zu sprechen, wenn die Stunde der Vernunft nicht da ist. Heute Manifeste zu schreiben, Resolutionen für den Frieden zu fabrizieren, nichts Zweckloseres gibt es, nichts Belangloseres. Und wenn die internationale Sozialdemokratie jetzt phrasentoll die »Schmach des Krieges brandmarkt«, wo die Genossen sich vielleicht schon zum Marschieren rüsten, sollte man die Führer auslachen oder auspeitschen. Denn allein die Pflichtvergessenheit armseliger Mandatsschacherer ist schuld, daß die Völker Europas noch heute (wie vor 50 Jahren) vor der Möglichkeit eines Weltbrandes zu bangen haben. Wäre die bombastisch quasselnde Viermillionenpartei nicht jahrzehntelang nationalistisch gedrillt worden, wir könnten heute jedes Kriegsgeheul heiter hinnehmen.

III

Möglich, daß die Gefahr, zu neun Zehntel durch gewissenlose Preßpiraten genährt, noch diesmal vorübergeht. Wenn diese Zeilen im Druck erscheinen (ich schreibe sie den 27. Juli im extrablattlosen Ilsenburg), ist das große Massenmorden vielleicht schon wieder vertagt worden. Wir werden dennoch keinen Anlaß zum Jubeln haben: das Bewußtsein bleibt: es *kann* jede Minute eine neue Gefahr kommen, der Chauvinismus ist die ständige Lebensgefahr der Menschheit. Er, allein er, kann über Nacht aus Millionen Vernunftswesen Besessene machen: dieser Gedanke muß uns wachhalten, auch wenn die Gefahr sich schnarchend stellt.

IV

(Was Deutschland, »realpolitisch« gesehen, von einem Weltkrieg zu hoffen, zu fürchten hat, diese Frage geht nur »Patrioten« an. Unsere Patrioten mögen sich damit abfinden, daß Preußen durch seine Polenpolitik dem Zarismus einen wertvollen Verbündeten gewaltsam aufdrängte, daß Schleswig und Elsaß-Lothringen so wenig Gelegenheiten fanden, schwarz-weiß-rot lieben zu lernen.)

Franz Pfemfert

8. Aufruf an die Kulturwelt (1915)

Quelle: Die Aktion. Wochenschrift für Politik, Literatur, Kunst. 5. Jg., 29. Mai 1915, Sp. 284f.

Der nachstehende Aufruf geht uns zur Veröffentlichung zu.

Wir als Vertreter deutscher Wissenschaft und Kunst erheben vor der gesamten Kulturwelt Protest gegen die Lügen und Verleumdungen, mit denen unsere Feinde Deutschlands reine Sache in dem ihm aufgezwungenen schweren Daseinskampfe zu beschmutzen trachten. Der eherne Mund der Ereignisse hat die Ausstreuung erdichteter deutscher Niederlagen widerlegt. Um so eifriger arbeitet man jetzt mit Entstellungen und Verdächtigungen. Gegen sie erheben wir laut unsre Stimme. Sie soll die Verkünderin der Wahrheit sein.

Es ist nicht wahr, daß Deutschland diesen Krieg verschuldet hat. Weder das Volk hat ihn gewollt noch die Regierung, noch der Kaiser. Von deutscher Seite ist das Äußerste geschehen, ihn abzuwenden. Dafür liegen der Welt die urkundlichen Beweise vor. Oft genug hat Wilhelm II. in den 26 Jahren seiner Regierung sich als Schirmherr des Weltfriedens erwiesen; oft genug haben selbst unsre Gegner dies anerkannt. Ja, dieser nämliche

Kaiser, den sie jetzt einen Attila zu nennen wagen, ist jahrzehntelang wegen seiner unerschütterlichen Friedensliebe von ihnen verspottet worden. Erst als eine schon lange an den Grenzen lauernde Übermacht von drei Seiten über unser Volk herfiel, hat es sich erhoben wie ein Mann.

Es ist nicht wahr, daß wir freventlich die Neutralität Belgiens verletzt haben. Nachweislich waren Frankreich und England zu ihrer Verletzung entschlossen. Nachweislich war Belgien damit einverstanden. Selbstvernichtung wäre es gewesen, ihnen nicht zuvorzukommen.

Es ist nicht wahr, daß eines einzigen belgischen Bürgers Leben und Eigentum von unsern Soldaten angetastet worden ist, ohne daß die bitterste Notwehr es gebot. Denn wieder und immer wieder den deutschen Mahnungen zum Trotz, hat die Bevölkerung sie aus dem Hinterhalt beschossen, Verwundete verstümmelt, Ärzte bei der Ausübung ihres Samariterhandwerks ermordet. Man kann nicht niederträchtiger fälschen, als wenn man die Verbrechen dieser Meuchelmörder verschweigt, um die gerechte Strafe, die sie erlitten haben, den Deutschen zum Verbrechen zu machen.

Es ist nicht wahr, daß unsre Truppen brutal gegen Löwen gewütet haben. An einer rasenden Einwohnerschaft, die sie im Quartier heimtückisch überfiel, haben sie durch Beschießung eines Teils der Stadt schweren Herzens Vergeltung üben müssen. Der größte Teil von Löwen ist erhalten geblieben. Das berühmte Rathaus steht gänzlich unversehrt. Mit Selbstaufopferung haben unsre Soldaten es vor den Flammen bewahrt. – Sollten in diesem furchtbaren Kriege Kunstwerke zerstört worden sein oder noch zerstört werden, so würde jeder Deutsche es beklagen. Aber so wenig wir uns in der Liebe zur Kunst von irgend jemand übertreffen lassen, so entschieden lehnen wir es ab, die Erhaltung eines Kunstwerkes mit einer deutschen Niederlage zu erkaufen.

Es ist nicht wahr, daß unsre Kriegführung die Gesetze des Völkerrechts mißachtet. Sie kennt keine zuchtlose Grausamkeit. Im Osten aber tränkt das Blut der von russischen Horden hingeschlachteten Frauen und Kinder die Erde, und im Westen zerreißen Dum-Dum-Geschosse unsern Kriegern die Brust. Sich als Verteidiger europäischer Zivilisation zu gebärden, haben die am wenigsten das Recht, die sich mit Russen und Serben verbünden und der Welt das schmachvolle Schauspiel bieten, Mongolen und Neger auf die weiße Rasse zu hetzen.

Es ist nicht wahr, daß der Kampf gegen unsern sogenannten Militarismus kein Kampf gegen unsre Kultur ist, wie unsre Feinde heuchlerisch vorgeben. Ohne den deutschen Militarismus wäre die deutsche Kultur längst vom Erdboden getilgt. Zu ihrem Schutz ist er aus ihr hervorgegangen in einem Lande, das jahrhundertelang von Raubzügen heimgesucht wurde wie kein zweites. Deutsches Heer und deutsches Volk sind eins. Dieses Bewußtsein verbrüdert heute 70 Millionen Deutsche ohne Unterschied der Bildung, des Standes und der Partei.

Wir können die vergifteten Waffen der Lüge unsern Feinden nicht entwinden. Wir können nur in alle Welt hinausrufen, daß sie falsches Zeugnis ablegen wider uns. Euch, die ihr uns kennt, die ihr bisher gemeinsam mit uns den höchsten Besitz der Menschheit gehütet habt, euch rufen wir zu: Glaubt uns! Glaubt, daß wir diesen Kampf zu Ende kämpfen werden als ein Kulturvolk, dem das Vermächtnis eines Goethe, eines Beethoven, eines Kant ebenso heilig ist wie sein Herd und seine Scholle.

Dafür stehen wir euch ein mit unserm Namen und *mit unserer Ehre!*

Adolf v. Baeyer, Exz., Professor der Chemie, München; Professor Peter Behrens, Berlin; Emil v. Behring, Exz., Professor der Medizin, Marburg; Wilhelm v. Bode, Exz., Generaldirektor der königlichen Museen, Berlin; Alois Brandl, Professor, Vorsitzender der Shakespeare-Gesellschaft, Berlin; Lujo Brentano, Professor der Nationalökonomie, München; Professor Justus Brinkmann, Museumsdirektor, Hamburg; Johannes Conrad, Professor der Nationalökonomie, Halle; Franz v. Defregger, München; Richard Dehmel, Hamburg; Adolf Deißmann, Professor der protestantischen Theologie, Berlin; Professor Wilhelm Dörpfeld, Berlin; Friedrich v. Duhn, Professor der Archäologie, Heidelberg; Professor Paul Ehrlich, Exz., Frankfurt a. M.; Albert Ehrhard, Professor der katholischen Theologie, Straßburg; Karl Engler, Exz., Professor der Chemie, Karlsruhe; Gerhard Esser, Professor der katholischen Theologie, Bonn; Rudolf Eucken, Professor der Philosophie, Jena; Herbert Eulenberg, Kaiserswerth; Heinrich Finke, Professor der Geschichte, Freiburg; Emil Fischer, Exz., Professor der Chemie, Berlin; Wilhelm Foerster, Professor der Astronomie, Berlin; Ludwig Fulda, Berlin; Eduard v. Gebhardt, Düsseldorf; J. J. de Groot, Professor der Ethnographie, Berlin; Fritz Haber, Professor der Chemie, Berlin; Ernst Haeckel, Exz., Professor der Zoologie, Jena; Max Halbe, München; Professor Adolf v. Harnack, Generaldirektor der königlichen Bibliothek, Berlin; Gerhart Hauptmann, Agnetendorf; Karl Hauptmann, Schreiberhau; Gustav Hellmann, Professor der Meteorologie, Berlin; Wilhelm Herrmann, Professor der protestantischen

Theologie, Marburg; Andreas Heusler, Professor der nordischen Philologie, Berlin; Adolf v. Hildebrand, München; Ludwig Hoffmann, Stadtbaumeister, Berlin; Engelbert Humperdinck, Berlin; Leopold Graf Kalckreuth, Präsident des Deutschen Künstlerbundes, Eddelsen; Arthur Kampf, Berlin; Fritz Aug. v. Kaulbach, München; Theodor Kipp, Professor der Jurisprudenz, Berlin; Felix Klein, Professor der Mathematik, Göttingen; Max Klinger, Leipzig; Alois Knoepfler, Professor der Kirchengeschichte, München; Anton Koch, Professor der katholischen Theologie, Tübingen; Paul Laband, Exz., Professor der Jurisprudenz, Straßburg; Karl Lamprecht, Professor der Geschichte, Leipzig; Philipp Lenard, Professor der Physik, Heidelberg; Maximilian Lenz, Professor der Geschichte, Hamburg; Max Liebermann, Berlin; Franz v. Liszt, Professor der Jurisprudenz, Berlin; Ludwig Manzel, Präsident der Akademie der Künste, Berlin; Josef Mausbach, Professor der katholischen Theologie, Münster; Georg v. Mayr, Professor der Staatswissenschaft, München; Sebastian Merkle, Professor der katholischen Theologie, Würzburg; Eduard Meyer, Professor der Geschichte, Berlin; Heinrich Morf, Professor der romanischen Philologie, Berlin; Friedrich Naumann, Berlin; Albert Neisser, Professor der Medizin, Breslau; Walter Nernst, Professor der Physik, Berlin; Wilhelm Ostwald, Professor der Chemie, Leipzig; Bruno Paul, Direktor der Kunstgewerbeschule, Berlin; Max Planck, Professor der Physik, Berlin; Albert Plehn, Professor der Medizin, Berlin; Georg Reicke, Berlin; Professor Max Reinhardt, Direktor des Deutschen Theaters, Berlin; Alois Riehl, Professor der Philosophie, Berlin; Karl Robert, Professor der Archäologie, Halle; Wilhelm Röntgen, Exz., Professor der Physik, München; Max Rubner, Professor der Medizin, Berlin; Fritz Schaper, Berlin; Adolf v. Schlatter, Professor der protestantischen Theologie, Tübingen; August Schmidlin, Professor der Kirchengeschichte, Münster; Gustav v. Schmoller, Exz., Professor der Nationalökonomie, Berlin; Reinhold Seeberg, Professor der protestantischen Theologie, Berlin; Martin Spahn, Professor der Geschichte, Straßburg; Franz v. Stuck, München; Hermann Sudermann, Berlin; Hans Thoma, Karlsruhe; Wilhelm Trübner, Karlsruhe; Karl Vollmöller, Stuttgart; Richard Voß, Berchtesgaden; Karl Voßler, Professor der romanischen Philologie, München; Siegfried Wagner, Bayreuth; Wilhelm Waldeyer, Professor der Anatomie, Berlin; August v. Wassermann, Professor der Medizin, Berlin; Felix v. Weingartner; Theodor Wiegand, Museumsdirektor, Berlin; Wilhelm Wien, Professor der Physik, Würzburg; Ulrich v. Wilamowitz-Moellendorff, Exz., Professor der Philologie, Berlin; Richard Willstätter, Professor der Chemie, Berlin; Wilhelm Windelband, Professor der Philosophie, Heidelberg; Wilhelm Wundt, Exz., Professor der Philosophie, Leipzig.

9. Aufruf Deutsche Jugend (1915)

Quelle: Gerhard Ziemer und Hans Wolf (Hrsg.), Wandervogel und Freideutsche Jugend. Bad Godesberg 1961.

Deutsche Jugend! Denkt bei Euren Wanderungen an den Ernst der Zeit und meidet alles Auffällige in Benehmen und Kleidung! · Laßt unnützen Schmuck und lautes Wesen! Meidet Alkohol und Tabak auf der Wanderung! Singt anständige Lieder. Unterlaßt aber Singen und laute Fröhlichkeit dort, wo es Andere stören könnte. Euer Betragen soll Euch Liebe und Achtung erwerben. · Schont Wiesen und Felder, Wald und Strauch! Denn das Land · ist heilig, und alles was es trägt. · Schützt unsere deutsche Heimat!

10. Kurt Hiller, Philosophie des Ziels (1916)

Quelle: Kurt Hiller (Hrsg.), Das Ziel. Aufrufe zu tätigem Geist. München, Berlin 1916, S. 196f. (Auszüge)

Paradies auf Erden

Dies Grundsätzliche vorangeschickt, muß nun endlich verraten werden, wohin wir wollen. Klipp und klar sei es ausgesprochen: Wir wollen, bei lebendigem Leibe, ins Paradies.

Das ist utopisch, doch nicht phantastisch. Nämlich das Paradies ist kein Garten Eden, es sieht eher aus wie eine schöne, ganz große Stadt. Aber es ist ein Ort, der allen seinen Bewohnern erlaubt, nichts denn vital zu sein; und zur Vitalität gehört mehr als das Animalische.

Das Paradies ist der Ort, an dem es jedem gut geht: in leiblicher, seelischer und Gott weiß welcher Beziehung. Über des Paradieses Insassen (die nicht Schemen noch Engel sind, sondern Menschen) herrscht das Glück der unbewußten Kreatur – ohne die Dumpfheit des Unbewußten.

Das Paradies kennt keine Armut, bloß Verschiedenheit der Bedürfnisse; keine Krankheit, bloß den Rhythmus des Turgor: ein zeugungsstarkes Ab und Auf zwischen Müdheit und Überschwang.

Im Paradies ist Feindschaft (weil die Herrlichkeit der Freundschaft ohne sie nicht möglich wäre), doch keine Niedertracht; Haß – um der Liebe willen –, doch keine Lüge. Nicht wüsten

Krieg der Körper gibt es, wohl Kampf; nicht Arbeit, wohl Tätigkeit; nicht Dienst, wohl Werk.

Recht und Macht koinzidieren: so daß Macht als Einrichtung überflüssig wird. Der Wertbegriff, angewandt auf Menschen, ist aufgehoben; denn es reiht sich jeder gemäß seinem natürlichen Range dem heiligen Bau der Gemeinschaft von selber ein. Alle stehen auf ihrem Platz.

Das Paradies ist nicht arkadisch (obschon der Liebhaber auch Arkadisches in ihm findet); vielmehr zeigt es die fabelhafteste Zivilisation – mit Industrie, Technik, Börse, Schule, Verkehr, allem. Man trifft im Paradies sogar Zeitungen an; sie sind ebenso unentbehrlich wie die Wasserklosetts.

Das Geschlechtliche tritt hier unschuldig auf, als aparte Funktion der Menschennatur, ähnlich Durst und Hunger. Man nimmt kein Blatt vor den Mund, und vor andre Teile kein Feigenblatt – wenigstens nie aus Scham eines, höchstens aus Differenziertheit.

Man verübelt es nicht dem Apfelbaum, daß er Frucht ansetzt, und dem Mädchen nicht, wenn es Mutter wird. Im Paradies dürfen selbst die Varietäten sich lieben.

Das Paradies ist Ziel, folglich ziel-los; es ist die legitime Stätte der Künste. Auch des Schmausens, der »Wissenschaft um ihrer selbst willen« und andrer Vergnügungen, deren unrechtmäßige Vorwegnahme sich heute »Kultur« nennt. Der Ernst im Paradiese ist der Ernst im Spiel.

Wenn Geist den Inbegriff aller Bemühungen um Besserung des Loses der Menschheit bedeutet, dann wird die merkwürdigste Eigenschaft des Paradieses sein: es ist frei von Geist.

Man möge daraus aber nicht den Schluß ziehen, daß jede Gegend, die frei von Geist ist, das Paradies wäre.

11. Hugo Ball, Kandinsky

Vortrag, gehalten in der Galerie Dada in Zürich am 7. April 1917.

Quelle: Thomas Anz und Michael Stark (Hrsg.), Expressionismus. Manifeste und Dokumente zur deutschen Literatur 1910–1920. Stuttgart 1982, S. 124–126.

I. Die Zeit

Zwei [Drei] Dinge sind es, die die Kunst unserer Tage bis ins Tiefste erschütterten, ihr ein neues Gesicht verliehen und sie vor einen gewaltigen neuen Aufschwung stellten: Die von der kritischen Philosophie vollzogene Entgötterung der Welt, die Auflösung des Atoms in der Wissenschaft, und die Massenschichtung der Bevölkerung im heutigen Europa.

Gott ist tot. Eine Welt brach zusammen. Ich bin Dynamit. Die Weltgeschichte bricht in zwei Teile. Es gibt eine Zeit vor mir. Und eine Zeit nach mir. Religion, Wissenschaft, Moral – Phänomene, die aus Angstzuständen primitiver Völker entstanden sind. Eine Zeit bricht zusammen. Eine tausendjährige Kultur bricht zusammen. Es gibt keine Pfeiler und Stützen, keine Fundamente mehr, die nicht zersprengt worden wären. Kirchen sind Luftschlösser geworden. Überzeugungen Vorurteile. Es gibt keine Perspektive mehr in der moralischen Welt. Oben ist unten, unten ist oben. Umwertung aller Werte fand statt. Das Christentum bekam einen Stoß. Die Prinzipien der Logik, des Zentrums, Einheit und Vernunft wurden als Postulate einer herrschsüchtigen Theologie durchschaut. Der Sinn der Welt schwand. Die Zweckmäßigkeit der Welt in Hinsicht auf ein sie zusammenhaltendes höchstes Wesen schwand. Chaos brach hervor. Tumult brach hervor. Die Welt zeigte sich als ein blindes Über- und Gegeneinander entfesselter Kräfte. Der Mensch verlor sein himmlisches Gesicht, wurde Materie, Zufall, Konglomerat, Tier, Wahnsinnsprodukt abrupt und unzulänglich zuckender Gedanken. Der Mensch verlor seine Sonderstellung, die ihm die Vernunft gewahrt hatte. Er wurde Partikel der Natur, vorurteilslos gesehen ein Wesen frosch- oder storchenähnlich, mit disproportionierten Gliedern, einem vom Gesicht stehenden Zacken, der sich Nase nennt, abstehenden Zipfeln, die man gewohnt war »Ohren« zu nennen. Der Mensch, der göttlichen Illusion entkleidet, wurde gewöhnlich, nicht interessanter als ein Stein es ist, von denselben Gesetzen aufgebaut und beherrscht, er verschwand in der Natur, man hatte alle Veranlassung ihn nicht zu genau zu besehen, wenn man nicht voller Entsetzen und Abscheu den letzten Rest von Achtung vor diesem Jammer-Abbild des gestorbenen Schöpfers verlieren wollte. Eine Revolution gegen Gott und seine Kreaturen fand statt. Das Resultat war eine Anarchie der befreiten Dämonen und Naturmächte. Die Titanen standen auf und zerbrachen die Himmelsburgen.

Aber man zerbrach nicht nur die Mauern, man zerrieb, zerlegte, zertrat noch die Sandkörner. Es blieb nicht nur kein Stein auf dem andern, es blieb auch nicht einmal kein Körnchen, kein

Atom beim andern. Das Feste zerrann. Stein, Holz, Metall zerrannen. Das Große wurde klein und das Kleine wuchs riesenhaft. Die Welt wurde monströs, unheimlich, das Vernunfts- und Konventionsverhältnis, der Maßstab schwand.

Die Elektronenlehre brachte ein seltsames Vibrieren in alle Flächen, Linien, Formen. Die Gegenstände änderten ihre Gestalt, ihr Gewicht, ihr Gegen- und Übereinander. Wie auf philosophischem Gebiet die Geister, so wurden auf physikalischem Gebiet die Körper von Illusion erlöst. Die Dimensionen wuchsen, die Grenzen fielen. Letzte beherrschende Prinzipien gegenüber der Willkür der Natur blieben der individuelle Geschmack, Takt und Logos des Individuums. Inmitten von Finsternis, Angst, Sinnlosigkeit hob eine neue Welt voll Ahnungen, Fragen, Deutungen schüchtern ihr riesenhaftes Haupt.

Und als ein weiteres Element traf zerstörend, bedrohend mit dem verzweifelten Suchen nach einer Neuordnung der in Trümmer gegangenen Welt zusammen: die Massenkultur der modernen Großstadt. Das individuelle Leben starb, die Melodie starb. Der einzelne Eindruck besagte nichts mehr. Komplektisch drängten die Gedanken und Wahrnehmungen auf die Gehirne ein, symphonisch die Gefühle. Maschinen entstanden und traten an die Stelle der Individuen. Komplexe und Wesen entstanden von übermenschlicher, überindividueller Furchtbarkeit. Angst wurde ein Wesen mit Millionen Köpfen. Kraft wurde nicht mehr nach dem einzelnen Menschen, sondern nach zehntausenden Pferdekräften gemessen. Turbinen, Kesselhäuser, Eisenhämmer, Elektrizität ließen Kraftfelder und Geister entstehen, die ganze Städte und Länder in ihrer furchtbaren Gewalt hatten; neue Schlachten, Untergänge und Himmelfahrten, neue Feste, Himmel und Höllen. Eine Welt abstrakter Dämonen verschlang die Einzeläußerung, verzehrte die individuellen Gesichter in turmhohen Masken, verschlang den Privatausdruck, raubte den Namen der Einzeldinge, zerstörte das Ich und schwenkte Meere von in einandergestürzten Gefühlen gegen einander. Psychologie wurde Klatsch. Komplexe zeterten. Metaphysik donnerte, bebte, unterminierte. Zärteste Vibrationen und unerhörteste Massen-Monstra zeichneten sich auf den Horizonten, vermengten, zerschnitten, durchdrangen einander.

II. Der Stil

Die Künstler dieser Zeit sind nach innen gerichtet. Ihr Leben ist ein Kampf mit dem Irrsinn. Sie sind zerrissen, zerstückt, zerhackt, falls es ihnen nicht glückt, für einen Moment in ihrem Werk das Gleichgewicht, die Balance, die Notwendigkeit und Harmonie zu finden. Die Künstler in dieser Zeit schmücken nicht Jagdzimmer aus wie in der Renaissance. Sie erzählen nicht Märchen wie im Rokoko, es fehlt ihnen sogar der Anlaß zur Vergöttlichung, wie die Gotik und die frühe Renaissance ihn fanden. Die stärkste Verwandtschaft haben ihre Werke noch mit den Angstmasken der primitiven Urvölker, den Pest- und Schreckensmasken der Peruaner, Australier und Neger. Die Künstler in dieser Zeit sind der Welt gegenüber Asketen ihrer Geistigkeit. Sie führen ein tief verschollenes Dasein. Sie sind Vorläufer, Propheten einer neuen Zeit. Ihre Werke tönen in einer nur erst ihnen bekannten Sprache. Sie stehen im Gegensatz zur Gesellschaft wie die Ketzer des Mittelalters. Ihre Werke philosophieren, politisieren, prophezeien zugleich. Sie sind Vorläufer einer ganzen Epoche, einer neuen Gesamtkultur. Man versteht sie schwer und nur dann, wenn man die innere Basis ändert, wenn man bereit ist, zu brechen mit der Tradition eines Jahrtausends. Man versteht sie nicht, wenn man an Gott glaubt statt an das Chaos. Die Künstler in dieser Zeit wenden sich gegen sich selbst und gegen die Kunst. Auch die letzte, bisher unerschüttertste Basis wird ihnen Problem. Wie können sie noch nützlich sein, oder versöhnlich, oder beschreibend oder entgegenkommend? Sie lösen sich ab von der Erscheinungswelt, in der sie nur Zufall, Unordnung, Disharmonie wahrnehmen. Sie verzichten freiwillig auf die Darstellung von Naturalien, die ihnen von allem Verzerrten das Verzerrteste scheinen. Sie suchen das Wesentliche, Geistige, noch nicht Profanierte, den Hintergrund der Erscheinungswelt, um dies, ihr neues Thema in klaren, unmißverständlichen Formen, Flächen und Gewichten abzuwägen, zu ordnen, zu harmonisieren. Sie werden Schöpfer neuer Naturwesen, die kein Gleichnis haben in der bekannten Welt. Sie schaffen Bilder, die keine Naturnachahmung mehr sind, sondern eine Vermehrung der Natur um neue, bisher unbekannte Erscheinungsformen und Geheimnisse. Das ist der sieghafte Jubel dieser Künstler, Existenzen zu schaffen, die man Bilder nennt, einem Kristall gleichwertigen Bestand haben.

Das Geheimnis der Kubisten ist der Versuch die Convention der Leinwandfläche zu brechen, sie setzten auf die Leinwandfläche eine und mehrere imaginäre Flächen, die sie als Basis nahmen. Das ganze Geheimnis Kandinskys ist, daß er als der

Erste und radikaler als die Kubisten alles Gegenständliche als unrein ablehnte und auf die wahre Form, den Klang der Dinge, ihre Essenz, ihre Wesenskurve zurückging. In Picasso dem Faun und in Kandinsky dem Mönch, hat unsere Zeit ihre stärksten künstlerischen Nenner gefunden. Bei Picasso die Finsternis, das Grauen und die Qual der Zeit, ihre Askese, ihre infernalische Fratze, ihr tiefes Leid, ihr Stöhnen und Grollen, ihre Hölle und namenlose Trauer, ihr Leichengesicht und den schwarzen Schmerz. Bei Kandinsky ihr Jubel, ihr Festtaumel, ihr Himmelssturm, ihre Erzengelfuge, ihre bunten Donquichoterien, ihre blauroten Marseillaisen, ihr Untergang gesegnet, ihr Aufschwung ein Cherubinenflug von gelb-blauen Fanfaren ins Unendliche gerufen.

III. Die Persönlichkeit

Kandinsky ist Befreiung, Trost, Erlösung und Beruhigung. Man sollte wallfahren zu seinen Bildern: sie sind ein Ausweg aus den Wirren, den Niederlagen und Verzweiflungen der Zeit. Sie sind Befreiung aus einem zusammenbrechenden Jahrtausend. Kandinsky ist einer der ganz großen Erneuerer, Läuterer des Lebens.

12. Oswald Pander, Revolution der Sprache (1918)

Quelle: Das junge Deutschland 1 (1918), Nr. 5, S. 147f.

Wind und Gestirne, Blumen und Tiere haben Sprache. Aber: Die Sprache erfand sich der Mensch. Gehör nahm Schall auf vom Tönenden. Stimme ahmte Tönendem nach. Erinnerung setzte die Schallplatte in Schwung. – Dem scharfohrigen Naturmenschen ward alles Ton. Selbst das Stumme war doch dem Tönenden irgendwie verbunden, wie dem Donner der Blitz. Wenigstens Verhältnisse der Farben zum Beispiel ließen sich in Verhältnissen – abtönen. Am Naturwörterbuch solcher Sprache, die nichts war zuerst als Sammlung von Ausrufen, Ausbrüchen, schärfte sich Verstand, ordnete, verband, trennte. Die Worte schossen zu vielen bunten Mustern zusammen, aber jedes Muster kehrte eines Tages wieder und hatte von da an Bedeutung – als Muster. Sammlung der Muster hieß später Grammatik und war Besinnung der Sprache auf eigenes Gesetz.

Als wachsendes Wissen Welt in Schubfächer zwängte, Bewegtes im Geist hemmte, Farbiges schwarz-weiß sah, Heißfließendes kühl erstarren hieß, ward Sprache mechanisiert, schablonisiert. Erinnerungsschälle für den jungen Löwen, für den alten Löwen, für den kämpfenden Löwen, den fressenden Löwen, den brüllenden Löwen, den schlafenden Löwen, den zeugenden Löwen, den verendenden Löwen schmolzen in westlichen Sprachen zum einen Wort: Löwe; als Begriff, Abstraktionshülse. Begriff hat die Nabelschnur des Erlebens abgerissen. Worte sind aus tönendem Erleben leise Zeichen und stumme blasse Bilder für kärglich Gedachtes geworden. – Evolution der Sprache!

Heute lesen wir: »Durch B wird der scheinbare Widerspruch zwischen A und C aufgehoben.« Mosaikbild der Begriffe, Mustervorlage aus der Denksprache. Wo ist Anschauung darin, Erleben? Schien je ein Spruch, ward je gehoben? Sprache liegt so in Begriffen versteint. Grammatik ist zweite Folge, zweites Zeugnis des Erstarrens. Psychologische Funktion der Grammatik: Bequemlichkeit fertiger Denkformen für unfertig Gedachtes. Fertige Denkformen machen das Krumme gerade, das Vielfache einfach, geben dem Gestaltlosen Gestalt. Und der Dumme spricht gelehrt, – Evolution der Sprache!

Kunstgriff des Taschenspielers Grammatik klappt Wesens Fülle in zwei hohle Hälften auf: Ding und Tun. *Cogito, ergo sum.* Descartes enträtselt den alten Sprachmythus, entdeckt, beweist das Ich. Doch in der Philosophie der Sprache hatte es sich schon bewiesen und mehr als bewiesen: behauptet. Man widerlegt Descartes. Stellt den Satz an den Pranger, als Pleonasmus, Tautologie, in der Voraussetzung versteckte Behauptung, (Taschenspieler Grammatik!) Schlange, die sich in den Schwanz beißt. Nicht widerlegt, nicht gestäupt wird Demagoge Grammatik. Der macht noch heute in uralten Formen denken: Subjekt, Prädikat, in den Formen der Wilden, die vom Donnern auf den Donnerer schließen. Sprache, naivste Kausalsucht, hat Jahrtausende verschlafen, ein Dornröschen, ein Donnerkeil aus Götterzeiten. Ist durch Wissenschaft unwissenschaftlich, durch Umgang unumgänglich, durch Begriffe unbegreiflich geworden. – Evolution der Sprache! Expressionismus brachte ihr: Revolution. Beweis: jedes radikal expressionistische Gedicht, das in der bunten Ecke der Zeitungen auf den Scheiterhaufen öffentlicher Lächerlichkeit gezerrt wird: seht! kein Subjekt, kein Objekt, kein Prädikat, keine Deklination, keine Konjugation, keine Grammatik und, ach! keine Logik; wir verstehen das nicht, es hat keinen Verstand!

Verständige Sprache, Verstandessprache setzt eine ruhende, erstarrte Welt, eine übersichtliche Mosaik voraus, die bloß abzubilden ist in Begriffen und ihrer logischen Verknüpfung. Aber Welt ist nicht starr, sondern fließt. Erlebnisse sind durchaus vieldeutig. Begriff erdrosselt Schauen und Wollen im Schraubstock; die Leiche heißt Klischee. Welt ist nicht logisch, ist nicht bloß logisch, ist alogisch, überlogisch. Sprache, Gedicht, Musik wollen wie Welt nicht durch Verstand aufgenommen sein, der, Narziß, nur eigenes Spiegelbild schaut. Will Sprache tönende Welt auffangen und weitertönen, wird sie nicht Nebel in Netzen fischen.

Neuem Menschen genügt nicht alte Voraussetzung: Erkennbarkeit der Welt. Ihm geht es um mehr und weniger als Erkennen: er bemächtigt sich der Welt. Durch Wollen, Schauen, Formen. Wie der Urmensch bemächtigt er sich der tönenden Welt in Tönen. Die Irrgänge sprachlicher Evolution liegen hinter ihm. Die Sophismen der Grammatik belächelt er. Das grobmaschige Netz der Logik verwirft er, ohne es übrigens zu zerreißen. Die versteinten Denkformen überläßt er dem Verwittern. Und schafft: Sprache.

Die neue Sprache ist noch nicht da, aber sie ist auf dem Wege. Sie wird Musik und Gebärde sein, vielleicht einmal Tanz und Weissagung. All das ist nicht etwa eine neue, wahnwitzige Erfindung. Lesen wir Herder, *Ursprung der Sprache:* »Aber wie hat eine Sprache ganz ohne Grammatik sein können? Ein bloßer Zusammenfluß von Bildern und Empfindungen, ohne Zusammenhang und Bestimmung? Für beide war gesorgt: Es war lebendige Sprache. Da gab die große Einstimmung der Gebärden gleichsam den Takt und die Sphäre, wohin das, was man sprach, gehörte, und der große *Reichtum* der Bestimmungen ersetzte die Kunst der Grammatik.« Poesie ist älter als Prosa. Gesang älter als Sprache. Gebärde älter als Gesang.

Expressionismus will dem Erleben abgestorbene Sprache aus Erleben neu gebären. Expressionismus ist nicht wilder Ausbruch des Ich. Expressionismus drückt der Welt das Gesicht des Menschen auf.

13. Gustav Wyneken, Brief an Rudolf Pannwitz, 5. Dezember 1918

Quelle: Helga Bleckwenn, Gustav Wyneken und Rudolf Pannwitz im Briefwechsel 1908 bis 1941. In: Jahrbuch des Archivs der deutschen Jugendbewegung 14 (1982/83), S. 159 ff., S. 203–206.

Lieber Freund,
heute erhielt ich Ihren Brief vom 27. Nov. Haben Sie herzlichen Dank; was Sie schreiben, liegt alles sehr in meiner Denkrichtung und hilft mir bei der Lockerung und Lösung der Begriffe, aus denen das Neue gebaut werden soll. Ich will Ihnen aber erst kurz von meiner Tätigkeit berichten. Ich war also 14 Tage im Berliner Kultusministerium als Mitglied des innersten, entscheidenden Kollegiums. Natürlich kann man 1) in der Hast des Provisoriums vor der Nat. Vers., 2) bei organisatorischer Unfähigkeit der Leitenden, 3) bei deren zum System gehöriger Zwiespältigkeit (wir haben bekanntlich in jedem Ministerium 2 Minister, von jeder soz. Partei einen) – vom psychischen Normalhabitus der Maßgebenden noch ganz abgesehen – nur einige *Möglichkeiten* schaffen, Positives *vorbereiten* und etwas tun, das die neue Regierung vor der Öffentlichkeit stärkt. Ich füge Ihnen 2 aus meiner Feder (mit Ausnahme kleiner leicht erkennbarer »Sicherungen«) stammende Erlasse (über Aufhebung des Religionszwanges u. über Mitbeteiligung der Schüler) bei, die ungefähr die Grenze des z. Z. Möglichen kennzeichnen. Ich habe Gewicht gelegt auf eine andere *Tonart* der Verfügungen (persönlicher, menschlicher), u. mich nicht gescheut, dabei unter der Hand zum moralischen Elementarlehrer des Publikums zu werden, das das sehr nötig hat.

Seltsam genug war meine Stellung: der gemäßigte Haenisch hatte mich berufen, aber ich hatte tatsächlich den eigentlichen Rückhalt an dem radikalen Adolf Hoffmann, der zwar ein extrem ungebildeter Mensch ist, aber, ohne Überhitzung, für energisches Durchgreifen war. Nun habe ich die Dinge dort vorläufig liegen lassen, weil hier in M.* von meinen jüngeren Freunden in der Jugend u. im kathol. Bürger- u. Pfaffentum ein Sturm entfesselt war wie vor 5 Jahren u. es wieder um meine Person mitsamt dem »obj. Geist« ging. Morgen will ich in einer

* Gemeint ist München. Wyneken spielt an auf die Vorgänge um das Verbot der Zeitschrift ›Anfang‹ in Bayern 1913.

großen Jugendversammlung sprechen. Außerdem muß ich versuchen, hier wieder in die Regierung einzudringen, die mich schon recht bereitwillig entbehrte; meine Stütze ist da Eisner, der trotz mancher Dilettantismen doch wohl die einzige Führernatur (bescheidenen Umfangs) ist, die die Revolution bis jetzt nach oben befördert hat.

Die schönen Projekte staatlicher Freier Schulgemeinden begegnen natürlich vor allem finanziellen Schwierigkeiten. Doch verfolge ich den Gedanken weiter. Dagegen ist Aussicht vorhanden, daß ich Wickersdorf wieder in die Hand bekomme (durch einen Entschluß Luserkes was immerhin zu seiner Beurteilung ins Gewicht fällt), wie ja immer die Götter einem so etwas geben, wenn einem nicht mehr viel daran liegt.

Das Kultusminist. stellt durch das Staatsmin. ans Reich den Antrag, eine Reichsschulkonferenz einzuberufen. Selbstverständlich werde ich darauf dringen, daß Sie eingeladen werden u. hoffe sehr, daß Sie dann kommen. Vorausgesetzt, daß ich dann noch etwas zu sagen habe. Das Datum der (pr.) Nationalvers. steht freilich noch nicht fest. Daß unser Ministerium sie überlebt, glaube ich nicht; es kann (über die Frage der Trennung von Kirche u. Staat) schon jeden Tag auseinanderfliehen.

Wie gern möchte ich Sie endlich sehen u. sprechen! Ich bin vermutlich noch bis zum 13. hier, dann wieder Berlin, Hamburg, Hannover etc.

Merkwürdig ist dies Leben. Niemand weiß, wieviel Fürchterliches nicht schon die nächsten Wochen bringen, u. doch: überall Zerspaltung, Haarspalterei der Geistigen, Feigheit der Leitenden, die nicht mit dem Pöbel anzubinden wagen, Passivität des Bürgertums, Wühlerei der Pfaffen, immer dreistere Provokationen durch monarchistische Studenten, Offiziere etc. Ist das eine Revolution? Ihre innere Unechtheit rächt sich. Es war ein Umfall, kein Umsturz. Kein Ernst, kein Schwung, kein Geist, keine Freude. Es bleibt nicht weniger als alles noch zu tun übrig.
Seien Sie herzlich und dankbar gegrüßt!
Ihr
G. Wyneken

14. Walter Gropius, Bauhaus – Manifest (1919)

Quelle: Thomas Anz u. Michael Stark (Hrsg.), Expressionismus. Manifeste und Dokumente zur deutschen Literatur 1910–1920. Stuttgart 1982, S. 557f. (Auszüge)

Das Endziel aller bildnerischen Tätigkeit ist der Bau! Ihn zu schmücken war einst die vornehmste Aufgabe der bildenden Künste, sie waren unablösliche Bestandteile der großen Baukunst. Heute stehen sie in selbstgenügsamer Eigenheit, aus der sie erst wieder erlöst werden können durch bewußtes Mit- und Ineinanderwirken aller Werkleute untereinander. Architekten, Maler und Bildhauer müssen die vielgliedrige Gestalt des Baues in seiner Gesamtheit und in seinen Teilen wieder kennen und begreifen lernen, dann werden sich von selbst ihre Werke wieder mit architektonischem Geiste füllen, den sie in der Salonkunst verloren.

Die alten Kunstschulen vermochten diese Einheit nicht zu erzeugen, wie sollten sie auch, da Kunst nicht lehrbar ist. Sie müssen wieder in der *Werkstatt* aufgehen. Diese nur zeichnende und malende Welt der Musterzeichner und Kunstgewerbler muß endlich wieder eine *bauende* werden. Wenn der junge Mensch, der Liebe zur bildnerischen Tätigkeit in sich verspürt, wieder wie einst seine Bahn damit beginnt, ein Handwerk zu erlernen, so bleibt der unproduktive »Künstler« künftig nicht mehr zu unvollkommener Kunstübung verdammt, denn seine Fertigkeit bleibt nun dem Handwerk erhalten, wo er Vortreffliches zu leisten vermag.

Architekten, Bildhauer, Maler, wir alle müssen zum Handwerk zurück! Denn es gibt keine »Kunst von Beruf« Es gibt keinen Wesensunterschied zwischen dem Künstler und dem Handwerker. *Der Künstler ist eine Steigerung des Handwerkers.* Gnade des Himmels läßt in seltenen Lichtmomenten, die jenseits seines Wollens stehen, unbewußt Kunst aus dem Werk seiner Hand erblühen, *die Grundlage des Werkmäßigen aber ist unerläßlich für jeden Künstler.* Dort ist der Urquell des schöpferischen Gestaltens.

Bilden wir also eine *neue Zunft der Handwerker* ohne die klassentrennende Anmaßung, die eine hochmütige Mauer zwischen Handwerkern und Künstlern errichten wollte! Wollen, erdenken, erschaffen wir gemeinsam den neuen Bau der Zukunft, der alles *in einer Gestalt* sein wird: Architektur *und*

Plastik *und* Malerei, der aus Millionen Händen der Handwerker einst gen Himmel steigen wird als kristallenes Sinnbild eines neuen kommenden Glaubens.

Programm des Staatlichen Bauhauses in Weimar

Das Staatliche Bauhaus in Weimar ist durch Vereinigung der *ehemaligen Großherzoglich Sächsischen Hochschule für bildende Kunst* mit der *ehemaligen Großherzoglich Sächsischen Kunstgewerbeschule* unter Neuangliederung einer Abteilung für Baukunst entstanden.

Ziele des Bauhauses

Das Bauhaus erstrebt die Sammlung alles künstlerischen Schaffens zur *Einheit, die Wiedervereinigung aller werkkünstlerischen Disziplinen* – Bildhauerei, Malerei, Kunstgewerbe und Handwerk – zu einer neuen Baukunst als deren unablösliche Bestandteile. Das letzte, wenn auch ferne Ziel des Bauhauses ist das *Einheitskunstwerk – der große Bau* –, in dem es keine Grenze gibt zwischen monumentaler und dekorativer Kunst.

Das Bauhaus will Architekten, Maler und Bildhauer aller Grade je nach ihren Fähigkeiten zu *tüchtigen Handwerkern* oder *selbständig schaffenden Künstlern* erziehen und eine Arbeitsgemeinschaft führender und werdender Werkkünstler gründen, die Bauwerke in ihrer Gesamtheit – Rohbau, Ausbau, Ausschmückung und Einrichtung – aus gleichgeartetem Geist heraus einheitlich zu gestalten weiß.

Grundsätze des Bauhauses

Kunst entsteht oberhalb aller Methoden, sie ist an sich nicht lehrbar, wohl aber *das Handwerk.* Architekten, Maler, Bildhauer sind Handwerker im Ursinn des Wortes, deshalb wird als *unerläßliche Grundlage für alles bildnerische Schaffen die gründliche handwerkliche Ausbildung* aller Studierenden in Werkstätten und auf Probier- und Werkplätzen gefordert. Die eigenen Werkstätten sollen allmählich ausgebaut, mit fremden Werkstätten Lehrverträge abgeschlossen werden.

Die Schule ist die Dienerin der Werkstatt, sie wird eines Tages in ihr aufgehen. Deshalb nicht Lehrer und Schüler im Bauhaus, sondern *Meister, Gesellen und Lehrlinge.*

Die Art der Lehre entspringt dem Wesen der Werkstatt:

Organisches Gestalten aus handwerklichem Können entwickelt.

Vermeidung alles Starren; Bevorzugung des Schöpferischen; Freiheit der Individualität, aber strenges Studium.

Zunftgemäße Meister- und Gesellenproben vor dem Meisterrat des Bauhauses oder vor fremden Meistern.

Mitarbeit der Studierenden an den Arbeiten der Meister.

Auftragsvermittlung auch an Studierende.

Gemeinsame Planung umfangreicher utopischer Bauentwürfe – Volks- und Kultbauten – mit weitgestecktem Ziel. Mitarbeit aller Meister und Studierenden – Architekten, Maler, Bildhauer – an diesen Entwürfen mit dem Ziel allmählichen Einklangs aller zum Bau gehörigen Glieder und Teile.

Ständige Fühlung mit Führern des Handwerks und Industrien im Lande.

Fühlung mit dem öffentlichen Leben, mit dem Volke durch Ausstellungen und andere Veranstaltungen.

Neue Versuche im Ausstellungswesen zur Lösung des Problems, Bild und Plastik im architektonischen Rahmen zu zeigen.

Pflege freundschaftlichen Verkehrs zwischen Meistern und Studierenden außerhalb der Arbeit; dabei Theater, Vorträge, Dichtkunst, Musik, Kostümfeste. Aufbau eines heiteren Zeremoniells bei diesen Zusammenkünften.

15. Richard Huelsenbeck, Was wollte der Expressionismus? (1920)

Quelle: Richard Huelsenbeck (Hrsg.), Dada-Almanach. Berlin 1920, S. 35f.

Er »wollte« etwas, das bleibt für ihn charakteristisch. Dada will nichts, Dada wächst. Der Expressionismus wollte die Verinnerlichung, er faßte sich als Reaktion gegen die Zeit auf, während der Dadaismus nichts anderes als ein Ausdruck der Zeit ist. Dada ist in der Zeit als das Kind dieser Epoche, die man beschimpfen kann, die sich aber nicht wegleugnen läßt. Dada hat die Mechanisierung, die Sterilität, die Erstarrung und das Tempo dieser Zeit in seinen großen Schoß aufgenommen, es ist am Ende nichts anderes und unterscheidet sich in nichts hiervon. Der Expressionismus ist keine Spontan-Aktion. Er ist die Geste der müden Menschen, die aus sich hieraus wollen, um die Zeit, den Krieg und das Elend zu vergessen. Hierzu erfanden sie sich die »Menschlichkeit«, gingen skandierend und Psalmen absingend durch die Straßen, in denen die rollenden Treppen fahren und die Telephonapparate schrillen: Die Expressionisten sind naturabgewandte, müde Menschen, die der Grausamkeit der Epoche nicht ins Gesicht zu sehen wagen. Sie haben es verlernt, tapfer zu sein. Dada ist die Tapferkeit in sich selbst, Dada exponiert sich der Gefahr seines eigenen Todes. Dada stellt sich in die Dinge hinein. Der Expressionismus wollte sich vergessen, Dada will sich behaupten. Der Expressionismus war harmonisch, mystisch, engelisch, Baadrisch-Oberdadaistisch – Dada ist das Geschrei der Bremsen und das Gebrüll der Makler an der Chicagoer Produktenbörse. Vive Dada!

16. Raoul Hausmann, Dada vor Gericht (1921)

Quelle: Der Ararat 2 (1921), Heft 6, S. 180f.

Der Architekt, Schriftsteller und Führer der Dadaisten, Johannes Baader, der sich »Oberdada« nennt, hatte sich vor der Strafkammer des Landgerichts II unter Vorsitz des Landgerichtsrats Oertel wegen Beleidigung der Angehörigen der Reichswehr zu verantworten. Mit ihm der Kunsthändler Dr. Otto Burchardt, der Kunstmaler George Grosz, der Schriftsteller Herzfelde und der Kunstmaler Rudolf Schlichter.

Im Juli und August hatten die »Dadaisten« im Hause Lützowufer 13 eine Ausstellung unter dem Titel »Erste Internationale Dadamesse« veranstaltet. Auf dieser war auch folgendes zu sehen: An der Decke des Ausstellungsraumes hing ein ausgestopfter feldgrauer Soldat mit Offiziersachselstücken und der Maske eines Schweinekopfes unter der Feldmütze. An der Wand stand ein aus schwarzem Leinen ausgestopfter Frauenrumpf ohne Arme und Beine, an dessen Brust waren ein verrostetes Messer und eine zerbrochene Gabel angenäht. An der einen Schulter auch eine elektrische Klingel, auf der anderen ein Spirituskocher. Am Hinterteil des Frauenkörpers befand sich ein Eisernes Kreuz. Ferner lag eine Mappe *Gott mit uns* aus, die Karikaturen von Militärs enthielt. Diese Mappe war im *Malik-Verlag* erschienen, dessen Inhaber der Angeklagte *Herzfelde* ist, während die Bilder vom Angeklagten Grosz stammen. Zu der schwebenden Puppe in der Ausstellung war folgende Anmerkung gegeben: Um dieses Kunstwerk zu begreifen, exerziere man täglich zwölf Stunden mit vollgepacktem Affen und feldmarschmäßig ausgerüstet auf dem Tempelhofer Feld.

Bei Beginn der Sitzung erklärte der Oberdada Baader, der Dadaismus habe es sich zur Aufgabe gemacht, kulturell schädlichen Sedimentbildungen entgegenzuwirken. Dies geschehe am besten durch den Humor, denn dieser fehle uns Deutschen am meisten.

Der Zeuge Hauptmann Matthäi, der die Ausstellung besucht hat, hat den Eindruck gewonnen, daß die Ausstellung eine systematische Hetze gegen die Offiziere und Mannschaften des Heeres darstellte. Die Zeichnungen von George Grosz in den Mappen enthielten nach seiner Überzeugung beinahe auf jedem Blatt in der Darstellung von Majoren, Offizieren und Unteroffizieren so infame und verabscheuungswürdige Verunglimpfungen, wie er sie noch nicht gesehen habe. Auf jedem Blatt standen drei Inschriften in deutscher, englischer und französischer Sprache; *zwei Ausländer, die mit ihm zugleich die Blätter besichtigten, hätten sich über die ganze Sache sehr gefreut.* Die Angeklagten Grosz und Herzfelde bestritten entschieden, die Absicht einer Beleidigung der Reichswehr gehabt zu haben. Es handle sich um eine in durchaus künstlerischer Form ausgeführte Satire auf militärische Auswüchse.

Als Sachverständiger äußert sich der Direktor der Städtischen Sammlungen in Dresden, Dr. Paul Schmidt, wie folgt: Der Charakter der Ausstellung sei durchaus humoristisch und persiflierend. Der Dadaismus mache sich auch über sich selbst lustig. Grosz sei einer der stärksten und bedeutendsten Zeichner der heutigen Zeit sowohl in Deutschland und auch in Europa. Seine darstellenden Formen lehnen an Kinderzeichnungen an, geben diesen aber eine höchst künstlerische Form. Seine Zeichnungen seien *mit das Wertvollste unserer Tage.*

Schriftsteller Stefan Großmann, als Zeuge vernommen, erklärte, bei der offensichtlichen Ulkstimmung der Ausstellung habe er sich nicht empört.

Staatsanwalt Ortmann hält eine Beleidigung für vorliegend. Es lasse sich aber nicht nachweisen, daß der Angeklagte Baader an der Ausstellung mitbeteiligt sei. Der Staatsanwalt beantragt daher die Freisprechung des »Oberdada«. Im übrigen handle es sich hier nicht um eine Art studentischen Bierulks, sondern um eine grobe Verunglimpfung des Reichsheeres in niederträchtigster Weise. Der Staatsanwalt beantragte gegen Burchardt und

Schlichter je 600 M. Geldstrafe, gegen Grosz und Herzfelde je sechs Wochen Gefängnis.

Das Gericht verurteilte den Angeklagten Grosz, der als Künstler entgleist sei, zu 300 M., Herzfelde zu 600 M. Geldstrafe und sprach die übrigen Angeklagten frei. Es wurde auch auf die Nebenstrafen, Einziehung bzw. Vernichtung der Platten und Formen erkannt und dem Reichswehrminister die Publikationsbefugnis zugesprochen.

Quellen und Literatur

Da in dieser Arbeit der Zeitraum etwa eines Vierteljahrhunderts zu berücksichtigen war, mußte aus der Fülle der Ereignisse, Institutionen und Personen eine exemplarische Auswahl der Initiativen und Strömungen getroffen werden, mußte allzuvieles beiseite bleiben, was nach Rang und Gewicht hinzugehört hätte. Das gleiche gilt für eine Übersicht der Quellen und der Literatur. Die Themen sind so komplex und ihre Repräsentanten so zahlreich, daß alle nötigen Quellen und Forschungen hier nicht erfaßt werden können. Werkverzeichnisse, Ausstellungskataloge, Dokumente, Protokolle, Monographien, Memoiren, Briefwechsel, Anthologien und Zeitschriften aufzulisten, veröffentlichte und unveröffentlichte Nachlässe sowie die Fülle der Sekundärliteratur auch nur in ihren Grundzügen anzuzeigen, wäre rein quantitativ kaum möglich. Wir beschränken uns daher auf Dokumentensammlungen, auf Benutzerhinweise und einige Literaturangaben. Im übrigen können speziell interessierte Leser in den Fußnoten zum Text nicht nur Zitate belegt, sondern auch Bücher genannt finden, deren Literaturverzeichnisse zu konsultieren oft die Mühe lohnt.

Jugendbewegung

Die zentrale Sammlung von Büchern, Periodika, Akten und Nachlässen besorgt das bereits 1922 gegründete Archiv der deutschen Jugendbewegung auf Burg Ludwigstein in 3430 Witzenhausen. Hier erscheint auch regelmäßig das Jahrbuch des Archivs der deutschen Jugendbewegung mit Aufsätzen, Rezensionen und fortlaufender Bibliografie.
Bis 1960 erfaßte Bücher, Broschüren und Dissertationen (3585 Titel) verzeichnet ein Katalog des Antiquariats M. Edelmann in Nürnberg, 1960.

Die Dokumentation: Die deutsche Jugendbewegung – Quellenschriften. Hrsg. im Auftrag des Gemeinschaftswerkes Archiv und Dokumentation der Jugendbewegung von Werner Kindt. 3 Bände, Köln 1963, 1968, 1974, bietet unter sämtlichen Druckschriften zum Thema die umfassendste Materialsammlung. Band 1: Grundschriften der deutschen Jugendbewegung, (eingeleitet von Theodor Wilhelm), enthält 50 Aufsätze, Festschriften und interpretierende Darstellungen von Autoren, die der Jugendbewegung selbst angehört oder nahegestanden haben. Band 2: Wandervogel und Freideutsche Jugend, (eingeleitet von Wilhelm Flitner) dokumentiert die Jahre 1896–1919. Band 3: Die bündische Zeit, reicht von 1920 bis 1933; Kurzchroniken, Zeittafeln, Phasen- und Einzeldarstellungen der vielen Gruppen und

Bünde werden ergänzt durch reichhaltiges dokumentarisches Material. – Bei aller Betonung der Unentbehrlichkeit dieses Werks muß angemerkt werden, daß kein wirklich Außenstehender darin zu Wort kommt. Kontroversen sind zwar dokumentiert; aber gesammelt, gesichtet und kommentiert haben – stets korrekt, nicht immer hinreichend kritisch distanziert – Experten, die selbst aus der Jugendbewegung kamen. Auch rund 2000 Seiten Dokumentation können ein Argument nicht aus der Welt schaffen, das den Wandervögeln von Anbeginn dazu diente, sich dem Urteil der Mit- und Umwelt möglichst zu entziehen. »... man gründet sein Urteil allein auf Gelesenes, ohne das *Erlebte,* das keinen literarischen Niederschlag gefunden hat, mit in Rechnung zu stellen.« (Theodor Wilhelm in Bd. 1)

Aus der Edition Archiv der deutschen Jugendbewegung sind besonders reichhaltig und aufschlußreich: Band 2: Mathias von Hellfeld, Bündische Jugend und Hitlerjugend 1930–1939. Köln 1986, Band 3: Irmtraut Götz von Olenhausen, Jugendreich, Gottes Reich, Deutsches Reich. Köln 1986. Band 5: Winfried Mogge und Jürgen Reulecke, Hoher Meißner 1913 – Der Erste Freideutsche Jugendtag in Dokumenten, Deutungen und Bildern. Köln 1988. (Erschienen zum 75. Jubiläum des Meißnerfestes, das 1988 mit immerhin 4000 Teilnehmern auf dem Meißner gefeiert wurde.)

Ebenfalls eine Jubiläumsgabe – anläßlich der 750-Jahrfeier Berlins – ist ein Band über die Urzelle des Wandervogel, Dokumentation und Kommentar: Gerhard Ille und Günter Köhler, Der Wandervogel – Es begann in Steglitz. Berlin 1987.

Elisabeth Busse-Wilson, Stufen der Jugendbewegung. Jena 1925.

Else Frobenius, Mit uns zieht die neue Zeit. Berlin 1927.

Louise Fick, Die deutsche Jugendbewegung. Jena 1939. – Aus nationalsozialistischer Sicht bewertet diese Chronik diejenigen Bünde am höchsten, die sich zum politischen Kampf für das »Deutschtum« entschlossen und aktiviert haben.

Will Vesper, Deutsche Jugend. Berlin 1934. – Frische und Authentizität der Darstellung sind diesem ebenfalls NS-ideologisierten Autor nicht abzusprechen.

Hertha Siemering, Die deutschen Jugendverbände. Berlin 1931.

Walter Z. Laqueur, Die Deutsche Jugendbewegung. Eine historische Studie. Köln 1962.

Jakob Müller, Die Jugendbewegung als deutsche Hauptrichtung neukonservativer Reform. Zürich 1971.

Werner Klose, Lebensformen deutscher Jugend. Vom Wandervogel zur Popgeneration. München, Wien 1970.

Mit uns zieht die neue Zeit. Hrsg. von Thomas Koebner, Rolf-Peter Janz und Frank Trommler. Frankfurt a. M. 1985. – »Das ist keine der üblichen chronologischen Darstellungen, sondern eher der Versuch einer Phänomengeschichte, die Widerstand und Sympathie in sich aufgenommen hat. Auf jeden Fall sind da nicht die jugendbewegten Verklärer am Werk, die da meinten, Geschichte der Jugendbewegung könne nur schreiben, wer am Lagerfeuer gesessen, in der Kote geschlafen und das ›Erlebnis‹ geteilt habe.« (Die Zeit)

Stefan Krolle, Bündische Umtriebe. Die Geschichte des Nerother Wandervogels vor und unter dem NS-Staat. Münster 1986.

Ulrich Hermann, Susanne Renftle, Lutz Roth, Bibliographie zur Geschichte der Kindheit, Jugend und Familie. München 1980. – Ein Kompendium zum Thema Kindheit, Jugend, Erziehung, das Quellensammlungen, Überblicks- und Epochendarstellungen sowie Literatur zu Einzelthemen vom 18. Jahrhundert bis zur Gegenwart verzeichnet. Jugendbewegung, Jugendkulturbewegung und pädagogische Reformbewegung sind hier bibliographisch erfaßt (z.B. auch die Schriften der Landschulheimgründer Hermann Lietz und Gustav Wyneken).

Literarische Avantgarde

Zentrale Sammel- und Forschungsstätte für die neuere deutsche Literatur ist das Deutsche Literatur-Archiv in Marbach.

Die wichtigsten Bibliographien zum Expressionismus erstellte Paul Raabe:

Index Expressionismus. Bibliographie der Beiträge in Zeitschriften und Jahrbüchern des literarischen Expressionismus. 1910–1923. Nendeln/Liechtenstein 1972.

Die Autoren und Bücher des literarischen Expressionismus. Ein bibliographisches Handbuch in Zusammenarbeit mit Ingrid Hannich-Bode. Stuttgart 1985 (1002 Seiten mit Abbildungen).

Der späte Expressionismus 1918–1922. Bücher, Bilder, Zeitschriften, Dokumente. Biberach a.d. Riß 1966.

Paul Pörtner (Hrsg.), Literatur-Revolution von 1910–1925. Dokumente, Manifeste, Programme. Bd. 1: Zur Ästhetik und Poetik; Bd. 2: Zur Begriffsbestimmung der Ismen. Darmstadt, Berlin, Neuwied 1960–61.

Walter Gebhardt, Das ›Sturm‹-Archiv Herwarth Waldens. In: Jahrbuch der Deutschen Schillergesellschaft 2 (1958), S. 348–365.

Manfred Durzak, Dokumente des Expressionismus: Das Kurt Wolff-Archiv. In: Euphorion 60 (1966), S. 337–369.

Richard Huelsenbeck (Hrsg.), DADA – Eine literarische Dokumentation. Reinbek 1964.

Kasimir Edschmid (Hrsg.), Briefe der Expressionisten. Frankfurt a.M., Berlin 1964.

Ich schneide die Zeit aus. Expressionismus und Politik in Franz Pfemferts ›Aktion‹ 1911–1918. Hrsg. v. Paul Raabe. München 1964.

Literarische Zeitschriften und Jahrbücher 1880–1970. Verzeichnis der im Deutschen Literaturarchiv erschlossenen Periodica. Marbach 1972.

In der vorzüglich zusammengestellten Dokumentationsreihe ›Manifeste und Dokumente zur deutschen Literatur‹ der Metzlerschen Verlagsbuchhandlung, Stuttgart, liegen vor:

Max Bucher, Werner Hahl, Georg Jäger und Reinhard Wittmann (Hrsg.), Realismus und Gründerzeit 1848–1880. 2 Bände.

Erich Ruprecht und Dieter Bänsch (Hrsg.), Jahrhundertwende 1890–1910. Thomas Anz und Michael Stark (Hrsg.), Expressionismus 1910–1920.

Horst Denkler, Drama des Expressionismus. München 1979.

Armin Arnold, Die Literatur des Expressionismus. Sprachliche und thematische Quellen. Stuttgart 1966, 1971.

Richard Brinkmann, Expressionismus. Internationale Forschung zu einem Internationalen Phänomen. Stuttgart 1980.

Richard Hamann, Jost Hermand, Expressionismus. Epochen deutscher Kultur von 1870 bis zur Gegenwart, (Bd. 5). Frankfurt a.M. 1977 – Dieser Band der besonders empfehlenswerten Reihe hat vier Vorgänger: Gründerzeit – Naturalismus – Impressionismus – Jugendstil.

Wolfgang Rothe, Expressionismus. Theologische, soziologische und anthropologische Aspekte einer Literatur. Frankfurt a.M. 1977.

Walter Sokel, Der literarische Expressionismus. München 1960.

Einige der wichtigsten Zeitschriften dieser Zeit sind in den sechziger und siebziger Jahren wieder als Reprints erschienen, so der ›Simplizissimus‹, ›Die Fackel‹, ›Die Weltbühne‹, ›Die Aktion‹.

Peter Demetz, Worte in Freiheit – Der italienische Futurismus und die deutsche literarische Avantgarde 1912–1934. München 1990.

Jürgen Schutte und Peter Sprengel (Hrsg.), Die Berliner Moderne 1885–1914. Stuttgart 1987.

Jakob van Hoddis, Dichtungen und Briefe. Herausgegeben von Regina Nörtemann. Zürich 1987.

Franz Marc – Else Lasker-Schüler: »Der Blaue Reiter präsentiert Eurer Hoheit sein Blaues Pferd«. Karten und Briefe. Hrsg. und kommentiert von Peter-Klaus Schuster. München 1987.

Günter Rühle (Hrsg.), Zeit und Theater 1913–1925. Bd. 1: Vom Kaiserreich zur Republik. Frankfurt a.M., Berlin, Wien 1973.

Werkbund und Bauhaus

Joan Campbell, Der Deutsche Werkbund 1907–1934. Stuttgart 1981. – In diesem Werk sind alle relevanten Titel so umfassend bibliographiert, daß jeder Zugang – sei es zu den Jahrbüchern und Rundschreiben des Werkbundes, sei es zu den Schriften von Friedrich Naumann und Theodor Heuss – von hier aus möglich wird.

Hans Maria Wingler, Das Bauhaus 1919–1933. Weimar-Dessau-Berlin. Berlin 1962. – In der Ausgabe von 1968 ist die Nachfolgestation Chicago eingeschlossen. Die umfangreichste Dokumentation des Bauhauses; Wingler stellt die Geschichte des Bauhauses dar und ordnet sie ein in die kulturelle Situation der Zeit. Er dokumentiert Statuten und Lehrpläne, Rundschreiben und Briefe, Essays und Bilanzen, Grundsatzerklärungen und Themenbeiträge der Bauhaus-Mitglieder über ihre Arbeitsbereiche. Veröffentlichungen aus dem und über das Bauhaus, Zeitschriften, Illustrationen, Zeichnungen und Planskizzen komplettieren das Werk.

Ulrich Conrads (Hrsg.), Programme und Manifeste zur Architektur des 20. Jahrhunderts. Berlin 1964.

Hans Eckstein (Hrsg.), 50 Jahre Deutscher Werkbund. Frankfurt a.M. 1958.

Julius Posener, Anfänge des Funktionalismus. Von Arts und Crafts zum Deutschen Werkbund. Berlin 1964.

Diether Schmidt (Hrsg.), Manifeste 1905–1933. Schriften deutscher Künstler des zwanzigsten Jahrhunderts. Bd. 1, Dresden 1964.

Marcel Franciscono, Walter Gropius and the creation of the Bauhaus in Weimar. The ideals and artistic theories of its founding years. Urbana, Ill. 1971.

Leonardo Benevolo, Geschichte der Architektur des 19. und 20. Jahrhunderts. 2 Bände, München 1978.

Herbert Bayer, Walter Gropius, Das Bauhaus 1919–28. Stuttgart 1968.

Siegfried Giedion, Walter Gropius. Mensch und Werk. Stuttgart 1954.

Göran Lindahl, Von der Zukunftskathedrale bis zur Wohnmaschine. Deutsche Architektur und Architekturdebatte nach dem Ersten Weltkrieg. In: Idea and Form. Figura: Uppsala Studies in the History of Art. N.S.I. (1959), S. 226–282.

Otto Grautoff, Die neue Kunst – Die neue Welt. Sammlung gemeinverständlicher Schriften. Berlin 1921.

Walter Curt Behrendt, Der Kampf um den Stil im Kunstgewerbe und in der Architektur. Stuttgart 1920.

Karl-Heinz Hüter, Henry van den Velde. Berlin 1967.

Hermann Muthesius, Kunstgewerbe und Architektur. Jena 1907.

Sebastian Müller, Kunst und Industrie. Ideologie und Organisation des Funktionalismus in der Architektur. München 1974.

Karl Scheffler, Die Zukunft der deutschen Kunst. Berlin 1919.

R.R. Isaacs, Walter Gropius. Der Mensch und sein Werk. 2 Bände, Berlin 1986.

Fritz Neumeyer, Mies van der Rohe. Das kunstlose Wort. Berlin 1986.

Henry van de Velde, Geschichte meines Lebens. Hrsg. und übertragen von Hans Curjel. München 1986.

Moderne Kunst

Über jeden Künstler der Avantgarde gibt es – zum Teil mehrere – Monographien, Biographien, Werkverzeichnisse, Bildbände und Kataloge, von vielen existieren theoretische Äußerungen, publizierte Briefwechsel und autobiographische Aufzeichnungen, die hier nicht, auch nicht in Auswahl, angezeigt werden können.

Im folgenden nur einige Hinweise:

Marcel Brion, Geschichte der abstrakten Kunst. Köln 1960.

Lothar-Günther Buchheim, Grafik des deutschen Expressionismus. Feldafing 1959.

Wolf-Dietrich Dube, Die Expressionisten. Berlin 1973.

Carl Einstein, Die Kunst des 20. Jahrhunderts. Berlin 1931.

C. Giedion-Welcker, Moderne Plastik, Elemente der Wirklichkeit, Masse und Auflockerung. Zürich 1937.

Willi Grohmann, Bildende Kunst und Architektur (zwischen den beiden Kriegen). Berlin 1953.

Werner Haftmann, Malerei im 20. Jahrhundert. Textband: Eine Entwicklungsgeschichte. München 1965. Tafelband: Bildenzyklopädie. München 1973.

Arnold Hauser, Sozialgeschichte der Kunst und Literatur. 2 Bände. München 1973.

Walter Hess, Dokumente zum Verständnis der modernen Malerei. Hamburg 1956.

W. Hofmann, Grundlagen der modernen Kunst. Eine Einführung in ihre symbolischen Formen. Stuttgart 1966.

Wassily Kandinsky, Franz Marc, Der Blaue Reiter Almanach. München 1965.

Wassily Kandinsky, Über das Geistige in der Kunst. Bern 1970.

Paul Klee, Tagebücher, Texte und Perspektiven. Köln 1957.

Horst Richter, Malerei unseres Jahrhunderts. Köln 1969.

Ders., Stilgeschichte der Malerei im 20. Jahrhundert. Köln 1974.

Hans Richter, Dada-Kunst und Antikunst. Der Beitrag zur Kunst des 20. Jahrhunderts. Köln 1964.

Franz Roh, Geschichte der deutschen Kunst von 1900 bis zur Gegenwart. München 1958.

F. Adama van Scheltema, Die Kunst der Moderne. Stuttgart 1960.

Paul Ferdinand Schmidt, Geschichte der modernen Malerei. Stuttgart 1952.

Uwe M. Schneede (Hrsg.), Die zwanziger Jahre. Köln 1979.

Paul Vogt, Geschichte der deutschen Malerei im 20. Jahrhundert. Köln 1972.

William Rubin, Primitivismus in der Kunst des 20. Jahrhunderts. München 1983.

Deutsche Kunst im 20. Jahrhundert. Malerei und Skulptur 1905–1985. Katalog zur gleichnamigen Ausstellung (London/Stuttgart). München 1985.

Skulpturen im 20. Jahrhundert. Katalog zur Ausstellung im Centre Pompidou. München 1984.
Skulptur des Expressionismus. Katalog zur Ausstellung in der Josef-Haubrich-Kunsthalle Köln. München 1984.
Ingrid Bode, Die Autobiographien zur deutschen Kunst, Literatur und Musik. Stuttgart 1960.
Frank Whitford, Das Portrait im Expressionismus. München 1987.
Hans-Harald Müller, Der Krieg und die Schriftsteller. Der Kriegsroman der Weimarer Republik. Stuttgart 1986.
Modris Eksteins, Tanz über Gräben. Die Geburt der Moderne und der Erste Weltkrieg. Reinbek 1990.

Neue Musik

Ulrich Michels, dtv-Atlas zur Musik. Tafeln und Texte. Bd. 2: Vom Barock bis zur Gegenwart. München 1985.
Epochen der Musikgeschichte in Einzeldarstellungen. Mit einem Vorwort von Friedrich Blume. München 1983 (edition MGG), Kapitel 'Neue Musik' von William W. Austin.
Fred K. Prieberg, Lexikon der Neuen Musik. Freiburg i. Br., München 1958.
Hans Heinz Stuckenschmidt, Neue Musik. Berlin 1951.
Josef Häusler, Musik im 20. Jahrhundert. Von Schönberg zu Penderecki. Bremen 1969.
Hans Danuser, Die Musik des 20. Jahrhunderts. Neues Handbuch der Musikwissenschaft, Bd. 7. Laaber 1984.
Carl Dahlhaus, Die Musik des 19. Jahrhunderts. Neues Handbuch der Musikwissenschaft, Bd. 6. Wiesbaden 1980.
Theodor W. Adorno, Philosophie der neuen Musik. Frankfurt a. M. 1969.
Anton Webern, Der Weg zur Neuen Musik. Wien 1960.
Carl Dahlhaus, Schönberg und andere. Gesammelte Aufsätze zur Neuen Musik. Mainz 1978.
Ulrich Dibelius (Hrsg.), Herausforderung Schönberg. Was die Musik des Jahrhunderts veränderte. München 1974.
Josef Rufer, Das Werk Arnold Schönbergs. Kassel 1959.
Hans Heinz Stuckenschmidt, Schönberg. Zürich 1974.
Arnold Schönberg, Gesammelte Schriften. Bd. 1: Stil und Gedanke. Aufsätze zur Musik. Frankfurt a. M. 1976.
Theodor W. Adorno, Alban Berg. Wien 1968.
J. M. Hauer, Vom Wesen des Musikalischen. Wien 1967.
Ulrich Stürzbecher, Werkstattgespräche mit Komponisten. Köln 1971.

Kulturkritik, Konservativismus

Armin Mohler, Die konservative Revolution in Deutschland 1918 bis 1932. Grundriß ihrer Weltanschauungen. Stuttgart 1950.

George L. Mosse, Die völkischen Ursprünge des Nationalismus. Königstein/Taunus 1979.

Ernst Niekisch, Das Reich der niederen Dämonen. Hamburg 1953.

Adolf Rapp, Der deutsche Gedanke. Seine Entwicklung im politischen und geistigen Leben seit dem 18. Jahrhundert. Bonn 1920.

Hans Freyer, Revolution von rechts. Jena 1931.

Friedrich Gogarten, Wider die Ächtung der Autorität. Jena 1930.

Martin Greiffenhagen, Das Dilemma des Konservatismus in Deutschland. München 1971.

Theodor Litt, Individuum und Gemeinschaft. Grundlegung der Kulturphilosophie. Leipzig, Berlin 1924.

Fritz Stern, Kulturpessimismus als politische Gefahr. Eine Analyse nationaler Ideologie in Deutschland. München, Bern 1963, Neuausgabe München 1986.

Stephan Popow, Am Ende aller Illusionen. Der europäische Kulturpessimismus. Köln 1981.

Oswald Spengler, Jahre der Entscheidung. München 1933.

Spengler heute. Sechs Essays. Hrsg. v. Peter Chr. Ludz. München 1980.

Klaus Theweleit, Männerphantasien. 2 Bände, Frankfurt a. M. 1977/78.

Otto Ernst Schüddekopf, Linke Leute von rechts. Die nationalrevolutionären Minderheiten und der Kommunismus in der Weimarer Republik. Stuttgart 1960.

George L. Mosse, Nationalismus und Sexualität. Bürgerliche Moral und sexuelle Normen. München 1985.

Peter Gay, Die Republik der Außenseiter (Originalausgabe: Weimar Culture). Frankfurt a. M. 1970.

Hermann Glaser, Die Kultur der wilhelminischen Zeit. Frankfurt a. M. 1984.

Hermann Glaser, Sigmund Freuds 20. Jahrhundert. Seelenbilder einer Epoche. München 1976.

Jost Hermand, Frank Trommler, Die Kultur der Weimarer Republik. München 1978.

Egon Friedell, Kulturgeschichte der Neuzeit. Die Krisis der europäischen Seele von der Schwarzen Pest bis zum Weltkrieg. 3 Bde, München 1931.

Ernst Johann, Berthold Spangenberg, Deutsche Kulturgeschichte. Die Zeit von 1860 bis zur Gegenwart. München 1984.

Werner Sombart, Der moderne Kapitalismus. 6 Bände, München 1987.

Sombarts »Moderner Kapitalismus«. Materialien zur Kritik und Rezeption. Hrsg. und eingeleitet von Bernhard vom Brocke. München 1987.

Ulrich Engelhardt, Bildungsbürgertum. Begriffs- und Dogmengeschichte eines Etiketts. Stuttgart 1986.
Werner Conze und Jürgen Kocka (Hrsg.), Bildungsbürgertum im 19. Jahrhundert. Teil 1: Bildungssystem und Professionalisierung in internationalen Vergleichen. Stuttgart 1985.
Siegbert Wolf, Gustav Landauer zur Einführung. Hamburg 1988.
Louis Dupeux, Nationalbolschewismus in Deutschland 1919–1933. Aus dem Französischen von Richard Kirchhoff. München 1985.
Peter Reichel, Der schöne Schein des Dritten Reiches. Faszination und Gewalt des Faschismus. München, Wien 1991, vor allem Kapitel 2: Politische Kunst oder ästhetische Politik?

Zeittafel

Diese Zeittafel soll das kulturelle Spektrum der ersten 25 Jahre unseres Jahrhunderts kennzeichnen. Sie dient einerseits der Akzentuierung, andererseits der Ergänzung im Text behandelter Ereignisse. Aus ihr ist u.a. zu ersehen, daß die Avantgarde keineswegs dominiert hat; allenfalls bildete sie eine Stromschnelle im großen Fluß des Kulturgeschehens. Mehr noch als für die bildende Kunst gilt dies für die Literatur. Naturalisten und Neoklassizisten, Hauptmann und Thomas Mann, Hofmannsthal, Schnitzler, Rilke und Hesse waren erfolgreiche Autoren ihrer Zeit, durchaus nicht die expressionistischen Dichter.

Die folgende Liste verzeichnet namhafte Buch- und Theaterpremieren, Ausstellungen und Institutsgründungen, aber auch die berühmten Toten; wobei das Ausland – mehr als dies in der Darstellung möglich war – einbezogen wurde. Fundamentale kulturwissenschaftliche Werke sind ebenso erwähnt wie Bücher, die aufgrund betont konservativer oder progressiver Tendenz seinerzeit Aufsehen erregten. Errungenschaften aus Forschung und Technik und aus der Medizin wurden ausnahmsweise erwähnt, wenn die Pioniertat sich sozialpsychologisch rasch ausgewirkt hat. Unter den Filmen berücksichtigt die Auswahl einige große Publikumserfolge und einige avantgardistische Produktionen. Eine Anzahl Modetrends und Kuriositäten wurden zur Illustration eingefügt.

1900

Gestorben: Friedrich Nietzsche, Oscar Wilde, Wilhelm Leibl
Ab 1. 1. BGB in Kraft
Weltausstellung in Paris und II. Olympiade
Max Planck begründet die Quantentheorie
Sigmund Freud veröffentlicht ›Die Traumdeutung‹
Henri Bergson: ›Das Lachen‹
Adolf von Harnack: ›Das Wesen des Christentums‹
Leo Tolstoi: ›Der lebende Leichnam‹
Henrik Ibsen: ›Wenn wir Toten erwachen‹
Gerhart Hauptmann: ›Michael Kramer‹ und ›Schluck und Jau‹
Arthur Schnitzler: ›Reigen‹ (Privatdruck)
Heinrich Mann: ›Im Schlaraffenland‹
Ellen Key: ›Das Jahrhundert des Kindes‹
Giacomo Puccini: ›Tosca‹
Beginn des Briefwechsels Richard Strauss/Hugo von Hofmannsthal
Paul Schultze-Naumburg: ›Häusliche Kunstpflege‹
Auguste Rodin: ›Der Kuß‹
Edvard Munch: ›Fjordinsel‹ und ›Tanz des Lebens‹
Ferdinand Hodler: ›Der Tag‹
Käthe Kollwitz: ›Mutterhände‹ (Lithographie)
Georges Méliès: ›Jeanne d'Arc‹ (franz. Film)

James Williamson: ›Überfall auf eine Mission in China‹ (engl. Film – Laufzeit: 5 Min.)
Minoische Kultur auf Kreta entdeckt
Eröffnung der Wetterstationen auf Schneekoppe und Zugspitze
Cake-walk-Tanz kommt aus Amerika nach Europa
Davis-Pokal gestiftet
Deutscher Fußballbund gegründet
Erste Zeppelinfahrt
Erste Autodroschke in Berlin
Erste Rolltreppe in Paris

1901
GESTORBEN: Queen Victoria, Giuseppe Verdi, Johanna Spyri, Max Pettenkofer, Arnold Böcklin, Henri de Toulouse-Lautrec
Zum ersten Mal Nobelpreise vergeben
Rechtschreib-Reform in Deutschland, Österreich und der Schweiz – z.B. statt »Thür und Thor« nun »Tür und Tor«, statt »Hülfe« – »Hilfe«
Rudolf Eucken: ›Vom Wahrheitsgehalt der Religion‹
Edmund Husserl: ›Logische Untersuchungen‹
Wilhelm Ostwald: ›Vorlesungen über Naturphilosophie‹
Max Scheler: ›Die transzendentale und die psychologische Methode‹
Iwan Pawlows tierpsychologische Forschungen anhand bedingter Reflexe
Georg Kerschensteiner: ›Staatsbürgerliche Erziehung der deutschen Jugend‹
Tolstois Werke ins Deutsche übersetzt (1901–21)
August Strindberg: ›Ostern‹
Thomas Mann: ›Buddenbrooks‹
Rudyard Kipling: ›Kim‹
Frank Wedekind: ›Der Marquis von Keith‹
Anton Tschechow: ›Drei Schwestern‹
Gustav Mahler: 4. Sinfonie G-Dur mit Solo-Sopran
Anton Dvořak: ›Russalka‹
Hans Pfitzner: ›Die Rose vom Liebesgarten‹
Maurice Ravel: ›Wasserspiele‹
Richard Strauss: ›Feuersnot‹
Peter Behrens und Josef Olbrich bauen auf der Mathildenhöhe in Darmstadt
Richard Riemerschmid besorgt den Innenausbau der Münchner Kammerspiele
Hermann Muthesius: ›Stilarchitektur und Baukunst‹
Henri Matisse im Pariser »Salon des Indépendantes«
Pablo Picasso: ›Pariser Leben‹ und ›Gaukler‹ (Blaue Periode)
Max Liebermann: ›Selbstbildnis‹
Ferdinand Hodler: ›Der Frühling‹

Frauenstudium in Baden zugelassen (Bayern 1903; Sachsen 1906; Preußen 1908)
Siegesallee im Berliner Tiergarten eingeweiht
Kabaretts »Überbrettl« in Berlin und »Elf Scharfrichter« in München gegründet
Ferdinand Zecca: ›Quo vadis‹ (franz. Film)
George Albert Smith: ›Der kleine Doktor‹ (engl. Film)
»Wandervogel« (A. f. S.) in Berlin-Steglitz gibt sich Vereinssatzung
›Kraft und Schönheit‹, Monatsschrift für Körperkultur
Internationaler Gewerkschaftsbund und Internationales Arbeitsamt
»Indanthren«, lichtechte Farbstoffe

1902
GESTORBEN: Rudolf Virchow, Emile Zola
Benedetto Croce: ›Philosophie des Geistes‹
Theodor Herzl: ›Altneuland‹
Ernest Rutherford und Frederick Soddy entdecken Radioaktivität als Folge des Zerfalls von Atomkernen
Werner Sombart: ›Der moderne Kapitalismus‹
Literatur-Nobelpreis für Theodor Mommsen
Hugo von Hofmannsthal: ›Lord Chandos-Brief‹, vielfach als erstes Krisendokument der literarischen Moderne bewertet, Thema: Sprachverlust
Ricarda Huch: ›Ausbreitung und Verfall der Romantik‹ (Bd. 2) und ›Aus der Triumphgasse‹
Arno Holz: ›Die Blechschmiede‹
Ludwig Thoma: ›Die Lokalbahn‹
Rainer Maria Rilke: ›Buch der Bilder‹
Emil Strauß: ›Freund Hein‹ (Erzählung einer Schülertragödie)
André Gide: ›Der Immoralist‹
August Strindberg: ›Karl XII.‹
Max Klinger: ›Beethoven‹. Die Skulptur wird in einer Ausstellung der Wiener Secession gezeigt, ehe sie nach Leipzig kommt
Alfred Kubin stellt im Berliner Salon Cassirer aus
Karl-Ernst Osthaus gründet das Folkwangmuseum in Hagen
Worpsweder Malerkolonie tritt hervor durch Fritz Mackensens ›Dämmerung‹ und Fritz Overbecks ›Ein stürmischer Tag‹
Ferdinand Avenarius gründet den »Dürerbund«
Henry van de Velde gründet Kunstgewerbeschule in Weimar
Olaf Gulbransson wird Mitarbeiter des ›Simplicissimus‹
Ebenezer Howard veröffentlicht ›Gartenstädte von morgen‹
Deutsche Gartenstadtgesellschaft gegründet
Beginn der Heimat- und Denkmalschutz-Gesetzgebung
Urheberrechts-Gesetz (Literatur, Musik) in Kraft
Claude Debussy: ›Pelleas und Melisande‹

Heinrich Sohnrey gibt ›Sohnreys Bauernkalender‹ heraus (bis 1932 ersch.)
Edwin S. Porter: ›Leben eines Feuerwehrmannes‹ (dokumentarischer Film, USA)
Georges Méliès: ›Die Reise zum Mond‹ (franz. Film)
Oskar Meßter: ›Salome‹ (Film)
Erste U-Bahnstrecke in Berlin

1903
GESTORBEN: Paul Gauguin, Hugo Wolf, Theodor Mommsen
Zionistenkongreß beschließt Siedlungspraxis in Palästina
»Gesellschaft zur Förderung der Wissenschaft des Judentums« in Berlin gegründet
Nobelpreis für Physik an Marie und Pierre Curie und an Alexandre H. Becquerel für Forschungen an radioaktiven Substanzen
Carl Muth gründet die katholische Zeitschrift ›Hochland‹
Schiller-Nationalmuseum in Marbach
Wilhelm Bölsche: ›Das Liebesleben in der Natur‹ (3 Bände seit 1889)
Otto Schmeil: ›Lehrbuch der Botanik‹ (reformiert den Biologieunterricht)
Maxim Gorkis ›Nachtasyl‹ in Berlin von Max Reinhardt inszeniert
George Bernard Shaw: ›Mensch und Übermensch‹
Gerhart Hauptmann: ›Rose Bernd‹
Hugo von Hofmannsthal: ›Elektra‹ und ›Das kleine Welttheater‹
Thomas Mann: ›Tristan‹ (sechs Novellen) und ›Tonio Kröger‹
Otto Weininger: ›Geschlecht und Charakter‹
Eugen d'Albert: ›Tiefland‹
Arnold Schönberg: ›Gurrelieder‹
Erster Salon d'Automne in Paris
Gustav Klimts Deckengemälde in der Wiener Universität mit allegorischen Darstellungen der drei Fakultäten: Philosophie, Jurisprudenz und Medizin führt zu Professorenprotest und Skandal
Lovis Corinth: ›Selbstbildnis mit Modell‹
Max Liebermann: ›Polospieler‹
Michael Leistikow: ›Havelkähne in Mondbeleuchtung‹
Franz von Lenbach: ›Selbstbildnis‹
Wassily Kandinsky: ›Der (blaue) Reiter‹ (Zürich) und ›Der Brautzug‹ (München)
Paul Klee: ›Zwei Männer, einander in höherer Stellung vermutend, begegnen sich‹
Edvard Munch: ›Kuß am Meer‹ und ›Auf der Brücke‹
Oskar von Miller begründet das Deutsche Museum in München
Johannes Müller eröffnet auf Schloß Mainberg (Unterfranken) eine »Freistatt persönlichen Lebens« (reformerische Wohn- und Gästegemeinschaft)
Charles Mackintosh: Interieur in Hill-House (Jugendstil-Einrichtung)
›Großer Eisenbahnüberfall‹, amerik. Spielfilm, (Laufzeit 12 Min.)

Schwebebahn in Wuppertal fertiggestellt
Erste bemannte Motorflüge
Erste Tour de France

1904
GESTORBEN: Anton Dvořak, Franz von Lenbach, Anton Tschechow
Britisch-französische »Entente cordiale« zeitigt auch Folgen im national-kulturellen Selbstverständnis der Deutschen
Weltbund für Frauenstimmrecht in London
Chromosomen als Träger von Erbanlagen erkannt (Theodor Boveri)
Adrenalin-Synthese gelungen
Ernst Haeckel: ›Kunstformen der Natur‹ (seit 1903), hat Einfluß auf die Kunst im Jugendstil
Sigmund Freud: ›Zur Psychopathologie des Alltagslebens‹
Max Weber: ›Die protestantische Ethik und der Geist des Kapitalismus‹
Hermann Hesse: ›Peter Camenzind‹
Arno Holz: ›Daphnis‹ und ›Traumulus‹
Max Halbe: ›Der Strom‹
Jack London: ›Der Seewolf‹
Frank Wedekind: ›Die Büchse der Pandora‹
Anton Tschechow: ›Der Kirschgarten‹
Giacomo Puccini: ›Madame Butterfly‹
Leos Janaček: ›Jenufa‹ (Oper)
Henri Matisse: ›Luxus, Stille, Wollust‹
Claude Monet: ›Das Parlament in London‹
Pablo Picasso: ›Frau mit Fächer‹ und ›Das kärgliche Mahl‹ (Radierung)
Gustav Klimt: ›Goldfische‹
Auguste Rodin: ›Der Denker‹
Henri Rousseau: ›Die Hochzeit‹ (Rousseau wurde auch bei den »Wilden« Deutschlands sehr geschätzt)
Charon-Kreis (Otto zur Linde und Rudolf Pannwitz) gründet gleichnamige Zeitschrift
Der Kosmiker-Kreis um Stefan George in München beginnt den Kult »Maximin«. Vorausgegangen war der Tod des 16jährigen Maximilian Kronberger
›BZ am Mittag‹ erscheint im Verlag Ullstein
Otto Brahm übernimmt das Lessing-Theater, Berlin
Isadora Duncan gründet Tanzschule in Berlin
Fritzi Massary wird ans Metropoltheater Berlin engagiert
Bildtelegraphische Verbindung München-Nürnberg
Louis Jean Lumière entwickelt Platten für Farbphotographie
Eliel Saarinen entwirft den Hauptbahnhof in Helsinki

1905
GESTORBEN: Adolph von Menzel, Jules Verne, Ernst Abbé, Constantin Meunier

Friedens-Nobelpreis an Bertha von Suttner
Albert Einstein veröffentlicht die Spezielle Relativitätstheorie
Syphilis-Erreger entdeckt von Fritz Richard Schaudinn (Salvarsan ab 1909)
Jacob Burckhardt: ›Weltgeschichtliche Betrachtungen‹
Trennung von Kirche und Staat in Frankreich
Friedrich Wilhelm Foerster: ›Christentum und Klassenkampf‹
Wilhelm Dilthey: ›Das Erlebnis und die Dichtung‹
Hans Driesch: ›Geschichte des Vitalismus‹
Georg Dehio: ›Handbuch der deutschen Kunstdenkmäler‹, erster Band
Maxim Gorki: ›Die Mutter‹
Heinrich Mann: ›Professor Unrat‹
Christian Morgenstern: ›Galgenlieder‹
Rainer Maria Rilke: ›Stundenbuch‹
Oscar Wilde: ›De profundis‹
Ludwig Thoma: ›Lausbubengeschichten‹
Siegfried Jacobsohn gründet ›Die Schaubühne‹
Manuel de Falla: ›Ein kurzes Leben‹ (Oper)
Franz Léhar: ›Die lustige Witwe‹
Richard Strauss: ›Salomé‹ in Dresden uraufgeführt
Künstlergruppe »Die Brücke« in Dresden gegründet
Pariser Herbstsalon mit den Fauves
Internationale Buchkunstausstellung in Leipzig
Georges Braque: ›Landungssteg in L'Estaque‹
Paul Cézanne: ›Die großen Badenden‹
Max Liebermann: ›Judengasse in Amsterdam‹
Edvard Munch: ›Die Mädchen auf der Brücke‹
›Potemkin‹ und ›Die Unruhen in St. Petersburg‹ (franz. Filme von Nonguet)
Reformkleider kommen in Mode

1906

GESTORBEN: Paul Cézanne, Henrik Ibsen, Pierre Curie
Gertrud Bäumer und Helene Lange: ›Handbuch der Frauenbewegung‹ (5 Bde, seit 1901)
Rudolf Pannwitz: ›Kultur, Kraft, Kunst‹
Hans Ostwald: ›Rinnsteinsprache‹, Lexikon des Gauner-, Dirnen- und Landstreicher-Idioms
Maximilian Harden attackiert den Fürsten (Eulenburg-Prozeß bis 1908)
Hermann Hesse: ›Unterm Rad‹
Gerhart Hauptmann: ›Und Pippa tanzt‹
Else Lasker-Schüler: ›Das Peter-Hille-Buch‹
Robert Musil: ›Die Verwirrungen des Zöglings Törleß‹
George Bernard Shaw: ›Arzt am Scheidewege‹
Carl Spitteler: ›Olympischer Frühling‹ abgeschlossen

Max Reinhardt gründet die Kammerspiele in Berlin
Béla Bartók sammelt ungarische Volkslieder
»Jahrhundertausstellung« deutscher Malerei (1775–1875) in Berlin
Ernst Ludwig Kirchner verfaßt das »Brücke«-Manifest
Max Beckmann: ›Kleine Sterbeszene‹
André Derain: ›London Bridge‹
Raoul Dufy: ›Plakate in Trouville‹
Pablo Picasso: ›Bildnis Gertrude Stein‹
Christian Rohlfs: ›St. Patroklus in Soest‹
Gustav Adolf Wyneken gründet »Freie Schulgemeinde Wickersdorf«
Auf das »Reproduktionspiano« – ein Walzensystem mit eingestanzten Löchern, entwickelt von Michael Welte – werden Werke von Busoni, Grieg, Mahler und Reger aufgenommen; die Erfindung gehört zu den Vorläufern der Schallplatte
Auftreten des »Hauptmanns von Köpenick« in Berlin
Hosenrock schockiert in Paris

1907
GESTORBEN: Edvard Grieg, Paula Modersohn-Becker
Karl Liebknecht: ›Militarismus und Antimilitarismus unter besonderer Berücksichtigung der internationalen Jugendbewegung‹
Willy Hellpach: ›Die geistigen Epidemien‹ (Sozialpsychologie)
Elisabeth Foerster-Nietzsche: ›Das Nietzsche-Archiv – seine Freunde und Feinde‹ (Rechtfertigungsschrift)
Otto Julius Bierbaum: ›Prinz Kuckuck‹
Stefan George: ›Der siebente Ring‹
Oskar Kokoschka: ›Mörder, Hoffnung der Frauen‹ (Drama)
Ernst von Wildenbruch: ›Die Rabensteinerin‹ (Schauspiel)
Schiller-Theater in Berlin gegründet
Maurice Ravel: ›Spanische Rhapsodie‹
Nikolaj A. Rimskij-Korssakow: ›Der goldene Hahn‹
Deutscher Werkbund in München gegründet
Peter Behrens geht als Formgestalter zur AEG
Adolf Loos: Innenausstattung der Kärntner Bar in Wien
Wassily Kandinsky: ›Reitendes Paar‹ und ›Straße in Murnau mit Frauen‹
Wilhelm Lehmbruck: ›Mutter und Kind‹
Edvard Munch: ›Lebensfries‹ für Berliner Kammerspiele
Emil Nolde: ›Anna Wieds Garten‹
Pablo Picasso: ›Les Demoiselles d'Avignon‹
Max Slevogt: ›Päonien‹
Henry van de Velde: ›Vom modernen Stil‹
›Alptraum der Marionette‹, erster französischer Zeichentrickfilm
»Homo Heidelbergensis«, Knochenfund eines 500000 Jahre alten menschlichen Unterkiefers
Maria Montessori eröffnet ihr erstes Kinderhaus

1908

GESTORBEN: Wilhelm Busch, Henri Becquerel, Nikolai Rimskij-Korssakow

Literatur-Nobelpreis an den Philosophen Rudolf Eucken

Theodor Lessing: ›Schopenhauer – Wagner – Nietzsche‹

Friedrich Meinecke: ›Weltbürgertum und Nationalstaat‹

Georg Simmel: ›Soziologie. Untersuchung über die Formen der Vergesellschaftung‹

Franz Müller-Lyer: ›Phasen der Kultur‹

Georg Hermann: ›Jettchen Gebert‹

Ludwig Ganghofer: ›Waldrausch‹

Erwin Guido Kolbenheyer: ›Amor Dei‹ (Spinoza-Roman)

Karl Kraus: ›Sittlichkeit und Kriminalität‹

Selma Lagerlöf: ›Wunderbare Reise des kleinen Nils Holgerson mit den Wildgänsen‹ (Auftragsarbeit für den Heimatkunde-Unterricht in Schweden)

Börries von Münchhausen: ›Balladen und ritterliche Lieder‹

Arthur Schnitzler: ›Der Weg ins Freie‹

Ludwig Thoma: ›Moral‹

Robert Walser: ›Der Gehülfe‹

Béla Bartók: ›Vierzehn Bagatellen für Klavier‹, op. 6

Münchner Malergemeinschaft mit Jawlensky, Kandinsky, Gabriele Münter und Marianne von Werefkin

Wilhelm Worringer: ›Abstraktion und Einfühlung‹

Alexander Archipenko: ›Schwarzer Torso‹

Ferdinand Hodler: ›Auszug der Jenenser Studenten in den Freiheitskrieg 1813‹, Wandgemälde in der Universität Jena

Käthe Kollwitz: ›Bauernkrieg‹ (Radierungen)

Heinrich Zille: ›Kinder der Straße‹ (Zeichnungen)

Boy scouts, ab 1911 auch in Deutschland, unter dem Namen »Pfadfinder«

Sozialistische Arbeiterjugend Deutschlands gegründet

›Mazdaznan‹, Zeitschrift für »Zarathustrische Philosophie, Körperpflege und Diätetik«

Familien-Freibad in Berlin-Wannsee eröffnet

Tiller-Girls auf Europatournee (exakter Gruppentanzstil)

1909

GESTORBEN: Detlev von Liliencron

Hermann Bahr: ›Das Konzert‹

Alfred Kubin: ›Die andere Seite‹ (phantastisch-symbolistischer Roman mit Illustrationen)

F. T. Marinetti: ›Manifest des Futurismus‹ (zuerst im ›Figaro‹, Paris)

Heinrich Mann: ›Die kleine Stadt‹

Thomas Mann: ›Königliche Hoheit‹

Paul Scheerbart: ›Katerpoesie‹

Ludwig Thoma: ›Filser-Briefe‹

Jakob Wassermann: ›Caspar Hauser oder Die Trägheit des Herzens‹
Modest Mussorgsky: ›Die Hochzeit‹ in Petersburg uraufgeführt
Arnold Schönberg: Fünf Orchesterstücke, op. 16, in Wien uraufgeführt
Richard Strauss: ›Elektra‹ in Dresden uraufgeführt
Anton Webern: Sechs Stücke für Orchester op. 6
Ermanno Wolf-Ferrari: ›Susannens Geheimnis‹ (Oper)
Franz Léhar: ›Der Graf von Luxemburg‹
Saison Russe in Paris. Russische Musik- und Ballettwochen, geleitet von Sergej Diaghilew, choreographiert von Michail Fokin, ausgestattet von Léon Bakst, mit den Solisten Tamara Karsawina, Anna Pawlowa und Waslaw Nijinsky; großer Einfluß auf die Avantgarde-Maler und -Musiker in Frankreich
Wassily Kandinsky: Landschafts- und Figurenbilder
Oskar Kokoschka: ›Bildnis Adolf Loos‹
Pablo Picasso: ›Harlekin‹, ›Sitzende Frau‹ und kubistische Plastik ›Frauenkopf‹
Egon Schiele: ›Pflaumenbaum mit Fuchsie‹
Peter Behrens: AEG-Turbinenfabrik in Berlin
Max Slevogt: Illustrationen zu ›Lederstrumpf‹
Gartenstadt Hellerau gegründet
Bakelit – einer der ersten Kunststoffe
Gelonida – erste in Wasser zerfallende Schmerztablette
Erste Dauerwelle in London
Erstes Sechstagerennen in Berlin
›Der Zupfgeigenhansl‹ erschienen

1910

GESTORBEN: Friedrich von Bodelschwingh, Henri Dunant, Björnstjerne Björnson, Josef Kainz, Wilhelm Raabe, Henri Rousseau, Leo Tolstoi, Mark Twain
Literatur-Nobelpreis an Paul Heyse
Ernst Cassirer: ›Substanzbegriff und Funktionsbegriff‹
Emile Coué: ›Neue Schule der Autosuggestion‹
Ludwig Klages: ›Prinzipien der Charakterologie‹
Rudolf Steiner: ›Geheimwissenschaft im Umriß‹
Paul Claudel: ›Fünf große Oden‹
Hugo von Hofmannsthal: ›Christinas Heimreise‹
Theodor Däubler: ›Das Nordlicht‹ (Epos)
Alfred Döblin: ›Die Ermordung einer Butterblume‹
Gerhart Hauptmann: ›Der Narr in Christo Emanuel Quint‹
Hermann Löns: ›Der Werwolf‹
Karin Michaelis: ›Das gefährliche Alter‹ (autobiographischer Roman)
Martin Andersen-Nexö: ›Pelle der Eroberer‹
Sven Hedin: ›Zu Fuß nach Indien‹
Karl May: ›Winnetou‹ (3 Bde)
Rainer Maria Rilke: ›Die Aufzeichnungen des Malte Laurids Brigge‹

Herwarth Walden gründet die Zeitschrift ›Der Sturm‹
Gropius und Meyer bauen das »Faguswerk« in Alfeld (erster Stahlskelettbau in Deutschland)
Georges Braque: ›Stilleben mit Violine und Krug‹
Robert Delaunay: ›Eiffelturm‹
Wassily Kandinsky: ›Abstraktes Aquarell‹
Franz Marc: ›Akt mit Katze‹ und ›Streitende Pferde‹
Erich Heckel: ›Schlafender Pechstein‹
Max Pechstein: ›Am Seeufer‹
Karl Schmidt-Rottluff: ›Selbstbildnis mit Einglas‹
Wilhelm Lehmbruck: ›Weiblicher Torso‹
Aristide Maillol: ›Sitzende‹
René Sintenis: ›Gazelle‹
Igor Strawinsky: ›Feuervogel‹
Gustav Mahler: 8. Symphonie in München uraufgeführt (›Symphonie der Tausend‹)
»Volksbund zur Bekämpfung des Schmutzes in Wort und Bild« eröffnet Kinderlesehalle

1911
GESTORBEN: Wilhelm Dilthey, Georg Heym, Gustav Mahler
Kleistpreis gestiftet
Ernest Rutherford stellt Atommodell vor
Roald Amundsen zuerst am Südpol – Robert F. Scott 1 Monat später, überlebte die Expedition nicht
Julius Bab: ›Neue Wege zum Drama‹
Friedrich Gundolf: ›Shakespeare und der deutsche Geist‹
Gustav Landauer: ›Aufruf zum Sozialismus‹
Hebbeltheater in Berlin eröffnet
Pfemfert gründet Zeitschrift ›Die Aktion‹
Gerhart Hauptmann: ›Die Ratten‹
Hugo von Hofmannsthal: ›Jedermann‹
Arthur Schnitzler: ›Das weite Land‹
Fritz von Unruh: ›Offiziere‹
Carl Sternheim: ›Die Hose‹ und ›Die Kassette‹
Max Dauthendey: ›Die acht Gesichter am Biwasee‹
Hanns Heinz Ewers: ›Alraune‹
Georg Heym: ›Der ewige Tag‹
Franz Werfel: ›Der Weltfreund‹
Gustav Mahler: ›Das Lied von der Erde‹
Igor Strawinsky: ›Petruschka‹ (Ballett)
Arnold Schönberg: ›Harmonielehre‹
Eröffnung der ersten Ausstellung des »Blauen Reiter« in München
Wassily Kandinsky: ›Komposition IV‹
Franz Marc: ›Rote Pferde‹ und ›Affenfries‹
Marc Chagall: ›Ich und das Dorf‹
Otto Wagner legt als Teilentwurf seines Generalregulierungsplans für

die Stadt Wien ein Modell des XXII. Bezirks vor – mit großstädtischer Wohndichte in fünfstöckigen Miethäusern –, angelegt nach dem Ring-Prinzip.

Tanzschule Dalcroze in der Gartenstadt Hellerau eröffnet

›Anna Karenina‹, erste Verfilmung des Romans (Maurice André-Maitre)

›Der Abgrund‹, dänischer Film mit Asta Nielsen

›Max sucht eine Braut‹, Film mit dem Komiker Max Linder

1912

GESTORBEN: Felix Dahn, Jules Massenet, Karl May, August Strindberg, Paul Wallot

Walther Rathenau: ›Zur Kritik der Zeit‹

Wilhelm Wundt: ›Elemente der Völkerpsychologie‹

Alfred Weber: ›Religion und Kultur‹

F. W. Taylor: ›The principles of scientific management‹ (Taylorismus)

Literatur-Nobelpreis an Gerhart Hauptmann

Kleistpreis an Hermann Burte (Roman ›Wiltfeber‹) und Reinhard Johannes Sorge (Drama: ›Der Bettler‹), Vertrauensmann: Richard Dehmel

Hans Blüher: ›Wandervogel. Geschichte einer Jugendbewegung‹ und ›Die deutsche Wandervogelbewegung als erotisches Phänomen‹

Waldemar Bonsels: ›Die Biene Maja‹

Paul Claudel: ›Verkündigung‹

Knut Hamsun: ›Der Wanderer‹

Sven Hedin: ›Von Pol zu Pol‹

Hofmannsthal/Strauss: ›Ariadne auf Naxos‹

Romain Rolland: ›Jean Christophe‹ (10 Bde, seit 1904)

Thomas Mann: ›Tod in Venedig‹

Arthur Schnitzler: ›Professor Bernhardi‹

George Bernard Shaw: ›Pygmalion‹

Carl Sternheim: ›Bürger Schippel‹

Kurt Tucholsky: ›Rheinsberg. Ein Bilderbuch für Verliebte‹

Maurice Ravel: ›Daphnis und Chloe‹ (Ballett)

Waslaw Nijinsky tanzt Debussys ›Nachmittag eines Fauns‹

Franz Schreker: ›Der ferne Klang‹ (Oper)

Almanach ›Der Blaue Reiter‹ erschienen

»Sturm«-Galerie in Berlin eröffnet

»Sonderbund«-Ausstellung in Köln

August Macke: ›Russisches Ballett‹ (Gemälde)

Georg Kolbe: ›Tänzerin‹ (Bronzeplastik)

Gino Severini: ›Ruhelose Tänzerin‹ (futuristisches Gemälde)

›Quo vadis‹ (ital. Film)

Mack Senett begründet Slapstick-Comedy im amerikanischen Film

Nofretete-Büste aufgefunden, Nachbildungen werden Verkaufserfolg

Synthetischer Kautschuk

Hygiene-Ausstellung in Dresden fördert Lebensreformbewegung
Yoghurt bürgert sich in Westeuropa ein

1913

GESTORBEN: Gabriel von Seidl, Rudolf Diesel
Sigmund Freud: ›Totem und Tabu‹
Edmund Husserl: ›Ideen einer reinen Phänomenologie und phänomenologischen Philosophie‹
Karl Jaspers: ›Allgemeine Psychopathologie‹
Ludwig Klages: ›Ausdrucksbewegung und Gestaltungskraft‹
Maurice Maeterlinck: ›Vom Tode‹
Max Scheler: ›Zur Phänomenologie der Sympathiegefühle‹
Niels Bohr stellt sein Atommodell vor
Hans Geiger entwickelt den Geigerzähler
Deutsche Bücherei in Leipzig eröffnet
Richard Dehmel: ›Schöne wilde Welt‹ (Gedichte)
Arno Holz: ›Ignorabimus‹ (zeitkritisches szenisches Werk)
Walter Hasenclever: ›Der Jüngling‹ (Gedichtzyklus)
Franz Kafka: ›Das Urteil‹
Klabund: ›Morgenrot‹ (Gedichte)
Gorch Fock: ›Seefahrt ist not‹ (Roman)
Maxim Gorki: ›Meine Kindheit‹
Emil Ludwig: ›Wagner oder die Entzauberten‹
Agnes Günther: ›Die Heilige und ihr Narr‹
Alexander Skrjabin: ›Prometheus‹ (sinfonische Dichtung mit Farblichtklavier)
Igor Strawinsky: ›Le sacre du printemps‹; Skandal bei der Pariser Uraufführung
Jahrhunderthalle in Breslau, Stahlbetonkuppelbau mit größter Orgel der Zeit, erbaut von Max Berg
Erster deutscher Herbstsalon in der Galerie »Der Sturm«
Giacomo Balla: ›Geschwindigkeit eines Autos‹ und ›Licht und Ton‹ (Malerei der Bewegungsphasen im Sinne des Futurismus)
Giorgio de Chirico: ›Piazza d'Italia‹ (früher Surrealismus)
Franz Marc: ›Turm der blauen Pferde‹
Ludwig Meidner: ›Revolution‹ und ›Apokalyptische Landschaft‹
Marc Chagall: ›Der Geiger‹
Georges Braque: ›Stilleben mit Spielkarten‹ (kubistische Collage)
Kasimir Malewitsch: ›Schwarzes Quadrat auf weißem Grund‹
Georg Büchners Woyzeck in München uraufgeführt (Wien und Berlin bringen das Stück 1914 heraus)
Arnold Schönbergs ›Gurrelieder‹ uraufgeführt in Wien
›Student von Prag‹, Film von Stellan Rye, Drehbuch: von Hanns Heinz Ewers, mit Paul Wegener und Werner Krauss (gilt als Meisterwerk des phantastischen Films)

1914

GESTORBEN: Paul Heyse, Christian Morgenstern, Georg Trakl, August Macke

Alfred Adler gründet die ›Internationale Zeitschrift für Individualpsychologie‹

Magnus Hirschfeld: ›Die Homosexualität des Mannes und des Weibes‹

Eduard Spranger: ›Lebensformen‹

Leonhard Frank: ›Die Räuberbande‹

Stefan George: ›Stern des Bundes‹

André Gide: ›Die Verliese des Vatikans‹

Walter Hasenclever: ›Der Sohn‹

Ricarda Huch: ›Der große Krieg in Deutschland‹

Carl Sternheim: ›Der Snob‹

Erich Mühsam: ›Wüste, Krater, Wolken‹ (Gedichte)

Ernst Stadler: ›Der Aufbruch‹ (Gedichte)

August Stramm: ›Du‹ (Gedichte)

Ferruccio Busoni: ›Nocturne symphonique‹ und ›Indianische Phantasie‹

Arnold Schönberg: ›Pierrot lunaire‹

Große Werkbund-Ausstellung in Köln

Internationale Ausstellung für Buchgewerbe und Graphik in Leipzig

Ernst Ludwig Kirchner: ›Friedrichstraße Berlin‹

Oskar Kokoschka: ›Die Windsbraut‹ (Selbstbildnis mit Alma Mahler, treibend im Kahn übers nächtliche Meer)

Wilhelm Lehmbruck: ›Emporsteigender Jüngling‹

Piet Mondrian: ›Ovale Komposition‹

Egon Schiele: ›Tod und Mädchen‹

Marcel Duchamps beginnt mit »Readymades« (signierten Serienprodukten)

›Der Golem‹ –, Film von und mit Paul Wegener

›Making a living‹ und ›His new Job‹ von und mit Charlie Chaplin

Erste deutsche Filmwochenschau ›Eiko-Woche‹

1915

GESTORBEN: Alexander Skrjabin, Anton von Werner, Paul Ehrlich

Albert Einstein: ›Allgemeine Relativitätstheorie‹

Heinrich Wölfflin: ›Kunstgeschichtliche Grundbegriffe‹

Internationale Frauenliga für Frieden und Freiheit in Genf

Karl von Frisch: ›Der Farbensinn und Formensinn der Biene‹

Friedrich Naumann: ›Mitteleuropa‹

Hermann Hesse: ›Knulp‹

Franz Kafka: ›Die Verwandlung‹

Gustav Meyrink: ›Der Golem‹

Jakob Wassermann: ›Das Gänsemännchen‹

Manuel de Falla: ›Liebeszauber‹

Emmerich Kálmán: ›Die Czardasfürstin‹

Max Beckmann: ›Selbstbildnis als Sanitäter‹

Erich Heckel: ›Irrer Soldat‹ und ›Krüppel am Meer‹
Ernst Ludwig Kirchner: ›Selbstbildnis als Soldat‹
Ludwig Meidner: ›Der Schriftsteller Ferdinand Hardekopf‹
Johannes Itten: ›Raucher‹
Paul Ernst: ›Preußengeist‹, Premiere in Weimar
Anton Wildgans: ›Armut‹, Premiere in Wien

1916
GESTORBEN: Marie von Ebner-Eschenbach, Ernst Mach, Franz Marc, Max Reger
Kleistpreis an Heinrich Lersch und Agnes Miegel für Kriegslyrik
Johannes R. Becher: ›An Europa‹ (Gedichtsammlung)
Max Brod: ›Tycho Brahes Weg zu Gott‹
Gottfried Benn: ›Gehirne‹ (Novelle)
Albert Ehrenstein: ›Der Mensch schreit‹ (Gedichte)
Georg Kaiser: ›Von morgens bis mitternachts‹ (Schauspiel)
Annette Kolb: ›Briefe einer Deutsch-Französin‹
Heinrich Mann: ›Der Untertan‹ (Privatdruck wegen der Zensurbestimmungen)
Arthur Moeller van den Bruck: ›Der preußische Stil‹
Rosa Luxemburg: ›Junius-Broschüre‹
Fritz von Unruh: ›Opfergang‹
Bertolt Brecht erhält eine Schulstrafe, weil er im Aufsatz ›Dulce et decorum est pro patria mori‹ den Heldentod kritisiert
Ralph Benatzky: ›Liebe im Schnee‹
Felix Weingartner: ›Dame Kobold‹
»Cabaret Voltaire« mit Hans Arp, Hugo Ball, Tristan Tzara, Marcel Janco und Richard Huelsenbeck in Zürich
Hans Arp: ›Relief DADA‹
Juan Gris: ›Syphon, Glas, Zeitung‹
›Intolerance‹, sozialkritischer Film von David W. Griffith mit vier historischen Episoden
›Homunculus‹, Film von Robert Neuß und Otto Rippert

1917
GESTORBEN: Edgar Degas, Walter Flex, Auguste Rodin, Graf Zeppelin
Carl Gustav Jung: ›Das Unbewußte im normalen und kranken Seelenleben‹
Ludwig Klages: ›Handschrift und Charakter‹
Rudolf Pannwitz: ›Die Krisis der europäischen Kultur‹
Mathilde Ludendorff: ›Das Weib und seine Bestimmung‹
Knut Hamsun: ›Segen der Erde‹
Hanns Johst: ›Der Einsame‹, Drama um Grabbe, in Düsseldorf uraufgeführt
Georg Kaiser: ›Die Bürger von Calais‹, in Frankfurt uraufgeführt
Richard Dehmel: ›Der Menschenfreund‹, in Berlin uraufgeführt
Leonhard Frank: ›Der Mensch ist gut‹

Walter Flex: ›Wanderer zwischen beiden Welten‹
Upton Sinclair: ›König Kohle‹
Hermann Sudermann: ›Litauische Geschichten‹
Felix Timmermans: ›Das Jesuskind in Flandern‹
Ivan Goll: ›Requiem für die Gefallenen Europas‹ (Gedichte)
Ferruccio Busoni: ›Turandot‹
Hans Pfitzner: ›Palästrina‹
Leon Jessel: ›Schwarzwaldmädel‹
Jazz-Zentrum verlagert sich von New Orleans nach Chicago
Hugo von Hofmannsthal und Max Reinhardt gründen Salzburger Festspiele
Marc Chagall: ›Das rote Tor‹
Max Pechstein: ›Stilleben mit Negerplastik‹
Oskar Kokoschka: ›Die Auswanderer‹ und ›Die Freunde‹
Egon Schiele: ›Umarmung‹
Max Beckmann: ›Selbstbildnis mit rotem Schal‹
Marcel Duchamps: ›Fontäne‹ (signiertes Urinoir)
Wieland Herzfelde (das »e« im Nachnamen hatte ihm seinerzeit Else Lasker-Schüler zugeeignet) und sein Bruder Helmut Herzfeld, der sich ab 1916 John Heartfield nennt, gründen den Malik-Verlag. Hier veröffentlicht George Grosz seine erste Mappe mit agitatorischen Bild/Text-Collagen
Hermann Lietz: ›Deutsche Landerziehungsheime‹
Ufa-Film AG im Hugenberg-Konzern
Alexander Meißner und Hans Bredow besorgen Rundfunk-Musiksendungen für die deutschen Truppen an der Westfront
Künstlergruppe mit Theo van Doesburg, Piet Mondrian, Jacobus Oud und Gerrit Rietveld gründet ihre Zeitschrift ›De Stijl‹

1918

GESTORBEN: Max Dauthendey, Claude Debussy, Ferdinand Hodler, Frank Wedekind
Alfred Adler: ›Praxis und Theorie der Individualpsychologie‹
Huston Stewart Chamberlain: ›Rasse und Nation‹
Romano Guardini: ›Vom Geist der Liturgie‹
Oswald Spengler: ›Der Untergang des Abendlandes‹ (Bd. 2: 1922)
Georg Simmel: ›Der Konflikt der modernen Kultur‹
Karl Kraus: ›Die letzten Tage der Menschheit‹
Artur Dinter: ›Die Sünde wider das Blut‹ (antisemitischer Roman)
Gerhart Hauptmann: ›Der Ketzer von Soana‹
Alfred Kerr: ›Die Welt im Drama‹ (Kritiken, 5 Bde)
Thomas Mann: ›Betrachtungen eines Unpolitischen‹
Wladimir Majakowsky: ›Groteskes Mysterium‹ (revolutionäres Festspiel)
DADA-Gruppe in Berlin
Arthur Schnitzler: ›Casanovas Heimfahrt‹
Stefan Zweig: ›Jeremias‹

Igor Strawinsky: ›Geschichte vom Soldaten‹
Ernst Barlach: ›Mann im Stock‹ (Holzplastik) und ›Der arme Vetter‹ (Schauspiel)
George Grosz: ›Widmung an Oskar Panizza‹ (Gemälde)
Fernand Léger: ›Maschinenräume‹
Paul Klee: ›Hafenbild‹
Karl Schmidt-Rottluff: ›Christus-Mappe‹ (Holzschnitte)
›Carmen‹, Film von Ernst Lubitsch und ›Die Mumie Ma‹ mit Pola Negri und Emil Jannings
Arbeitsrat für Kunst (Bruno Taut, Otto Bartning, Walter Gropius, Lyonel Feininger, Hans Poelzig u. a.)
Novembergruppe (Hanns Eisler u. a.)
Theaterzensur aufgehoben, Filmzensur modifiziert

1919

Gestorben: Peter Altenberg, Wilhelm Lehmbruck, Friedrich Naumann, Emil Fischer, Pierre Auguste Renoir, Ernst Haeckel
Ermordet: Karl Liebknecht, Rosa Luxemburg, Kurt Eisner
Johan Huizinga: ›Herbst des Mittelalters‹
Max Weber: ›Wissenschaft als Beruf‹ und ›Politik als Beruf‹
Theodor Litt: ›Individuum und Gemeinschaft‹
Ernest Rutherford: erste künstliche Elementumwandlung eines Stickstoffatoms in ein Sauerstoffatom
Ernst Barlach: ›Der tote Tag‹ in Leipzig uraufgeführt
Else Lasker-Schüler: ›Die Wupper‹ in Berlin uraufgeführt
Carl Sternheim: ›Tabula rasa‹ in Berlin uraufgeführt
Ernst Toller: ›Die Wandlung‹ in Berlin uraufgeführt
Franz Kafka: ›Brief an den Vater‹
Jakob Wassermann: ›Christian Wahnschaffe‹
Hofmannsthal/Strauss: ›Die Frau ohne Schatten‹
Hermann Hesse: ›Demian‹
Bauhaus in Weimar gegründet
Hans Poelzig: Umbau des Großen Schauspielhauses in Berlin: als Raumhöhle konzipiert
Wassily Kandinsky: ›Im Grau‹
Oskar Kokoschka: ›Frau in Blau‹ (als Modell diente eine lebensgroße Puppe)
Max Beckmann: ›Die Nacht‹
Emil Nolde: ›Blumengarten am blauen Zaun‹
Kurt Schwitters: ›Und-Bild‹ (Collage) und erstes MERZ-Gedicht ›An Anna Blume‹
›Die Austernprinzessin‹, Film von Ernst Lubitsch mit Asta Nielsen
›Die Spinnen‹, Film von Fritz Lang
Prohibition in den USA (bis 1933)

1920

GESTORBEN: Richard Dehmel, Ludwig Ganghofer, Max Klinger, Amedeo Modigliani

Sophien-Ausgabe der Werke Goethes abgeschlossen (seit 1887)

Karl Binding und Alfred Hoche fordern Straffreiheit für Euthanasie in ›Die Freigabe der Vernichtung lebensunwerten Lebens‹

Oswald Spengler: ›Preußentum und Sozialismus‹

Wilhelm Wundt: ›Völkerpsychologie‹ (19 Bde, seit 1900)

Rabindranath Tagore auf Europareise, wirkt im Sinne fernöstlicher Mystik

Luigi Pirandello: ›Sechs Personen suchen einen Autor‹

Salzburger Festspiele mit ›Jedermann‹ eröffnet

Proletarisches Theater in Berlin von Erwin Piscator und den Brüdern Herzfeld gegründet

Franz Blei: ›Das große Bestiarium der deutschen Literatur‹

Ernst Jünger: ›In Stahlgewittern‹

Georg Kaiser: ›Gas‹

Ernst Toller: ›Masse Mensch‹ (vier geschlossene Vorstellungen in Nürnberg)

Kurt Tucholsky: ›Träumereien an preußischen Kaminen‹

Arthur Schnitzler: ›Der Reigen‹ in Berlin uraufgeführt, anschließend Verbot und Strafverfahren gegen Theaterdirektion und Mitwirkende, am Ende Freispruch

Franz Werfel: ›Spiegelmensch‹

Arnolt Bronnen: ›Vatermord‹

Erich Korngold: ›Die tote Stadt‹

Igor Strawinsky: ›Pulcinella‹

Darius Milhaud: ›Der Ochse auf dem Dach‹ (Ballett nach Cocteau)

Erik Satie: ›Musik für Möbel‹

Erstes Rundfunkkonzert des posteigenen Langwellensenders Königswusterhausen

Ausstellung »Deutscher Expressionismus« in Darmstadt

Internationale DADA-Messe in Berlin

»Kunstlump«-Kontroverse im Gefolge des Kapp-Putsches

Hochschule für Politik in Berlin gegründet

Kabarett »Größenwahn« in Berlin

Mary Wigman eröffnet Tanzschule. Die »Jessner-Treppe« (›Richard III.‹ mit Fritz Kortner) wirkt stilbildend.

›Kohlhiesels Töchter‹, Lubitsch-Film mit Henny Porten

›Das Cabinet des Dr. Caligari‹, Film von Robert Wiene mit Werner Krauss, Conradt Veidt und Lil Dagover

›Melos‹, Zeitschrift für neue Musik, Hrsg. Hermann Scherchen

1921

GESTORBEN: Enrico Caruso, Franz Defregger, Adolf von Hildebrand, Carl Hauptmann, Camille Saint-Saëns, Ludwig Thoma

Carl Gustav Jung: ›Psychologische Typen‹

Ernst Kretschmer: ›Körperbau und Charakter‹
Nicolai Hartmann: ›Grundzüge einer Metaphysik der Erkenntnis‹
Hermann Rorschach: ›Psychodiagnostik‹
PEN-Club in London gegründet, Erster Präsident: John Galsworthy
Curt Goetz: ›Ingeborg‹
Hugo von Hofmannsthal: ›Der Schwierige‹
Jaroslav Hašek: ›Die Abenteuer des braven Soldaten Schwejk‹
Carl Ludwig Schleich: ›Besonnte Vergangenheit‹
Arthur Honegger: ›König David‹
Sergej Prokofieff: ›Die Liebe zu den drei Orangen‹
Eduard Künnecke: ›Der Vetter aus Dingsda‹
Max Beckmann: ›Selbstbildnis als Clown‹
Oskar Kokoschka: ›Dresdener Elbbrücken‹
Edvard Munch: ›Der Kuß‹ und ›Die Woge‹
Oskar Schlemmer: ›Triadisches Ballett‹
Charlie Chaplin: ›The Kid‹
›Hunger! Hunger!‹, russischer Film
Funkwirtschaftsdienst im Rundfunk gegen Gebühr zu empfangen
Berliner Avus eröffnet
Insulin gegen Diabetes
›Die Drei‹, Anthroposophische Monatsschrift
Einsteinturm bei Potsdam: astrophysikalisches Observatorium nach Plänen des expressionistischen Architekten Erich Mendelsohn

1922
GESTORBEN: Arthur Nikisch, Marcel Proust
Ludwig Wittgenstein: ›Tractatus logico-philosophicus‹
Bertolt Brecht: ›Baal‹ und ›Trommeln in der Nacht‹ in München uraufgeführt
Kleistpreis an Bertolt Brecht
Thomas Stearns Eliot: ›The waste land‹
John Galsworthy: ›Forsyte-Saga‹
Hermann Hesse: ›Siddhartha‹
Hugo von Hofmannsthal: ›Das Salzburger große Welttheater‹
James Joyce: ›Ulysses‹ (in USA und Großbritannien verboten)
Ernst Jünger: ›Der Kampf als inneres Erlebnis‹
Thomas Mann: ›Goethe und Tolstoi‹
Sinclair Lewis: ›Babbit‹
Martin Andersen-Nexö: ›Stine Menschenkind‹
Frank Thieß: ›Die Verdammten‹
Ernst Toller: ›Die Maschinenstürmer‹
Karl Valentin: ›Der Firmling‹
Paul Hindemith: ›Sankta Susanna‹
Wassily Kandinsky geht nach Weimar zum Bauhaus (bis 1933)
Marc Chagall geht nach Paris
Paul Klee: ›Die Zwitschermaschine‹
›Dr. Mabuse der Spieler‹, Film von Fritz Lang

›Nosferatu‹, Film von Friedrich-Wilhelm Murnau (Vampir-Motiv)
Makromolekulare Chemie fördert Kunststoffentwicklung

1923
Sigmund Freud: ›Das Ich und das Es‹
Martin Buber: ›Ich und Du‹, Philosophie des dialogischen Prinzips
Deutsche Vierteljahrsschrift für Literatur und Geistesgeschichte gegründet
Franz Kafka: ›Ein Hungerkünstler‹
Klabund: ›Das heiße Herz‹ (Gedichte)
Arthur Moeller van den Bruck: ›Das dritte Reich‹
Thomas Mann: ›Bekenntnisse des Hochstaplers Felix Krull‹ und ›Von deutscher Republik‹
Rainer Maria Rilke: ›Sonette an Orpheus‹ und ›Duineser Elegien‹
Felix Salten: ›Bambi‹
Joachim Ringelnatz: ›Kuddel Daddeldu‹
Franz Werfel: ›Verdi. Roman der Oper‹
Max Beckmann: ›Das Trapez‹
Christian Rohlfs: ›Ecce Homo‹
Ernst Ludwig Kirchner: ›Amselfluh‹
Arnold Schönberg veröffentlicht ›Methode der Zwölftonmusik‹
Aufhebung des Rundfunkempfangs-Verbots für Privatpersonen
›Die Straße‹, Film mit Eugen Klöpfer
›Fridericus Rex‹, Film mit Otto Gebühr

1924
Gestorben: Ferruccio Busoni, Joseph Conrad, Eleonora Duse, Anatole France, Franz Kafka, Lenin, Paul Natorp, Giacomo Puccini, Carl Spitteler, Hans Thoma
Sigmund Freud wird Ehrenbürger der Stadt Wien
Karl Barth: ›Die Auferstehung der Toten‹ und ›Das Wort Gottes und die Theologie‹
Eduard Spranger: ›Psychologie des Jugendalters‹
Ernst Troeltsch: ›Der Historismus und seine Überwindung‹
Alfred Döblin: ›Berge, Meere, Giganten‹
Klabund: ›Kreidekreis‹
Georg Kaiser: ›Kolportage‹
Egon Erwin Kisch: ›Der rasende Reporter‹
Thomas Mann: ›Der Zauberberg‹
Börries von Münchhausen: ›Balladenbuch‹
Eugene O'Neill: ›Gier unter Ulmen‹
Hans J. Rehfisch: ›Wer weint um Juckenack?‹ (Tragikomödie)
Alfons Paquet: ›Fahnen‹ (Volksbühne Berlin)
Brecht und Feuchtwanger: ›Leben Eduards II. von England‹ (München)
André Breton: ›Manifest des Surrealismus‹
Alban Berg: ›Bruchstücke aus Wozzeck‹ in Frankfurt uraufgeführt

Anton Webern: ›Drei geistliche Lieder‹
Richard Strauss: ›Intermezzo‹
Igor Strawinsky: ›Oktett für Bläser‹
Arnold Schönberg: ›Die glückliche Hand‹ (Wiener Uraufführung)
Darius Milhaud: ›Le train bleu‹ (Ballett nach Cocteau)
George Gershwin: ›Rhapsodie in blue‹
Weltausstellung für Kunstgewerbe: »Art déco« in Paris
Lovis Corinth: ›Walchenseelandschaft‹
Pablo Picasso: ›Großer Harlekin‹
Kurt Schwitters beginnt zehnjährige Arbeit am MERZ-Bau in Hannover
Fernand Léger produziert mit dem Kameramann Dudley Murphy den Avantgarde-Film ›Ballet Mécanique‹
›Zwischenspiel‹, Film von René Clair
›Berg des Schicksals‹, erster Film mit Luis Trenker
›Die Nibelungen‹, Film von Fritz Lang, Buch: Thea von Harbou
Kabarett der Komiker in Berlin
Erste Funkausstellung und erste Automobilausstellung in Berlin
Flugplatz Berlin-Tempelhof eröffnet
Kroll-Oper in Berlin eröffnet
100000 Radios in Deutschland; Musikübertragung aus der Berliner Staatsoper von Mozarts ›Zauberflöte‹
Bauhaus in Weimar aufgelöst, Neugründung 1925 in Dessau

Deutsche Geschichte der neuesten Zeit
vom 19. Jahrhundert bis zur Gegenwart
Herausgegeben von
Martin Broszat, Wolfgang Benz, Hermann Graml
in Verbindung mit dem Institut für Zeitgeschichte

Die »neueste« Geschichte setzt ein mit den nachnapoleonischen Evolutionen und Umbrüchen auf dem Wege zur Entstehung des modernen deutschen National-, Verfassungs- und Industriestaates. Sie reicht bis zum Ende der sozial-liberalen Koalition (1982). Die großen Themen der deutschen Geschichte des 19. und 20. Jahrhunderts werden, auf die Gegenwart hin gestaffelt, in dreißig konzentriert geschriebenen Bänden abgehandelt. Ihre Gestaltung folgt einer einheitlichen Konzeption, die die verschiedenen Elemente der Geschichtsvermittlung zur Geltung bringen soll: die erzählerische Vertiefung einzelner Ereignisse, Konflikte, Konstellationen; Gesamtdarstellung und Deutung; Dokumentation mit ausgewählten Quellentexten, Statistiken, Zeittafeln; Workshop-Information über die Quellenproblematik, leitende Fragestellungen und Kontroversen der historischen Literatur. Erstklassige Autoren machen die wichtigsten Kapitel dieser deutschen Geschichte auf methodisch neue Weise lebendig.

4501 Peter Burg: Der Wiener Kongreß
Der Deutsche Bund im europäischen Staatensystem
4502 Wolfgang Hardtwig: Vormärz
Der monarchische Staat und das Bürgertum
4503 Hagen Schulze: Der Weg zum Nationalstaat
Die deutsche Nationalbewegung vom 18. Jahrhundert bis zur Reichsgründung
4504 Michael Stürmer: Die Reichsgründung
Deutscher Nationalstaat und europäisches Gleichgewicht im Zeitalter Bismarcks
4505 Wilfried Loth: Das Kaiserreich
Obrigkeitsstaat und politische Mobilisierung
4506 Richard H. Tilly: Vom Zollverein zum Industriestaat
Die wirtschaftlich-soziale Entwicklung Deutschlands 1834 bis 1914
4507 Helga Grebing: Arbeiterbewegung
Sozialer Protest und kollektive Interessenvertretung bis 1914
4508 Hermann Glaser: Bildungsbürgertum und Nationalismus
Politik und Kultur im Wilhelminischen Deutschland
4509 Michael Fröhlich: Imperialismus
Deutsche Kolonial- und Weltpolitik 1880 bis 1914
4510 Gunther Mai: Das Ende des Kaiserreichs
Politik und Kriegführung im Ersten Weltkrieg
4511 Klaus Schönhoven: Reformismus und Radikalismus
Gespaltene Arbeiterbewegung im Weimarer Sozialstaat

4512 Horst Möller: Weimar
Die unvollendete Demokratie

4513 Peter Krüger: Versailles
Deutsche Außenpolitik zwischen Revisionismus und Friedenssicherung

4514 Corona Hepp: Avantgarde
Moderne Kunst, Kulturkritik und Reformbewegungen nach der Jahrhundertwende

4515 Fritz Blaich: Der Schwarze Freitag
Inflation und Wirtschaftskrise

4516 Martin Broszat: Die Machtergreifung
Der Aufstieg der NSDAP und die Zerstörung der Weimarer Republik

4517 Norbert Frei: Der Führerstaat
Nationalsozialistische Herrschaft 1933 bis 1945

4518 Bernd-Jürgen Wendt: Großdeutschland
Außenpolitik und Kriegsvorbereitung des Hitler-Regimes

4519 Hermann Graml: Die Reichskristallnacht
Antisemitismus und Judenverfolgung im Dritten Reich

4520 Hartmut Mehringer, Peter Steinbach: Emigration und Widerstand. Das NS-Regime und seine Gegner

4521 Lothar Gruchmann: Totaler Krieg
Vom Blitzkrieg zur bedingungslosen Kapitulation

4522 Wolfgang Benz: Potsdam 1945
Besatzungsherrschaft und Neuaufbau im Vier-Zonen-Deutschland

4523 Wolfgang Benz: Die Gründung der Bundesrepublik
Von der Bizone zum souveränen Staat

4524 Dietrich Staritz: Die Gründung der DDR
Von der sowjetischen Besatzungsherrschaft zum sozialistischen Staat

4525 Kurt Sontheimer: Die Adenauer-Ära
Die Grundlegung der Bundesrepublik

4526 Manfred Rexin: Die Deutsche Demokratische Republik
Von Ulbricht bis Honecker

4527 Ludolf Herbst: Option für den Westen
Vom Marshallplan bis zum deutsch-französischen Vertrag

4528 Peter Bender: Neue Ostpolitik
Vom Mauerbau bis zum Moskauer Vertrag

4529 Thomas Ellwein: Krisen und Reformen
Die Bundesrepublik seit den sechziger Jahren

4530 Helga Haftendorn: Sicherheit und Stabilität
Außenbeziehungen der Bundesrepublik zwischen Ölkrise und Nato-Doppelbeschluß

Register

Deutsche Geschichte der neuesten Zeit

vom 19. Jahrhundert bis zur Gegenwart

Originalausgaben, herausgegeben von Martin Broszat, Wolfgang Benz und Hermann Graml in Verbindung mit dem Institut für Zeitgeschichte, München

Peter Burg:
Der Wiener Kongreß
Der Deutsche Bund im europäischen Staatensystem
dtv 4501

Wolfgang Hardtwig:
Vormärz
Der monarchische Staat und das Bürgertum
dtv 4502

Hagen Schulze:
Der Weg zum Nationalstaat
Soziale Kräfte und nationale Bewegung
dtv 4503

Michael Stürmer:
Die Reichsgründung
Deutscher Nationalstaat und europäisches Gleichgewicht im Zeitalter Bismarcks
dtv 4504

Wilfried Loth:
Das Kaiserreich
Liberalismus, Feudalismus, Militärstaat
dtv 4505 (i. Vorb.)

Richard H. Tilly:
Vom Zollverein zum Industriestaat
Die wirtschaftlich-soziale Entwicklung Deutschlands 1834 bis 1914
dtv 4506

Helga Grebing:
Arbeiterbewegung
Sozialer Protest und kollektive Interessenvertretung bis 1914
dtv 4507

Hermann Glaser:
Bildungsbürgertum und Nationalismus
Politik und Kultur im Wilhelminischen Deutschland
dtv 4508 (i. Vorb.)

Wolfgang J. Mommsen:
Imperialismus
Deutsche Kolonial- und Weltpolitik 1880 – 1914
dtv 4509 (i. Vorb.)

Gunther Mai:
Das Ende des Kaiserreichs
Politik und Kriegführung im Ersten Weltkrieg
dtv 4510

Klaus Schönhoven:
Reformismus und Radikalismus
Gespaltene Arbeiterbewegung im Weimarer Sozialstaat
dtv 4511

Horst Möller:
Weimar
Die unvollendete Demokratie
dtv 4512

Peter Krüger:
Versailles
Deutsche Außenpolitik zwischen Revisionismus und Friedenssicherung
dtv 4513

Corona Hepp:
Avantgarde
Moderne Kunst, Kulturkritik und Reformbewegungen nach der Jahrhundertwende
dtv 4514

Deutsche Geschichte der neuesten Zeit

vom 19. Jahrhundert bis zur Gegenwart

Fritz Blaich:
Der Schwarze Freitag
Inflation und Wirtschaftskrise
dtv 4515

Martin Broszat:
Die Machtergreifung
Der Aufstieg der NSDAP und die Zerstörung der Weimarer Republik
dtv 4516

Norbert Frei:
Der Führerstaat
Nationalsozialistische Herrschaft 1933 bis 1945
dtv 4517

Bernd-Jürgen Wendt:
Großdeutschland
Außenpolitik und Kriegsvorbereitung des Hitler-Regimes
dtv 4518

Hermann Graml:
Reichskristallnacht
Antisemitismus und Judenverfolgung im Dritten Reich
dtv 4519

Emigration und Widerstand
Das NS-Regime und seine Gegner
dtv 4520 (i. Vorb.)

Lothar Gruchmann:
Totaler Krieg
Vom Blitzkrieg zur bedingungslosen Kapitulation
dtv 4521

Wolfgang Benz:
Potsdam 1945
Besatzungsherrschaft und Neuaufbau
dtv 4522

Wolfgang Benz:
Die Gründung der Bundesrepublik
dtv 4523

Dietrich Staritz:
Die Gründung der DDR
Von der sowjetischen Besatzungsherrschaft zum sozialistischen Staat
dtv 4524

Kurt Sontheimer:
Die Adenauer-Ära
Grundlegung der Bundesrepublik
dtv 4525

Manfred Rexin:
Die Deutsche Demokratische Republik
dtv 4526 (i. Vorb.)

Ludolf Herbst:
Option für den Westen
Vom Marshallplan bis zum deutsch-französischen Vertrag
dtv 4527

Peter Bender:
Neue Ostpolitik
Vom Mauerbau bis zum Moskauer Vertrag
dtv 4528

Thomas Ellwein:
Krisen und Reformen
Die Bundesrepublik seit den sechziger Jahren
dtv 4529

Helga Haftendorn:
Sicherheit und Stabilität
Außenbeziehungen der Bundesrepublik zwischen Ölkrise und NATO-Doppelbeschluß
dtv 4530

Sammlung Luchterhand 824

Über dieses Buch: Im Zentrum dieser Auswahl von Schriften und Gedichten Majakowskis: *Wie macht man Verse* – ein Text, der, 1926 entstanden, das politisch-poetische Programm Majakowskis vorstellt: »... das Wesentliche der gegenwärtigen Arbeit an der Literatur besteht nicht in der Beurteilung dieses oder jenes fertigen Produkts vom Standpunkt des Geschmacks aus, sondern in der richtigen Methode, den Produktionsprozeß an sich zu erlernen ...«
Selbstauskunft bietet die *Tragödie in zwei Akten: Wladimir Majakowski* – das erste Bühnenstück Majakowskis, eine satirisch überhöhte Auseinandersetzung mit der traditionellen Rolle des »Dichters«. Abgeschlossen wird der Band mit Gedichten und kleineren Schriften des »Technikers der Wortbearbeitung« – Beiträge zur Revolutionierung der sprachlichen Produktionsmittel im Zeitalter von Kino und Fotografie.

Über den Autor: Wladimir Majakowski, geboren 1893 in Georgien. Mit 15 Jahren Eintritt in den bolschewistischen Flügel der Russischen Sozialdemokratie. Aktive propagandistische Betätigung, mehrfache Verhaftungen. Mitgründer und Hauptrepräsentant des russischen Futurismus. 1923 Gründung von »LEF«, einer radikalen Kunstzeitschrift. Seit Beginn der zwanziger Jahre mehrere Auslandsreisen, auch in die USA. 1930 Selbstmord.